——东南学术文库——
SOUTHEAST UNIVERSITY ACADEMIC LIBRARY

能源减贫与我国包容性绿色发展

Energy Poverty and Inclusive Green Development in China

徐盈之·著

东南大学出版社
·南京·

图书在版编目(CIP)数据

能源减贫与我国包容性绿色发展/徐盈之著.—南京:东南大学出版社,2024.12
ISBN 978-7-5766-1032-1

Ⅰ.①能… Ⅱ.①徐… Ⅲ.①能源发展—作用—扶贫—研究—中国 Ⅳ.①F126

中国国家版本馆CIP数据核字(2023)第254410号

○ 国家社科基金重点项目(19AJY011)

能源减贫与我国包容性绿色发展
Nengyuan Jianpin yu Woguo Baorongxing Lüse Fazhan

著　　者	徐盈之
出版发行	东南大学出版社
社　　址	南京市四牌楼2号　邮编:210096　电话:025-83793330
网　　址	http://www.seupress.com
出 版 人	白云飞
经　　销	全国各地新华书店
排　　版	南京星光测绘科技有限公司
印　　刷	广东虎彩云印刷有限公司
开　　本	700 mm×1000 mm　1/16
印　　张	14.25
字　　数	280千字
版　　次	2024年12月第1版
印　　次	2024年12月第1次印刷
书　　号	ISBN 978-7-5766-1032-1
定　　价	78.00元

本社图书若有印装质量问题,请直接与营销部联系。电话:025-83791830
责任编辑:刘庆楚　责任校对:韩小亮　责任印制:周荣虎　封面设计:企图书装

编委会名单

主 任 委 员：郭广银
副主任委员：周佑勇　樊和平
委　　　员：（排名不分先后）
　　　　　　王廷信　王　珏　王禄生　龙迪勇
　　　　　　白云飞　仲伟俊　刘艳红　刘　魁
　　　　　　李霄翔　汪小洋　邱　斌　陈志斌
　　　　　　陈美华　欧阳本祺　徐子方　徐康宁
　　　　　　徐　嘉　董　群
秘 书 长：白云飞
编 务 人 员：甘　锋　刘庆楚

身处南雍　心接学衡

——《东南学术文库》序

每到三月梧桐萌芽,东南大学四牌楼校区都会雾起一层新绿。若是有停放在路边的车辆,不消多久就和路面一起着上了颜色。从校园穿行而过,鬓后鬓前也免不了会沾上这些细密嫩屑。掸下细看,是五瓣的青芽。一直走出南门,植物的清香才淡下来。回首望去,质朴白石门内掩映的大礼堂,正衬着初春的朦胧图景。

细数其史,张之洞初建三江师范学堂,始启教习传统。后定名中央,蔚为亚洲之冠,一时英杰荟萃。可惜书生处所,终难避时运。待旧邦新造,工学院声名鹊起,恢复旧称东南,终成就今日学府。但凡游人来宁,此处都是值得一赏的好风景。短短数百米,却是大学魅力的极致诠释。治学处环境静谧,草木楼阁无言,但又似轻缓倾吐方寸之地上的往事。驻足回味,南雍余韵未散,学衡旧音绕梁。大学之道,大师之道矣。高等学府的底蕴,不在对楼堂物件继受,更要仰赖学养文脉传承。昔日柳诒徵、梅光迪、吴宓、胡先骕、韩忠谟、钱端升、梅仲协、史尚宽诸先贤大儒所思所虑、求真求是的人文社科精气神,时至今日依然是东南大学的宝贵财富,给予后人滋养,勉励吾辈精进。

由于历史原因,东南大学一度以工科见长。但其人文之脉未断,问道之志不泯。时值国家大力建设世界一流高校的宝贵契机,东南大学作为国内顶尖学府之一,自然不会缺席。学校现已建成人文学院、马克思主义学院、艺术学院、经济管理学院、法学院、外国语学院、体育系等成建制人文社科院系,共涉及6大学科门类、5个一级博士点学科、19个一级硕士点学科。人文社科专任教师800余人,其中教授近百位,"长江学者"、国家"高级人才计划"哲学社会科学领军人才、全国文化名家、"马克思主义理论研究和建设工程"首席专家等人文社科领域内顶尖人才济济一堂。院系建设、人才储备以及研究平台等方面多年来的铢积锱累,为东南大学人文社科的进一步发展奠定了坚实基础。

在深厚的人文社科历史积淀传承的基础上,立足国际一流科研型综合性大学之定位,东南大学力筹"强精优"、蕴含"东大气质"的一流精品文科,鼎力推动人文社科科研工作,成果喜人。近年来,承担了近300项国家级、省部级人文社科项目课题研究工作,涌现出一大批高质量的优秀成果,获得省部级以上科研奖励近百项。人文社科科研发展之迅猛,不仅在理工科优势高校中名列前茅,更大有赶超传统人文社科优势院校之势。

东南学人深知治学路艰,人文社科建设需戒骄戒躁,忌好大喜功,宜勤勉耕耘。不积跬步,无以至千里;不积小流,无以成江海。唯有以辞藻文章的点滴推敲,方可成就百世流芳的绝句。适时出版东南大学人文社科研究成果,既是积极服务社会公众之举,也是提升东南大学的知名度和影响力,为东南大学建设国际知名高水平一流大学贡献心力的表现。而通观当今图书出版之态势,全国每年出版新书逾40万种,零散单册发行极易淹埋于茫茫书海中,因此更需积聚力量、整体策划、持之以恒,通过出版系列学术丛书之形式,集中向社会展示、宣传东南大学和东南大学人文社科的形象与实力。秉持记录、分享、反思、共进的人文社科学科建设理念,我们郑重推出这套《东南学术文库》,将近年来东南大学人文社科诸君的研究和思考,付之梨枣,以飨读者。

是为序。

《东南学术文库》编委会
2016年1月

序

能源是事关国计民生的稀缺资源,亦是增强国家风险抵御能力的关键要素。面对经济社会发生深刻复杂变化、不稳定性不确定性显著增加的时代环境,我国能源强国建设面临原材料价格飙升、供需两侧失衡、绿色转型动力不足、风险隐患不减等现实问题,统筹能源安全保障和绿色转型发展的内在矛盾不断凸显,"多重因素叠加"使得能源高质量发展深陷"能源贫困"的现实困境。"能源贫困"是指部分人群无法公平获取并安全利用能源,特别是充足、可支付、高质量、环境友好的能源的状况。当今世界,能源贫困是发展中国家贫困的标志之一,已成为世界各大能源经济体所面对的重大挑战,受到联合国、世界银行、世界卫生组织、国际能源署等国际组织的高度关注。我国已进入高质量发展的重要节点,摒弃高投入、低产出的粗放型经济发展模式是实现我国高质量发展的关键所在。而能源贫困正逐渐成为阻碍我国经济绿色转型的重要症结,对我国经济增长、环境保护与民生福利造成了显著的负面影响。因此,研究能源减贫与我国包容性绿色发展问题具有十分重要的意义。

习近平总书记在党的二十大报告中提出:"推动绿色发展,促进人与自然和谐共生。"加快发展方式绿色转型,是实现我国经济高质量发展的应有之义,也是推动我国经济社会发展绿色化、低碳化的战略要求。包容性绿色发展将绿色增长与包容性增长相结合,推进经济、社会和自然三大系统的协调发展,是在人类进入新世纪以来,为了克服工业文明所带来的发展困境而提出的新型发展理念。包容性绿色发展标志着人类社会发展理念由以资本为中心向以人为中心的转变,与"必须牢固树立和践行绿水青山就是金山银山的理念,站在人与自然和谐共生的高度谋划发展"的时代发展理念一脉相承,是我国高质量发展之路的必然选择。然而,作为世界上最大的发展中国家,我国人口众多,区域发展不平衡、不充分。与发达国家相比,中国的能源贫困问题更具复杂性、多样性以及更富有挑战性,日益成为推进我国包容性绿色发展的"绊脚石"。推进我国全面建设社会主义现代化国家的新征程,亟须从理论和实践等不同维度破解能源贫困对包容性绿色发展的"羁绊"。

东南大学经济管理学院徐盈之教授在高校工作20多年,一直致力于我国生态环境治理、绿色经济发展、产业结构转型、绿色技术创新等环境经济领域的学术研究工作,对于能源转型、包容性绿色发展等相关主题的研究有着极为深厚的理论沉淀与实践积累。我与徐盈之教授的研究领域皆为环境经济学,曾在众多重要学术会议或交流座谈会上与之围绕相关主题有过交流洽谈,对其研究成果也颇为关注,且对其中的多个学术观点保持着高度认同的态度。在学术交流过程中可以看出,徐盈之教授是一位对中国生态环境经济发展有着深刻且独到认知的经济学专家。尤其是徐盈之教授日益强化研究成果的应用价值与现实服务,致力于研究成果的实践推广与政策转化。

龙年春节后,徐盈之教授与我说起关于我国能源减贫和包容性绿色发展系列成果的出版问题,告知相关研究成果集成于《能源减贫与我国包容性绿色发展》一书,且该书已入选第八批"东南学术文库",即将由东南大学出版社出版,盛邀我为该书作序。由于我们是同行学者,该书主题又极具现实意义,于是我欣然接受了她的邀请。《能源减贫与我国包容性绿色发展》一书衍生于徐盈之教授作为主持人领衔完成并以"优秀"等级结题的国家社科基金重点项目"能源减贫实现我国包容性绿色发展的机理、路径与对策研究"(19AJY011)。该书立足于环境保护与经济增长实现"双赢"的发展思想,以我国能源贫困的现状特征、影响因素以及内在效应为研究切入点,结合我国包容性绿色发展的现实研判,在探讨能源减贫实现包容性绿色发展的作用机理与实现路径的基础上,进一步提出行之有效的机制设计与政策建议。通读书稿,全书具有以下鲜明特色:

一是研究内容的全局性。《能源减贫与我国包容性绿色发展》一书紧扣"解决能源贫困"与"实现包容性绿色发展"的主要研究目标,全面把握能源贫困与包容性绿色发展的理论基础和研究动态,从不同层面全过程、全方位地探讨了我国能源贫困的现状特征、演化规律以及关键影响因素。同时,基于能源贫困所引致的经济效应与环境效应,对能源减贫实现包容性绿色发展的路径进行了全局性的科学评价与深入探索,为后续的机制设计和对策建议提供了有效且精准的研究基础。该书的全局性主要体现在:其一,能源贫困的刻画方面。该书不仅考虑了地域差异,也对能源贫困问题的发展趋势进行了更为深入的探讨。其二,能源减贫实现包容性绿色发展的路径探索方面。该书将"外在环境规制"和"内在技术动能"两个关键要素纳入了分析框架。

二是研究视域的独特性。《能源减贫与我国包容性绿色发展》一书综合运用经济学、管理学、环境科学、地理学等跨学科的理论与实证研究方法,构建多学科交叉融合的理论分析框架和综合研究体系;通过对能源减贫制度保障和技术支撑的逻辑思考,从"双重环境规制"和"技术进步"的研究视域出发,遵循"理论分析—实证研究—对策建议"的研究范式,对能源减贫实现包容性绿色发展的影响效应及作用路径进行了全面解析。因此,基于徐盈之教授对我国能源贫困与包容性绿色发展现状的全局性认识,研究设计在兼顾前沿性的同时又保证了操作稳妥性,研究结论在兼顾逻辑性的同时又保证了研究视域的独特性,称得上是"顶天立地"的研究成果,丰富与延伸了相关领域的研究范式与研究路径。

三是研究成果的启发性。《能源减贫与我国包容性绿色发展》一书在进行全面的理论分析与实证分析后,积极回应我国相关制度保障体系构建的现实问题,并进一步对标政府决策层的现实考量,为解决我国能源贫困、实现我国包容性绿色发展提出有力的政策建议。该书基于我国实践现状,从协调机制、监督机制、保障机制、合作机制四个层面出发,围绕推动能源减贫实现我国包容性绿色发展的现实需求进行立体式、综合性的机制设计,并充分借鉴经典案例的成功经验,从环境政策改革、企业行为规范、社会公众参与以及能源规划布局等不同层面提出了持之有故的可行建议,为国家有关部门统筹推进高质量发展的相关决策及战略规划提供有益的决策参考。

概言之,《能源减贫与我国包容性绿色发展》一书创新性地将"能源贫困"与"包容性绿色发展"联结起来,充分地展开对国内外现有研究动态的跟踪分析,不但较好地定位了本研究领域的学术前沿,也凸显了徐盈之教授及其研究团队的宏观经济分析能力和数量经济量化分析能力。同时,该书尽可能全面地分析我国能源贫困与包容性绿色发展的现状特征以及两者的内在逻辑,衍生而成的多项阶段性研究成果已公开发表于国内外知名学术期刊,得到了学术界的广泛认可,研究质量亦达到了国内较为突出的水平。因此,该书的出版必将对相关领域的学术研究和政府决策产生强有力的推进作用。

希望《能源减贫与我国包容性绿色发展》一书的各类读者能够从中有所受益,也期望徐盈之教授及其研究团队今后能够为我国的绿色经济发展与转型作出更大的贡献。

是为序。

2024 年 3 月 25 日

(序作者系浙江省新型重点专业智库——浙江农林大学生态文明研究院院长、浙江省特级专家、国家"万人计划"哲学社会科学领军人才、全国文化名家暨"四个一批"人才)

前　言

能源贫困问题作为世界能源体系所面对的三大挑战之一,一直是困扰我国居民尤其是农村地区居民的现实问题。我国目前已进入高质量发展建设阶段,在摒弃了以往高投入、低产出的粗放型经济发展模式之后,能源贫困逐渐表现出与新时代中国现代化建设不和谐的现象。与此同时,包容性绿色发展将绿色增长与包容性增长相结合,协调经济、社会和自然三大系统的发展,是我国高质量发展的必然选择。然而,能源贫困问题对经济增长、资源环境与民生福利造成了显著的负面影响,日益成为推进包容性绿色发展的绊脚石。

本书旨在对中国区域能源贫困水平及时空演变格局进行客观评价,并且分析我国区域能源贫困所引致的经济效应与环境效应,深入剖析能源贫困、包容性绿色发展与双重环境规制和技术进步之间的作用关系与机理,最终通过能源减贫实现我国包容性绿色发展以及环境保护与经济增长"双赢"的目标。

首先,本书对国内外有关能源贫困与包容性绿色发展问题的研究文献和政策文件进行梳理和评价,全面把握能源贫困与包容性绿色发展问题的理论基础,探究以往文献研究中还未曾涉及的部分与中国现阶段发展背景下亟须完善的研究缺口,并明确我国在高质量发展的新阶段推动能源减贫实现包容性绿色发展的重要性及其战略地位。

其次,本书全面把握我国区域能源贫困现状及其影响因素,并对我国区域能源贫困的经济效应和环境效应进行研究。具体为:(1)探讨能源贫困引致经济效应与环境效应的机理以及能源贫困、包容性绿色发展与双重环境规制和技术进步之间的作用关系;(2)建立我国区域能源贫困水平综合评价指标体系,对我国各区域的能源贫困状况进行测算与评价,并探讨我国区域能源贫困的时空演变格局及其影响因素;(3)利用中介效应模型与动态面板模型,实证检验能源贫困给我国经济社会发展带来的重要负面影响,同时使用面板门槛模型,分析不同收入情境下,能源贫困带来的经济效应异质性;(4)构建结构方程模型,探讨能源贫困对我国生态环境产生影响的路径机制,为切断能源贫困对生态环境产生影响的路径奠定理论基础。

再次,本书从双重环境规制以及技术进步两个角度分析推动能源减贫实现包容性绿色发展的机理与路径。具体为:(1)利用面板模型实证检验我国能源贫困、双重环境规制对包容性绿色发展的影响效应,尝试按照东中西部三大经济区划分,对能源贫困以及双重环境规制对包容性发展的影响进行异质性分析,实证分析不同环境规制强度下能源贫困对包容性绿色发展的非线性影响效应,并利用调节效应模型和中介效应模型实证检验双重环境规制在能源贫困与包容性绿色发展关系中的调节作用,明晰其调节作用的中介传导路径;(2)利用面板数据的基准回归实证检验技术进步与能源贫困对我国包容性绿色发展的影响效应,从技术进步角度分析能源贫困对包容性绿色发展影响的作用路径,并运用面板门槛模型,以技术进步为门槛变量,考察在不同门槛值下能源贫困及其各维度对包容性绿色发展的非线性关系,并运用面板向量自回归模型对技术进步、能源贫困以及包容性绿色发展等相关变量间的动态关系进行分析。

基于上述研究,本书得出以下主要结论:(1)我国能源贫困平均水平在2004—2017年之间实现了大幅度下降,其中东部地区的能源贫困程度最低,而西部地区的能源贫困程度最高;(2)能源贫困对我国经济发展存在显著为负的影响,且此种负面影响存在部分中介机制,即部分影响是通过就业人口的减少实现的,并且我国能源贫困对经济发展的影响在地域之间存在异质性;(3)能源贫困对我国经济发展的影响程度与当地居民收入有关。居民收入水平越高,能源贫困对经济发展的影响越弱;(4)能源贫困会对我国生态环境造成破坏。同时,这种破坏既存在直接影响,也存在通过降低劳动力效率与阻碍产业结构升级两条路径实现的间接影响;(5)能源贫困抑制了包容性绿色发展,即能源减贫能够促进经济发展,改善民生福利,降低生态环境风险,实现我国包容性绿色发展;(6)双重环境规制是能源减贫实现包容性绿色发展的重要传导因素之一。正式环境规制与包容性绿色发展之间存在

"U 型"关系,现阶段其强度未达到"U 型"曲线拐点,未能促进包容性绿色发展,但在能源贫困与包容性绿色发展关系中起着正向的调节作用;非正式环境规制与包容性绿色发展之间存在"倒 U 型"关系,现阶段其强度也尚未达到"倒 U 型"曲线拐点,能够促进包容性绿色发展,且调节作用也是正向的;(7)能源减贫通过技术进步的方式促进了我国的包容性绿色发展,能源贫困对我国包容性绿色发展存在负面影响。产业结构的优化升级与人口密度的提升能显著促进我国包容性绿色发展。此外,在不同的技术进步水平下,能源贫困对我国包容性绿色发展的影响存在显著差异,能源贫困对我国包容性绿色发展的影响存在显著的双重门槛效应。

最后,本书提出了推动能源减贫实现包容性绿色发展相应的对策建议。

关键词:能源贫困;包容性绿色发展;双重环境规制;技术进步

Introduction

As one of the three major challenges the world energy system facing, energy poverty has always been a practical problem perplexing Chinese residents, especially those in rural areas. At present, China has entered the stage of high-quality development and construction. After abandoning the previous extensive economic development model of high input and low output, energy poverty gradually reflects the disharmony with China's modernization in the new era. At the same time, inclusive green development combines green growth with inclusive growth and coordinates the development of the three systems of economy, society and nature. It is an inevitable choice for China's high-quality development. However, energy poverty has a significant negative impact on economic growth, resources, environment and people's livelihood, and has increasingly become a stumbling block to promote inclusive green development.

The purpose of this book is to objectively evaluate the level and temporal and spatial evolution pattern of China's regional energy poverty, analyze the economic and environmental effects brought by China's regional energy poverty, and deeply analyze the relationship and mechanism among inclusive green development, energy poverty, dual environmental regulation and technical progress. Finally, the "win-win" situation of China's green and inclusive development, economic construction and environmental protection will be realized through energy poverty reduction.

Firstly, this book combs and evaluates the research literature and policy documents on energy poverty and inclusive green development at home and abroad, comprehensively grasps the theoretical basis of energy poverty and inclusive green development, and finds some research gaps that have not been involved in previous literature research and need to be improved under the current development background of China. It also clarifies the importance and strategic position of promoting energy poverty reduction and realizing inclusive green development in the new stage of high-quality development.

Secondly, this book comprehensively grasps the current situation and influencing factors of regional energy poverty in China, and studies the economic and environmental effects of regional energy poverty in China. Specifically: (1) This book discusses the mechanism of economic and environmental effects of energy poverty, and the relationship among inclusive green development, energy poverty, dual environmental regulation and technical progress. (2) The comprehensive evaluation index system of regional energy poverty level in China is established, the energy poverty status of various regions in China is calculated and evaluated, and the temporal and spatial evolution pattern and influencing factors of regional energy poverty in China are discussed. (3) Using intermediary effect model and dynamic panel model, this paper empirically tests the important negative impact of energy poverty on China's economic and social development. At the same time, using panel threshold model, this paper analyzes the heterogeneity of economic effects brought by energy poverty under different income situations. (4) Also the structural equation model is constructed to explore the path mechanism of the impact of energy poverty on China's ecological environment, so as to lay a theoretical foundation for cutting off the path of the impact of energy poverty on the ecological environment.

Thirdly, this book analyzes the mechanism and path of promoting energy poverty reduction and inclusive green development from the perspectives of dual environmental regulation and technical progress. Specifically: (1) This paper empirically tests the impact of China's energy poverty and dual environmental regulation on inclusive green development by using the panel model, and try to make a heterogeneity analysis on the impact of energy poverty and dual environmental regulation on inclusive development according to the three economic zones in the eastern, central and western regions. This book also empirically analyzes the nonlinear effect of energy poverty on inclusive green development under different environmental regulation intensity, tests the regulatory role of dual environmental regulation in the relationship between energy poverty and inclusive green development by using regulatory effect model and intermediary effect model, and clarifies the intermediary transmission path of regulatory role. (2) Using the benchmark regression of panel data, this paper empirically tests the impact of technical progress and energy poverty on China's inclusive green development, analyzes the action path of the impact of energy poverty on inclusive green development from the perspective of technical progress, and uses the panel threshold model to take technical progress as the threshold variable, investigates the nonlinear relationship between energy poverty and its dimensions on inclusive green development under different thresholds, and analyzes the dynamic relationship among technical progress, energy poverty and inclusive green development by using panel vector auto-regressive model.

Based on the above research, the main conclusions of this book are as follows: (1) The average level of energy poverty in China has decreased significantly from 2004 to 2017, among which the eastern region has the lowest level of energy poverty and the western region has the highest level of energy poverty. (2) Energy poverty has a significant negative impact on China's economic development, and this negative impact has some intermediary mechanisms, that is, part of the impact is realized through the reduction of the employed population. Moreover, the impact of energy poverty on economic development in China is heterogeneous among regions. (3) The impact of energy poverty on China's economic development is related to the income of local residents. The higher the income level of residents, the weaker the impact of energy poverty on economic development. (4) Energy poverty will damage China's ecological environment. At the same time, this effect not only has a direct impact, but also has an indirect effect through reducing labor efficiency and hindering the upgrading of industrial structure. (5) Energy poverty inhibits inclusive green development, that is, energy poverty reduction can promote economic development, improve people's livelihood and welfare, reduce ecological and environmental risks, and realize inclusive green development in China. (6) Dual environmental regulation is one of the important transmission factors for energy poverty reduction and inclusive green development. There is a "U-shaped" relationship between formal environmental regulation and inclusive green development. At this stage, its intensity does not reach the inflection point of the "U-shaped" curve and fails to promote inclusive green development, but it plays a positive regulatory role in the relationship between energy poverty and inclusive green development; There is an "inverted U-shaped" relationship between informal environmental regulation and inclusive green development. At this stage, its energy intensity has not yet reached the inflection point of the "inverted U-shaped" curve, which can promote inclusive green development, and the regulatory effect is also positive. (7) Energy poverty reduction promotes China's inclusive green development through technical progress. Energy poverty has a negative impact on China's inclusive green development. The optimization and upgrading of industrial structure and the improvement of population density can significantly promote China's inclusive green development. In addition, under different levels of technical progress, the impact of energy poverty on China's inclusive green development is significantly different, and the impact of energy poverty on China's inclusive green development has a significant double threshold effect. At last, the corresponding countermeasures and suggestions are put forward to promote energy poverty reduction and achieve inclusive green development.

Key Words: Energy Poverty; Inclusive Green Development; Dual Environmental Regulation; Technical Progress

目 录

第一章 绪 论 ……………………………………………………… (1)
  1.1 研究背景 ……………………………………………………… (1)
  1.2 研究意义 ……………………………………………………… (6)
  1.3 创新之处、突出特色与主要建树 ……………………………… (7)
  1.4 结构安排 ……………………………………………………… (9)

第二章 概念解读与理论辨析 ……………………………………… (12)
  2.1 概念解读 ……………………………………………………… (12)
    2.1.1 能源贫困 ………………………………………………… (12)
    2.1.2 包容性绿色发展 ………………………………………… (13)
  2.2 理论基础 ……………………………………………………… (13)
    2.2.1 可持续发展理论 ………………………………………… (13)
    2.2.2 包容性绿色发展理论 …………………………………… (14)
    2.2.3 协同治理理论 …………………………………………… (15)
  2.3 能源贫困影响经济发展的机理分析 ………………………… (17)
    2.3.1 理论模型构建 …………………………………………… (17)
    2.3.2 假设提出 ………………………………………………… (20)
  2.4 能源贫困影响生态环境的机理分析 ………………………… (21)
  2.5 双重环境规制、能源贫困与包容性绿色发展相互关系的机理分析
    ………………………………………………………………… (25)

2.5.1　能源贫困对包容性绿色发展的影响分析 ……………… (25)
　　2.5.2　双重环境规制对包容性绿色发展的影响分析 ………… (26)
　　2.5.3　双重环境规制、能源贫困对包容性绿色发展的影响分析
　　　　　………………………………………………………… (28)
　2.6　技术进步、能源贫困与包容性绿色发展相互关系的机理分析
　　　　……………………………………………………………… (30)
　　2.6.1　理论模型构建 ……………………………………… (30)
　　2.6.2　技术进步、能源贫困对包容性绿色发展的影响分析 ……… (32)
　　2.6.3　技术进步、包容性绿色发展对能源贫困的影响分析 ……… (33)
　　2.6.4　能源贫困、包容性绿色发展对技术进步的影响分析 ……… (33)

第三章　文献回顾与述评 ……………………………………… (35)
　3.1　文献回顾 ……………………………………………… (35)
　　3.1.1　有关能源贫困概念内涵的研究 ……………………… (35)
　　3.1.2　有关能源贫困的引致因素研究 ……………………… (38)
　　3.1.3　有关能源贫困的经济影响研究 ……………………… (40)
　　3.1.4　有关能源贫困的环境影响研究 ……………………… (42)
　　3.1.5　有关包容性绿色发展的研究 ………………………… (43)
　　3.1.6　有关环境规制的研究 ………………………………… (48)
　　3.1.7　有关技术进步的研究 ………………………………… (50)
　3.2　文献述评 ……………………………………………… (53)

第四章　中国区域能源贫困的现状及影响因素分析 ………… (55)
　4.1　中国区域能源贫困水平评价指标体系的构建与测算 ……… (55)
　　4.1.1　能源贫困水平评价指标体系的指标选取 ……………… (55)
　　4.1.2　能源贫困水平评价指标体系的测度方法与数据来源 …… (59)
　4.2　中国区域能源贫困水平时空演变特征识别 ………………… (59)
　　4.2.1　中国区域能源贫困水平的总体特征分析 ……………… (59)
　　4.2.2　中国区域能源贫困水平空间聚集情况分析 …………… (62)

  4.2.3 中国区域能源贫困水平的子指标特征分析 ……………… (63)

 4.3 中国区域能源贫困水平的时空演变格局分析 ………………… (65)

  4.3.1 总体差异分析 …………………………………………… (65)

  4.3.2 省域差异分析 …………………………………………… (66)

  4.3.3 地域性差异分析 ………………………………………… (67)

  4.3.4 空间相关性分析 ………………………………………… (67)

 4.4 中国区域能源贫困的影响因素分析 …………………………… (68)

  4.4.1 变量选择、模型构建与数据来源 ……………………… (68)

  4.4.2 实证结果与分析 ………………………………………… (69)

 4.5 本章小结 ………………………………………………………… (74)

第五章 中国区域能源贫困的经济效应分析 ……………………… (75)

 5.1 模型构建 ………………………………………………………… (75)

 5.2 变量说明与数据来源 …………………………………………… (77)

 5.3 能源贫困对经济发展影响的中介效应分析 …………………… (79)

  5.3.1 中介效应的全样本实证结果分析 ……………………… (79)

  5.3.2 中介效应的分地区子样本的实证结果分析 …………… (83)

 5.4 进一步的分析：能源贫困对经济发展水平的非线性影响效应

    ………………………………………………………………… (87)

 5.5 本章小结 ………………………………………………………… (90)

第六章 中国区域能源贫困的环境效应分析 ……………………… (91)

 6.1 结构方程模型构建 ……………………………………………… (91)

  6.1.1 结构方程模型简介 ……………………………………… (91)

  6.1.2 结构方程模型的应用步骤 ……………………………… (92)

 6.2 中国区域能源贫困的环境效应模型构建 ……………………… (93)

  6.2.1 指标选取与数据处理 …………………………………… (94)

  6.2.2 变量检验 ………………………………………………… (95)

 6.3 实证结果分析 …………………………………………………… (96)

  6.3.1 结构路径与路径系数 …………………………………… (96)
  6.3.2 特定传导路径与总效应路径系数 ………………………… (98)
 6.4 本章小结 ……………………………………………………………… (100)

第七章 中国包容性绿色发展的现实背景与综合评价 …………… (101)
 7.1 中国包容性绿色发展的现实背景 ………………………………… (101)
  7.1.1 中国包容性绿色发展的进程及必要性分析 …………… (101)
  7.1.2 实现中国包容性绿色发展应注意的问题 ……………… (103)
 7.2 中国包容性绿色发展的综合评价 ………………………………… (104)
  7.2.1 中国包容性绿色发展水平评价指标体系构建 ………… (104)
  7.2.2 测度方法与数据来源 …………………………………… (107)
  7.2.3 包容性绿色发展水平的测度结果分析 ………………… (108)
 7.3 本章小结 ……………………………………………………………… (110)

第八章 双重环境规制、能源贫困与包容性绿色发展 ……………… (112)
 8.1 中国双重环境规制强度的综合评价 ……………………………… (112)
  8.1.1 正式环境规制的测度结果分析 ………………………… (112)
  8.1.2 非正式环境规制的测度结果分析 ……………………… (114)
 8.2 双重环境规制、能源贫困与包容性绿色发展的关系分析 …… (116)
  8.2.1 模型构建 ………………………………………………… (116)
  8.2.2 变量说明与数据来源 …………………………………… (116)
  8.2.3 双重环境规制、能源贫困对包容性绿色发展影响的实证分析
    ………………………………………………………………… (118)
  8.2.4 区域异质性实证结果分析 ……………………………… (124)
  8.2.5 进一步的分析：能源贫困对包容性绿色发展的非线性影响
    效应 ……………………………………………………… (128)
 8.3 双重环境规制、能源贫困与包容性绿色发展的调节效应检验
  ………………………………………………………………………… (132)
  8.3.1 模型构建 ………………………………………………… (132)

    8.3.2 变量说明与数据来源 ……………………………………… (134)
    8.3.3 双重环境规制的调节效应及其传导机制实证分析 ……… (135)
  8.4 本章小结 …………………………………………………………… (138)

第九章 技术进步、能源贫困与包容性绿色发展 ……………………………… (140)
  9.1 中国技术进步的测度与现状分析 ……………………………… (140)
    9.1.1 研究方法与指标选取 ……………………………………… (140)
    9.1.2 技术进步的测度结果分析 ………………………………… (141)
  9.2 技术进步、能源贫困对包容性绿色发展的影响分析 ………… (143)
    9.2.1 模型构建 …………………………………………………… (143)
    9.2.2 变量说明与数据来源 ……………………………………… (143)
    9.2.3 技术进步、能源贫困对包容性绿色发展影响的实证结果
         分析 ………………………………………………………… (144)
    9.2.4 进一步的分析：能源贫困对包容性绿色发展影响的技术
         门槛效应 …………………………………………………… (149)
  9.3 技术进步、能源贫困与包容性绿色发展互动关系研究 ……… (152)
    9.3.1 模型设定 …………………………………………………… (152)
    9.3.2 数据来源 …………………………………………………… (152)
    9.3.3 回归结果及分析 …………………………………………… (153)
  9.4 本章小结 …………………………………………………………… (158)

第十章 推动能源减贫实现包容性绿色发展的对策建议 ……………………… (160)
  10.1 主要结论 ………………………………………………………… (160)
  10.2 机制设计 ………………………………………………………… (165)
    10.2.1 协调机制 ………………………………………………… (165)
    10.2.2 监督机制 ………………………………………………… (165)
    10.2.3 保障机制 ………………………………………………… (165)
    10.2.4 合作机制 ………………………………………………… (166)
  10.3 推动我国能源减贫实现包容性绿色发展的典型案例 ……… (166)

10.3.1　光伏减贫实现包容性绿色发展 …………………………（166）
　　10.3.2　煤炭减贫实现包容性绿色发展 …………………………（169）
10.4　推动我国能源减贫实现包容性绿色发展的对策建议 …………（172）
　　10.4.1　关于推动我国能源减贫的对策建议 ……………………（172）
　　10.4.2　双重环境规制角度促使能源减贫实现包容性绿色发展的
　　　　　　对策建议 ………………………………………………（176）
　　10.4.3　技术进步角度促使能源减贫实现包容性绿色发展的对策
　　　　　　建议 ……………………………………………………（179）

总结与展望 ……………………………………………………………（181）

参考文献 ………………………………………………………………（183）

后　记 …………………………………………………………………（198）

第一章

绪 论

1.1 研究背景

改革开放四十余载,我国经济持续高速增长,人均国内生产总值(Gross Domestic Product,GDP)从1978年的381元人民币提高到2019年的7.09万元人民币,已经步入了世界中高收入经济体行列。党的十九大报告明确指出,我国经济社会发展已进入到一个新时代,社会主要矛盾已经发生变化;我国经济已由高速增长阶段转向高质量发展阶段,正处在转变发展方式、优化经济结构、转换增长动力的攻关期;推动高质量发展,是当前和今后一个时期确定发展思路、制定经济政策、实施宏观调控的根本要求。高质量发展就是摆脱以往以高投入、高消耗进行社会化大生产的粗放型经济发展道路,以技术为先导、以创新为推力,不断协调人民日益增长的美好生活需要和不平衡不充分的发展之间的矛盾,最终给广大人民群众带来更多幸福感、安全感与获得感的经济发展模式。当前,我国经济的运行态势已出现明显改观。从经济运行周期的角度看,我国经济已越过衰退、萧条阶段,步入复苏阶段。总量失衡矛盾和结构失衡矛盾主次关系的易位,为当前加快提高发展质量的步伐创造了良好的外部环境。然而,多年来高投入、高消耗、高污染、低效益的经济增长方式在满足我国人民迫切发展需求的同时,也带来了资源浪费与短缺、民生福利降低、生态环境恶化等一系列经济、社会和生态问题,粗放型的经济增长模式并没有从根本上转变。此外,一些重点领域的改革不断深化并进入攻坚期、深水区,城乡区域发展差距和居民收入分配差距依然较大;社会矛盾明显增多,教育、就业、社会保障、医疗、住房等关系群众切身利益的问题较多,部分群众生活比较困难,公共服务总体水平不高,民生保障与社会治理还存在不少短板。这一系列问题的根源在于传统增长方式的"绿色化"缺失和"包容性"不强,生态环境治理任重道远。

在此背景下,为了不断协调人民日益增长的美好生活需要和不平衡不充分的发展之间的矛盾,中央政府早在"十二五"规划中就提出了包容性绿色发展的概念。包容性绿色发展兼顾绿色、公平以及效率,是新时代保障经济持续增长的不竭动力,同时也是促进社会包容性和生态环境质量提高的重要途径和具体形式。继"十二五"规划提出走"包容性绿色增长"之路的愿景后,"十三五"规划进一步提出了创新、协调、绿色、开放、共享的"五大发展理念",提出以提高经济发展质量和效益为中心,实现更高质量、更有效率、更加公平、更可持续的发展。格外引人注目的是,"包容性发展"这一提法第一次被写入五年规划建议。"包容性发展"由"包容性增长"的概念演变而来,"包容性增长"最早是由亚洲开发银行在2007年提出的。亚洲开发银行提出要把关注的重点从应对严重的贫困挑战,转向支持更高和更为包容性的增长。党的十八大后,习近平总书记以及其他中央领导人在国内讲话和国外出访中,多次使用"包容性增长""包容性发展"等词汇。一方面,从国际交往来说,"包容性"这一理念契合了经济全球化背景下中国应对全球性挑战、加强全球治理的新主张;另一方面,从国内发展来说,"包容性"理念也契合了经济新常态下中国全面建成小康社会的新思路。从这个意义上讲,"提高发展包容性",与"五大发展理念"中的"共享"理念相一致、共呼应:要提高发展的包容性,就必须树立和贯彻共享发展理念。总而言之,包容性绿色发展是将绿色增长与包容性增长相结合,协调经济、社会和自然三大系统的发展,体现了绿色和共享的发展理念,在保障经济持续增长的同时,注重社会包容性和生态环境质量的提高,以此满足人民群众对美好生活向往的需求,为我国经济高质量发展指明方向。

历史的车轮滚滚向前。能源不仅是社会经济发展的重要物质保证和强大推动力,也是居民生活中的基本与核心需求。当前,我国电力服务基本普及,已全面解决无电人口电力供应问题;城乡居民生活能源消费量持续增长,截至2018年人均生活能源消费量已超过400千克标准煤/年;2019年,煤炭消费在总能源消费中的占比为57.7%,再创新低;清洁能源供应能力逐步提高,天然气、水电、核电、风电等清洁能源消费占比达到23.4%,能源消费结构清洁化、低碳化转型稳步推进;可再生能源装机规模稳步扩大,发电量持续增长;能源对外合作进一步扩大,能源效率持续提升。但能源问题作为一大攻坚难关,依然横亘在人民群众与其向往的美好生活之间。目前,中国能源大量依赖进口,对外依存度不断攀升,能源安全隐患日益严峻。2019年,中国原油和天然气对外依存度分别高达72.56%和42.56%。此外,中国的能源安全问题不仅体现在总量上,更体现在结构上。能源安全矛盾集中体现为国内油气资源不能有效地支撑经济的持续发展。随着城市化、工业化进程的不断推进,中国油气消费需求也将不断上升。在未来的一段时间内,中国油气的对外依存度仍将持续提高,能源进口来源地与进口来源通道风险也将持续威胁中国经济的高质量发展。要解决我国能源安全问题,首先要消除能源贫困。能源贫困主要是指地区居民在利用现代化能源方面存在困难的境况(Chakravarty et al., 2013)。作为世界能源体系所面对的三大挑战之一,能源贫困现象在各国都广泛存在。中国是世界上最大的发展中国家,人口总量大,区域发展不平衡,与部分发达国家相比,所面临的能源贫困问题更加复杂,更具挑战性和多样性。一方面,中国国土辽阔,资源种类繁多,能源储量丰富;但另一方面,我国目前是世界上第二大能源消费国,随着人口和经济的不断增长,对能源的消耗需求只会不断扩大。尽管四十多年的经济快速增长与居民生活水平迅速提高使得中国能源贫困现状得到一定改善,但对中国而言,全面消除能源贫困仍然任重而道远。

当前,中国的能源贫困主要表现为能源供需矛盾。我国虽然能源储量大、资源丰富,但人均获得量低、地区分布不均衡是不容忽视的事实。我国煤炭资源保有量约为1.38万亿吨,已探明可采储量也位居世界前列,但是煤炭和水利资源人均拥有量还未达到世界平均水平。2021年,石油资源居世界第13位,天然气资源居世界第7位,太阳能资源居世界第2位,潮汐、地热、风力和核燃料资源都很丰富,但石油、天然气等资源人均拥有量却仅为世界人均的1/15左右,远低于世界平均水平。此外,"十二五"末,煤炭查明资源储量1.57万亿吨,石油剩余技术可采储量35亿吨,天然气剩余技术可采储量5.2万亿立方米。据有关方面预测,按目前探明储量和资源开采利用能力,我国煤炭、石油和天然气资源可开采年限分别为80年、15年和30年。如果不加快资源勘察、提高资源采收率和利用率,我国很快将面临更为严重的能源资源短缺情况。与此同时,由于大量不合理开采利用的煤炭和发展高耗能产业的煤炭大多未经洗选直接燃烧,环境污染、水污染也到了难以容忍的程度。据有关专家估计,每开采1吨煤就会破坏2.5吨地下水。这对我国这样一个水资源严重短缺的国家来说,面临的形势是十分严峻的。与之相对应的是我国的能源需求缺口不断扩大。截至2017年底,我国管道天然气进口量达到394亿立方米,并以3%以上的增速持续扩大,这一进口量远远超过我国天然气本土产出量;2018年,我国天然气进口量为9 038.5万立方米,同比增长31.9%,超过日本成为全球第一大天然气进口国;《2018年国内外油气行业发展报告》称,2019年,中国天然气市场将继续扩大,预计天然气消费量为3 080亿立方米,同比增长11.4%。因此,在未来很长的一段时间内,我国能源需求的缺口还需要大量依赖来自俄罗斯、马来西亚和印度尼西亚等国家的进口能源来填补。居民对于现代化清洁能源的需求得不到满足,势必会直接影响到居民生活水平与地区之间的发展差异,此种境况被西方称为能源贫困,它不仅是发展中国家普遍面对的现实问题,目前也已演变成为中国进一步实现经济高质量发展所必须经历的阵痛。

  一方面,能源贫困严重制约中国经济社会的发展。李慷等(2014)的研究表明,中国长期存在能源贫困制约社会发展的问题,尤其是黄河中游地区对于传统生物质能的依赖非常强,居民获取电力等现代能源的能力较差,能源贫困较严重。虽然我国能源储量大,但人均获得量低,富煤、贫油、少气的能源资源结构特征造成我国石油等的对外依存度不断提高,能源的安全性受到挑战;另一方面,能源贫困对中国民生福利也产生一定负面影响。魏一鸣等(2014)在《中国能源报告(2014):能源贫困研究》一书中表明,相对于非能源贫困家庭,能源贫困家庭家庭成员的身体健康会受到更大损害。类似地,解垩(2021)的研究表明,能源贫困家庭中不清洁的烹饪能源不仅影响居民身体健康,也对农村居民受教育程度产生不利影响。此外,刘自敏等(2020)的研究表明,能源贫困对居民福利水平也存在一定负面影响,这种影响可能会随着地区差异不断扩大。除此之外,在全球气候变化的严峻威胁下,不容忽视的还有能源贫困对我国环境的影响。一是我国能源消费结构不合理。2023年,我国煤炭消费量占能源消费总量的比重高达55.3%,许多中西部农村地区仍然以秸秆、薪柴等直接燃烧的传统生物质能作为主要生活能源,这不可避免地带来二氧化碳、二氧化硫等污染气体的排放。二是我国能源供给能力较弱,天然气管道铺设工作暂不到位,北方地区"煤改气""煤改电"工程还处于有序推进阶段,能源贫困区域差距明显且差距不断增大,用能形势十分严峻。因此,能源贫困对经济增长、民生福祉与资源环境造成的显著负面影响,日益成为推进包容性绿色发展的重大阻碍。

此外,尽管我国工业发展取得长足进步,建成了较为完整的工业体系,但是石化、钢铁、煤炭开发与加工等高污染高能耗产业作为我国工业体系的重要组成部分仍将长期存在,转变能源使用结构、全面推进清洁生产面临极大阻力。据国家发展和改革委员会能源研究所初步分析,2000年到2005年,我国主要耗能工业部门的节能潜力在1.3亿吨标准煤左右,2005年到2010年为1.05亿吨标准煤,2010年到2020年为2.5亿吨标准煤,其中很大一部分节能潜力必须通过产业结构调整来实现。随着我国工业化进程的加快,产业结构也面临着巨大的转型挑战。2021年,我国第三产业产值比重为53.3%,但与日本和美国相比仍存在一定的发展差距;第二产业产值比重则为39.4%,远高于日本与美国的水平。在一定时期内,我国第二产业的比重仍将保持较高水平,并处于高耗能状态。解决这一问题的关键在于如何有效缩短这一阶段并实现跨越式发展。我国提高能效要致力于改善能源结构,注重能源结构的调整和优化。但我国特有的资源赋存,又决定了以煤为主的能源消费结构在短时间内是难以改变的,这也决定了我国节能任务的艰巨性和长期性。无论从能源经济效率和能源技术效率比较,还是从所处阶段及能源结构特征分析,我国的能源效率都是比较低的。虽然节能潜力是巨大的,但这并不意味着在短时间内可以把潜力全部挖掘出来。当前,我国科技创新进入活跃期,中共十九大也提出要持续推进能源生产和消费革命,构建绿色技术创新体系,建设美丽中国。一方面,以资源节约与环境保护为目的,政府运用行政法规、经济手段等正式环境规制,促使企业优化资源配置,推动企业绿色化转型,实现环境与经济的"双赢";另一方面,公众参与的非正式环境规制是政府环境政策约束外的重要监督力量,对环境的积极贡献更为显著,是打破能源困局、推动包容性绿色发展的重要力量。因此,系统、客观地探讨技术进步、环境规制、能源贫困以及包容性绿色发展间的关系是一项重要课题,对保障社会公平与促进经济可持续发展也具有重要意义。

中国即将开启全面建设社会主义现代化国家的新征程,值此由高速增长转向高质量发展的重要时间节点,亟须将弱化并消除能源贫困问题摆在能源建设工作的核心位置。加快能源基础设施建设、提高能源服务水平,促进绿色经济与技术进步、实现资源可持续发展,完善政府环境规制政策、健全公众环境监督治理体系,加快形成由上及下的能源贫困应对政策措施体系,以推进中国能源结构升级;加快形成由旧向新的能源建设改造工程,以切实改善人民生活水平;加快形成由浅入深的新能源消费观,以开创我国的绿色发展新局面。这不仅是打赢"能源脱贫"攻坚战的重要举措,也是推动经济社会、民生福利与资源环境协同发展,实现我国包容性绿色发展的必然选择。

1.2 研究意义

减轻能源贫困(即能源减贫)是遵循生态原理和生态经济规律,减少排放与空气污染,实现人与自然协调可持续发展的系统工程。改革开放四十余载,中国虽然在经济建设方面取得了令世界瞩目的成就,但其能源贫困问题始终无法根除。作为全球第二大能源消费国,我国能源消费总量大,但能源消费结构低下、内部能源获取能力差距大、各类能源使用效率低,依然是我国目前的基本国情。因此,我国亟需转变传统的发展方式,注重经济发展中的"绿色化"和"包容性",以此破解高消耗、高污染的粗放型增长方式造成的资源枯竭、环境污染和生态破坏以及收入差距的扩大和社会不公平的加剧等困境。在转型经济背景下,实现能源减贫是引领包容性绿色发展的重要手段,也是经济社会发展的客观要求。与此同时,面对资源约束逐渐趋紧的严峻形势,积极探索能源节约、能源清洁的能源减贫之路,加快新能源产业发展与能源基础设施建设,推动环境保护与资源节约技术的进步,释放经济发展新动能,是转变经济发展方式的重要途径,也是推动我国包容性绿色发展的必要举措。

因此,本书针对当前中国能源贫困中能源普及率不高、用能结构不合理、用能效率偏低以及区域用能不平衡这一基本现实,拟合理测度我国能源贫困与包容性绿色发展水平,探究导致我国能源贫困的影响因素与影响机制,分析能源贫困产生的经济效应与环境效应,借助能源减贫的技术支撑和制度保障,以我国能源贫困的形成机理与现状分析为切入点,明晰双重环境规制、技术进步与能源贫困对包容性绿色发展的影响,探索能源减贫对包容性绿色发展的作用路径,以丰富当前关于能源贫困与包容性绿色发展的理论和实证研究,这也是本书的学术价值所在。同时,本书以能源减贫为突破口,树立能源减贫与包容性绿色发展的"共赢"思维,全面系统地进行以能源减贫实现包容性绿色发展的机制设计,不仅为缩小地区能源贫困差距、推进国家绿色发展提供参考,更为我国能源脱贫与包容性绿色发展提供指导性的政策建议,为中国经济高质量发展提供理论遵循与实践指导。

(1) 本书将丰富有关能源贫困和包容性绿色发展的研究内容和研究方法。本书以我国能源贫困的现状为切入点,全面分析我国能源贫困的形成机理,基于我国能源贫困区域不平衡的现实,系统分析能源贫困的关键影响因素,为在包容性绿色发展目标下把握我国能源贫困的现状与特征、挖掘能源减贫实现我国包容性绿色发展的路径奠定现实基础。本书还基于定性分析,充分结合定量分析方法,构建多学科知识融合创新的综合研究体系,拓展能源贫困和包容性绿色发展的研究方法,具有重要的理论与现实意义。

(2) 本书为我国实现能源减贫与包容性绿色发展提供理论指导和思路借鉴。本书以现实问题为导向,紧紧围绕如何推动能源减贫实现包容性绿色发展这一中心命题展开,研究双重环境规制和技术进步视角下能源减贫对我国包容性绿色发展的影响路径、影响效应以及区域异质性,为不同地区从制度与创新层面实现能源减贫提供实证支撑,进而明确促进能源减贫的机制设计与政策指引,为实现我国包容性绿色发展目标提供理论指导和思路借鉴。

(3) 本书为我国选择环境保护和经济增长"双赢"的发展道路提供支撑。本书以能源减贫和包容性绿色发展作为研究对象,尝试从转变能源利用方式、深化科技体制改革、优化产业发展、完善正式环境规制、推进社会公众参与等方面通过能源减贫实现包容性绿色发展,为我国选择环境保护和经济增长"双赢"的发展道路提供支撑,具有重要的研究价值和研究意义。

1.3 创新之处、突出特色与主要建树

本书的创新之处主要体现在以下四个方面:

(1) 对我国能源贫困进行全面的分析,为推动我国能源减贫提供可靠的数据支撑。一方面,从能源贫困的区域差异视角全面把握我国能源贫困的发展现状,并对我国能源贫困的空间演变格局进行分析;另一方面,基于我国能源贫困的发展现状,拓展性地从经济、能源、技术和教育等方面全面探讨了影响我国能源贫困的主要因素,为推动我国能源减贫实现包容性绿色发展提供了思路。

(2) 突破原有能源贫困的研究范式,创新性地研究了中国区域能源贫困的经济效应与环境效应。本书突破以往的研究范式,从能源贫困的引致因素

转向能源贫困的经济与环境效应,并且紧密结合中国国情,着眼于能源贫困经济效应的地区异质性,对不同区域能源贫困产生的不同经济效应进行分析,同时也对中国能源贫困环境效应的作用路径进行准确识别,以期切断能源贫困的具体作用路径,从而能够因地制宜地实现环境保护与经济增长的"双赢"局面。

(3)联结能源贫困与包容性绿色发展,分析双重环境规制与技术进步对其产生的影响及作用路径。本书综合国内外学者的研究,明晰能源贫困与包容性绿色发展的内涵,在能源贫困本土化研究的基础上,进一步完善能源贫困的概念,探究能源贫困与包容性绿色发展的关系,同时分析我国双重环境规制、技术进步对能源贫困及包容性绿色发展的影响,并厘清其相互作用机制。

(4)针对现阶段的实质变化,设计科学合理的推动能源减贫实现包容性绿色发展的机制,并提出切实可行的对策建议。本书深入分析我国能源贫困的现状,明确现阶段能源贫困正在发生的一系列全局性、长期性的新现象、新变化和新特征,并结合本书的分析结论,构建科学合理的推动能源减贫实现包容性绿色发展的机制,并提出切实可行的对策建议。

本书的突出特色主要体现在以下两方面:

第一,在全面把握能源贫困与包容性绿色发展理论基础的前提下,侧重于从经济、能源、技术和教育等多个方面对我国能源贫困的影响因素及其经济与环境效应进行实证分析,将理论应用于实践。重视理论的实用性是本书研究成果的突出特色之一。

第二,依据能源贫困关键影响因素的研究结论,从双重环境规制、技术进步的角度实证研究其对能源贫困与包容性绿色发展的影响效应及其作用路径,并结合效应分析和作用路径的研究结果,提出推动能源减贫实现我国包容性绿色发展的政策措施。政策建议的科学性、针对性和全面性是本书研究成果的另一个突出特色。

本书的主要建树体现在以下四方面:

第一,全面把握能源贫困与包容性绿色发展的理论基础和研究动态,探究能源贫困引致的经济效应和环境效应的机理,以及双重环境规制、技术进步与能源贫困和包容性绿色发展的逻辑关联,为现阶段优化我国能源减贫实现包容性绿色发展奠定了坚实的理论基础。

第二,通过宏观数据分析,对中国能源贫困的水平及其时空演变格局进行准确测度,全面把握了我国能源贫困的现状。

第三,着重考虑经济、能源、技术和教育等多个方面的因素对能源贫困的影响,深入挖掘我国能源贫困产生的经济效应与环境效应,并利用中介效应模型和结构方程模型探讨经济效应与环境效应的传导路径。同时,利用调节效应模型、中介效应模型、面板门槛模型等模型,分析双重环境规制、技术进步对能源贫困与包容性绿色发展的影响效应及作用路径,为我国推动能源减贫实现包容性绿色发展提供了崭新的工作思路。

第四,从推动能源减贫实现包容性绿色发展的机制设计入手,明确了未来我国推动能源减贫实现包容性绿色发展的思路和模式,针对性地提出了相应的政策建议,对我国推动能源减贫实现包容性绿色发展提供了决策参考。

1.4 结构安排

本书按照"提出问题—分析问题—解决问题"的研究思路进行结构安排,首先基于国内外有关能源贫困和包容性绿色发展问题的研究梳理和评价,聚焦本书的主要问题;其次对我国能源贫困的现状进行考察,紧接着对能源贫困的影响因素进行研究,并对我国能源贫困产生的经济效应与环境效应进行分析;最后实证研究双重环境规制、技术进步在实现能源减贫和包容性绿色发展中的作用机理与路径,并基于此提出通过能源减贫实现包容性绿色发展的对策建议。本书的技术路线图如图1-1所示。

基于以上的研究思路和技术路线,本书共分十章对能源减贫实现包容性绿色发展的路径进行研究:

第一章为绪论,主要包括研究背景、研究意义以及创新之处等内容。

第二章为概念解读、理论基础与机理分析,主要包括对能源贫困与包容性绿色发展概念的解读,对可持续发展、包容性绿色发展以及协同治理理论的阐述,以及对相关机理的分析等研究内容。

第三章为相关文献综述,主要包括对能源贫困、包容性绿色发展、环境规制、技术进步等的文献回顾与述评。

第四章为中国区域能源贫困的现状及影响因素研究,主要包括中国区域能源贫困的水平测度、时空演变格局以及影响因素分析等研究内容。

第五章为中国区域能源贫困的经济效应研究,主要利用中介效应模型探讨中国区域能源贫困的经济效应及其非线性影响效应。

第六章为中国区域能源贫困的环境效应研究,主要利用结构方程模型探讨中国区域能源贫困的环境效应及其传导路径。

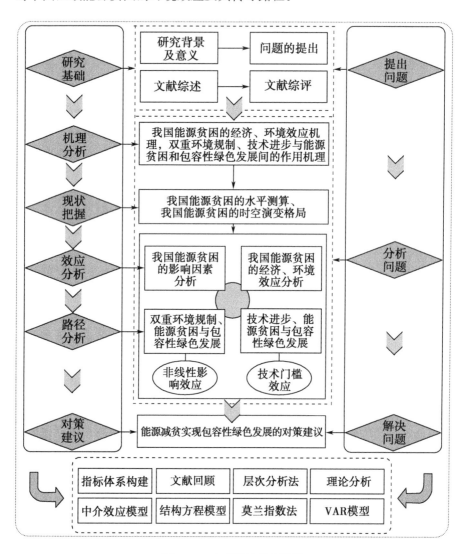

图1-1 本书的技术路线图

第七章为中国包容性绿色发展的现实背景与综合评价研究,主要分析中国包容性绿色发展的进程、必要性与存在的问题,并构建科学合理的指标评价体系对中国包容性绿色发展进行综合评价。

第八章为双重环境规制、能源贫困与包容性绿色发展研究,主要包括对我国双重环境规制、能源贫困与包容性绿色发展的关系分析以及对我国双重环境规制、能源贫困与包容性绿色发展的调节效应检验等研究内容。

第九章为技术进步、能源贫困与包容性绿色发展研究，主要包括我国技术进步、能源贫困对包容性绿色发展的影响分析以及我国技术进步、能源贫困与包容性绿色发展间的互动关系等研究内容。

第十章为推动能源减贫实现包容性绿色发展的对策建议研究，主要包括推动能源减贫实现包容性绿色发展的机制设计、典型案例分析以及提出相应的对策建议等研究内容。

第二章

概念解读与理论辨析

2.1 概念解读

2.1.1 能源贫困

能源贫困是近三十年来联合国、世界卫生组织、世界银行、国际能源署等国际组织高度关注的问题,能源贫困作为世界能源系统面临的三大挑战之一,严重制约了人类社会的可持续发展(Sovacool,2012)。因此,解决能源贫困问题的内涵是实现能源健康与社会经济的可持续发展。能源贫困的概念源于发达经济体关于燃料贫困的争论。燃料贫困会导致个人、家庭等难以获得充足的燃料能源,进而降低人口群体的平均取暖或照明水平(Bradshaw et al.,1983)。进入 21 世纪,能源贫困的定义逐渐引起了全球有关机构以及相关研究领域学者的重视。联合国等机构在相关研究中提出,能源贫困的概念为无法独立提取丰富稳定的能源且难以符合环境友好的要求。这一定义被当时的学术界广为接受。在这之后,也有新的研究提出能源贫困的新定义,但总体上差别不大。

目前,中国能源贫困问题以农村地区较为突出,相当一部分农村地区在炊事和取暖方面以传统燃料为主,包括柴草、木材、煤炭等。以 2010 年全国人口普查数据为例,约 1.5 亿的农户以传统燃料为主要能源,达到全国农户的76%(廖华 等,2015)。传统燃料的使用面临着成本较高、污染严重等问题,同时也与能源健康、社会经济可持续发展的理念相冲突,这也表明对中国农村地区的能源贫困、能源减贫进行研究有着相当重要的意义。总而言之,本书将能源贫困定义为在高效和安全的前提下,支付和使用清洁化、高级化能源方面存在困难的境况。

2.1.2 包容性绿色发展

"包容性绿色发展"的概念起源于"绿色增长"的概念。"绿色增长"最初提出是为了解决经济增长中的资源、生态、环境问题。人们对资源、生态、环境的重视始于1962年美国女作家蕾切尔·卡森的《寂静的春天》,随后经过1992年联合国里约环境与发展大会,一直到2011年的《迈向绿色增长》和"里约+20"峰会,世界性的绿色浪潮经历了由可持续发展思想萌芽兴起到绿色增长理论提出两个阶段(明翠琴 等,2013)。2012年,"里约+20"峰会首次提出了包容性绿色增长的概念。包容性绿色增长的重点是经济增长、扶贫开发和环境保护的协调,这也符合缓解能源贫困、提高现代能源效率的思路。其中的"包容性"在"绿色增长"的基础上强调了对贫困群体、脆弱群体的包容,形成了一种经济脱贫与环保的新型发展理念(张晓颖,2014)。2012年,世界银行发布《包容性绿色增长:可持续发展之路》,指出包容性绿色增长要求克服政治经济制约,摒弃根深蒂固的行为定式和社会规范,开发创新型的融资工具来改变激励方式和促进创新,从而解决导致过度使用自然资产的市场、政策和制度失灵问题等。

因此,本书将包容性绿色发展定义为一种新时代的经济增长模式,这种经济增长模式符合可持续发展理念与绿色协调理念,并且能够实现推动经济增长、保障民生福利以及保护资源环境的有机融合。

2.2 理论基础

2.2.1 可持续发展理论

1972年,Donella等在《增长的极限》中对经济增长与生态系统间的关系展开系统的定量研究,开创了可持续发展研究的先河。1980年,《世界自然资源保护大纲》中首次提出可持续发展的概念。1987年,世界环境与发展委员会正式将可持续发展定义为:"既能满足当代人的需要,又不对后代人满足其需要的能力构成危害的发展。"自此,可持续发展多指满足当下发展需求,又不损害其后期发展,能在时间上持续,以协调、协同、多角度、高效率为目标的发展。随着可持续发展理论的不断完善,学界的共识是可持续发展包含了经济、社会和生态的可持续发展(Kaivo-Oja et al.,2001)。目前,可持续发展的评价体系主要包括联合国可持续发展委员会、环境问题科学委员会、英国政府、美国政府和我国学者朱启贵提出的评价指标体系。一是联合国可持续发展委员会从经济、社会、环境以及机构四个方面考虑建立的可持续发展评价体系;二是环境问题科学委员会提出的包括经济、社会、环境共12项指标的可持续发展指标体系;三是依据可持续发展的自然、生产、人力和社会资本4组要素提出的指标体系;四是英国在参考联合国评价体系的基础上构建的由100多个指标组成的评价体系;五是美国从健康与环境、经济繁荣、自然保护、成员关系、可持续社区、市民参与、人口、国际责任和教育等方面设计的评价体系;六是中国在借鉴国外评价体系的基础上,从经济、社会、资源、环境、人口、科技和制度等方面构建的评价体系。

可持续发展定义包含两个基本要素或两个关键组成部分:"需要"和对需要的"限制"。满足需要,首先是要满足贫困人民的基本需要。对需要的限制主要是指对未来环境需要的能力构成危害的限制,这种能力一旦被突破,必将危及支持地球生命的自然系统中的大气、水体、土壤和生物。解决能源贫困可以为贫困人民提供更平等、更自由的发展机会,这同时也是实现经济增长的包容性原则。保障不会为了短期的生存需要而耗尽自然资源与破坏环境,是实现经济增长的"绿色"发展。因此,可持续发展理论是贯穿本书始终的理论基础之一。

2.2.2 包容性绿色发展理论

早在1992年6月,联合国环境与发展大会通过的《21世纪议程》中便提及:"人类站在历史的关键时刻。我们面对国家之间和各国内部长期存在的悬殊现象,贫困、饥饿、病痛和文盲有增无已,我们福祉所赖的生态系统持续恶化。"(联合国环境与发展大会,1993)。包容性发展和绿色发展已成为世界范围内的重要发展议题,随后由包容性发展和绿色发展两大理念合成的包容性绿色发展逐渐成为近年来压倒其他经济社会发展问题的新研究范畴。关于包容性绿色发展理论的阐释,不同时期的经济理论均对其展开了丰富的探索。古典政治经济学家在剖析经济增长、收入分配、环境承载力间的对立统一问题时指出,资本主义生产方式有利于推动经济增长,但在实现社会财富增长时则应协调人与自然、各阶级间的利益关系,这可能是关于包容性绿色发展最初的理论阐释(周小亮,2020)。随着工业化进程的推进,不同劳动者、不同行业、不同地区间收入差距的扩大,以及资源环境与生态系统的持续透支,有关经济增长、收入分配、生态环境间关系的关注与讨论不断丰富包容性绿色发展理论。美国经济学家 Acemoglu 和 Robinson(2012)在经济增长的研究中提出依托包容性制度支撑经济长期可持续增长的观点。Adelman(1975)在就经济增长与收入分配关系的解读中指出,经济发展不仅包括经济增长,还应包括社会经济结构的变化和人民生活质量的改善。阿马蒂亚·森(2002)从社会公平角度出发,指出机会平等与成果共享是包容性增长的核心内涵。关于生态环境问题,Boulding 和 Jarrett(1966)首次探讨经济增长与地球环境容量的问题,并提出了生态经济学概念。随后,众多学者就经济增长与生态系统间的共生增长问题展开了诸多有益的研究。随着环境资源问题的突出,绿色发展逐步成为包容性绿色发展理论中不可或缺的重要组成部分。Pearce 等(1989)首次提出绿色经济的概念,认为绿色发展是不因经济增长而导致资源枯竭和生态破坏的可持续发展模式。2005 年,联合国亚洲及太平洋经济社会委员会将绿色增长概念正式界定为"在环境、经济可持续发展过程中促进低碳、社会包容性的发展"。随即,绿色发展被认为是可以推动经济增长、改善环境可持续性、促进社会包容平衡发展的新引擎和新动力(俞海 等,2015)。2012 年,世界银行发布的《包容性绿色增长:可持续发展之路》中明确指出,包容、高效、可负担的绿色增长对保持未来的经济发展至关重要。同年,"里约+20"峰会首次提出包容性绿色增长概念,包容性绿色发展逐渐成为一种新的可持续发展理念。推动实现包容性绿色发展是本书的最终落脚点和研究目标,因此,包容性绿色发展理论将是本书的理论基石。

2.2.3 协同治理理论

德国物理学家哈肯在 20 世纪 70 年代基于系统要素与子系统之间相互配合的关系创立协同学,这一学说对如何解决社会问题提出了一定的设想。该理论认为,如果政府、公众、企业等主体存在相同的利益和目标,那么在完善的法律法规的约束条件下,建立合作机制将变为可能,各主体甚至可以共同发挥作用,最终解决这一社会问题。

从主体合作这一角度考虑,协同可以分为政府内部的协同、教育科研单位与企业组织的协同、政府间的协同、政府与社会公众的协同、政府与教育科研单位的协同、企业组织与社会公众的协同、教育科研单位与社会公众的协同等多个方面。从工作流程方面考虑,每项工作的完成都需要不同部门或组织共同发挥各自的作用和功能,这要求各个部门及组织积极沟通,建立信息流通和总体指挥的渠道,确保工作能够顺利、高效、圆满完成。

为保证共同目标的实现,协同治理一般需要符合一定的条件。一是不同的社会主体或组织之间必须要有相同的目标,并且每个主体都能从中受益。一般而言,每个社会主体由于社会分工不同,其正常的工作流程可能会存在目标上的差异,甚至出现利益相互冲突的情况。但如果存在相同的组织目标或者利益,协同治理就能够从这一总体目标出发,将各个社会主体进行有机融合和集聚,最终形成整个社会大众认同的公共目标,实现社会效益的改进。二是多主体并不是指政府内部多部门这一唯一的主体。在当前社会,随着民主制度的日臻完善,普通民众参与社会公共管理的主人翁意识增强,甚至企业、教育、科研等单位也开始积极参与公共问题的解决。在政府不能独当一面的部分加以指引,各个主体完全可以做到协同参与,最终解决共同的问题。三是各主体之间须建立完善的合作机制。与传统的公共治理方式大为不同的是,协同治理这一新型模式更加注重各主体之间的相互配合。为了高效率地达到最终目标,在这一完善的合作机制中,政府更加应该起到引导作用,发挥各主体的主观能动性,最终达到目的。

基于我国现有国情,从权力制度上考量,我国各级地方政府是协同治理制度的重要组成部分,统一由中央进行管理。中央与地方政府从上到下形成了垂直的管理与被管理的关系。从政府职能方面考虑,政府基本承担了所在地区集经济、政治、文教、科技、环保等于一体的公共职能,在其行政区划内部具有相当大的决策权。但随着经济社会的发展,区域一体化成为未来公共治理的大趋势。大多数公共事务完全突破了传统的行政区划,从事前预防、事中反馈、事后控制等多个方面牵扯到横向与纵向的多个政府层级。在这样的国情背景下,各级政府为了共同的利益或目标而协同治理具有高度的可行性。能源贫困是制约我国实现包容性绿色发展的重大阻碍因素之一,是政府需要全力克服的困难。基于此共同一致的目标,协同治理理念应当深入到能源减贫的机制设计中。

2.3 能源贫困影响经济发展的机理分析

2.3.1 理论模型构建

为探讨能源贫困对经济发展的影响效应及其作用路径,本节运用贝克尔(1987)家庭时间分配理论从微观层面探讨能源贫困如何影响家庭的劳动力及劳动时间分配决策,并结合人力资本的内生增长模型分析能源贫困的影响从家庭向宏观经济增长传导的机制。

借鉴并拓展 Dimova 和 Wolff(2011)、康晨等(2021)对家庭劳动供给的研究,本书建立了考虑能源收集的家庭时间分配模型。假设:

(1)家庭成员的全部时间可分配为闲暇时间(l_k)、工作时间(h_k)、能源收集时间(g_e)、其他家务劳动时间(g_k),闲暇时间、工作时间、能源收集时间及其他家务劳动时间的总和为24。

(2)若市场劳动力平均工资为每单位 s,则家庭的主要收入为 $I = h_k \cdot s$,家庭必要消费为 C_k,给子女的人力资本投资为 m。

(3)当地能源贫困程度为 P,居民购买能源的市场价格为 O_e,购买难度为 a,收集难度为 b,则能源贫困程度可表示为 $P = O_e^a \cdot g_e^b$,其中 $a+b=1$,分别表示能源市场获取和自然获取难度对当地能源贫困的贡献。

(4)家庭效用函数为连续可导的拟凹函数 u,家庭的效用总和取决于家庭时间的分配,具体表述为 $u = l_k^\alpha \cdot I^\beta - P^\gamma - \Phi(h_k, g_k, m)$。

因此,家庭效用函数最大化可表述为:

$$\max u = l_k^\alpha \cdot I^\beta - P^\gamma - \Phi(h_k, g_k, m) \tag{2-1}$$

$$\begin{cases} l_k + h_k + g_e + g_k = 24 \\ C_k + m \leqslant I \end{cases} \tag{2-2}$$

其中,$\Phi(h_k, g_k, m)$ 表示为工作、花费时间做家务和为子女交学费购买书籍等人力资本投资活动为家庭效用带来的损耗,也可表示为家庭决策人对以上活动的厌恶程度,$\alpha、\beta、\gamma$ 分别表示闲暇、收入以及能源贫困对家庭效用的贡献或损耗程度,同样代表着家庭决策人对以上活动的喜欢或厌恶程度。为分析家庭在能源贫困约束下使家庭效用最大化的行为决策,本书构建如下的拉格朗日函数:

$$F = l_k^a \cdot I^\beta - P^\gamma - \Phi(h_k, g_k, m) + \lambda(C_k + m - s \cdot h_k) \quad (2-3)$$

为进一步简化运算,借鉴刘霞等(2014)的做法,设置 $\lambda=1$,并通过 F 对家庭能源收集时间 g_e 求导获得家庭效用的最大化条件:

$$\frac{\partial F}{\partial g_e} = \beta l_k^a I^{\beta-1} \frac{\partial I}{\partial g_e} - \gamma P^{\gamma-1} \frac{\partial P}{\partial g_e} - \frac{\partial \Phi}{\partial h_k} \frac{\partial h_k}{\partial g_e} - \frac{\partial \Phi}{\partial g_k} \frac{\partial g_k}{\partial g_e} - s \frac{\partial h_k}{\partial g_e} = 0$$

$$(2-4)$$

也即,

$$-\beta l_k^a I^{\beta-1} - \gamma P^{\gamma-1} \cdot b O_e^a g_e^{b-1} + \frac{\partial \Phi}{\partial h_k} + \frac{\partial \Phi}{\partial g_k} + s = 0 \quad (2-5)$$

此时可得到家庭效用最大化条件下能源收集时间 g_e 与其他因素之间的关系:

$$g_e^{b-1} = \frac{\frac{\partial \Phi}{\partial h_k} + \frac{\partial \Phi}{\partial g_k} + s - \beta l_k^a I^{\beta-1}}{\gamma P^{\gamma-1} \cdot b O_e^a} \quad (2-6)$$

由于 $b<1$,可知 g_e^{b-1} 是 g_e 的单调递减函数,因此:

1) 能源收集时间与单位工资 s 和闲暇时间 l_k 呈反向变动,表明当地居民收入越少,则越需要花更多时间在能源收集上。而其他家务劳动时间 g_k 固定不变的情况下,能源收集时间 g_e 的增加会挤压居民的闲暇时间 l_k。用于闲暇的时间越少,对居民的身体健康越不利。

2) 能源收集时间 g_e 与工作收入 I 反向变动,工作收入 I 与工作时间 h_k 正向变动。因此,能源收集时间 g_e 与工作时间 h_k 反向变动。当家庭面临能源贫困的约束时,需要花费更多的时间用于收集能源,从而挤压了工作时间 h_k,降低了当地的劳动力供给。

3) 由于 $C_k + m \leqslant I$,而能源收集时间 g_e 与工作收入 I 反向变动,因此,在家庭固定开支无法压缩的情况下,人力资本投资 m 会受能源贫困的影响而无法增长。即能源贫困的程度越高,当地家庭用于人力资本投资的可用资金就越少,越需要投入更多时间用于能源收集活动。

综上所述,能源贫困将会使家庭决策人更倾向于减少劳动力的对外供给,并压缩人力资本投资的额度,从而影响当地人力资本的供给质量、数量以及受教育水平。为分析能源贫困的影响如何通过家庭决策向经济增长传导,本书进一步构建一个引入人力资本的内生增长模型,分析能源贫困如何通过影响人力资本的整体供给从而影响经济增长。

该模型以 Solow 在 1957 年提出的引入时间变量的 C—D 生产函数为基础：

$$Y(t) = A(t)K(t)^\alpha L(t)^\beta \qquad (2-7)$$

式中，$Y(t)$ 为产出，$K(t)$ 为资本，$L(t)$ 为劳动，以上均为时间 t 的连续函数。α 为资本的产出弹性，其中 $0<\alpha,\beta<1$，$A(t)$ 为随时间变化的希克斯中性技术进步：

$$A(t) = A_0 e^{\lambda t} \qquad (2-8)$$

式中，A_0 为初始技术水平，λ 为技术进步速度。

借鉴李荣杰等（2016）的改进方程，对生产函数做进一步扩展，进入人力资本与能源投入概念，有：

$$Y = A_0 e^{\lambda t} K^\alpha H^\beta E^{1-\alpha-\beta} \qquad (2-9)$$

式中，H 为人力资本总量，E 为能源收入，可进一步表示为劳动力数量和平均人力资本水平的乘积：

$$H = Lh \qquad (2-10)$$

教育人力资本以劳动教育水平的指数形式表示为 $h = e^{wm}$。式中，$w(w>0)$ 为教育收益率，劳动者受教育水平 m 越高，劳动增强效应就越大。

根据上述家庭时间分配决策可知，能源贫困程度越高，父母投资在子女身上的教育支出就越少，也即 $\frac{\partial \dot{m}}{\partial P}<0$（其中，$\dot{m}$ 表示单位时间受教育水平的增长量）；能源贫困程度越高，家庭用于能源收集的时间就越多，从而导致当地劳动力市场的供应总量就越少，因此有 $\frac{\partial \dot{l}}{\partial P}<0$（其中，$\dot{l}$ 表示单位时间劳动力的增长量）；同样，当地能源贫困程度也会影响当地的能源供给总量，因此有 $\frac{\partial \dot{e}}{\partial P}<0$（其中，$\dot{e}$ 表示单位时间能源总量的增长量）。

将教育引入生产函数模型中，得到：

$$Y = A_0 e^{\lambda t} K^\alpha (Le^{wm})^\beta E^{1-\alpha-\beta} \qquad (2-11)$$

接下来求取产出增长率公式，为简化计算，于等式两边取自然对数，得到：

$$\ln Y = \ln A_0 + \lambda t + \alpha \ln K + \beta \ln L + \beta wm + (1-\alpha-\beta)\ln E$$

$$(2-12)$$

由于 Y 的自然对数是 Y 的单调递增函数,因此采用 $\ln Y$ 对时间 t 进行求导并不影响二阶导数的正负性。首先,对 t 求导得到增长率的替代公式:

$$\frac{\partial \ln Y}{\partial t} = \lambda + \frac{\alpha}{K}\dot{k} + \frac{\beta}{L}\dot{l} + \beta w \dot{m} + \frac{1-\alpha-\beta}{E}\dot{e} \qquad (2-13)$$

其次,利用增长率的替代公式对能源贫困程度 P 求偏导数,可得:

$$\frac{\partial^2 \ln Y}{\partial t \partial P} = \frac{\beta}{L}\dot{l}\frac{\partial \dot{l}}{\partial P} + \beta w \dot{m}\frac{\partial \dot{m}}{\partial P} + \frac{1-\alpha-\beta}{E}\dot{e}\frac{\partial \dot{e}}{\partial P} \qquad (2-14)$$

从上式可得:

1) $\frac{\partial \dot{l}}{\partial P}<0, \frac{\beta}{L}\dot{l}\frac{\partial \dot{l}}{\partial P}<0$,表明能源贫困增长一个单位,即会通过减少人力资本的供应为经济增长带来 $\frac{\beta}{L}\dot{l}\frac{\partial \dot{l}}{\partial P}$ 个单位的损失;

2) $\frac{\partial \dot{m}}{\partial P}<0, \beta w \dot{m}\frac{\partial \dot{m}}{\partial P}<0$,表明能源贫困增长一个单位,即会通过减少人力资本的受教育程度而为经济增长带来 $\beta w \dot{m}\frac{\partial \dot{m}}{\partial P}$ 个单位的损失。

2.3.2 假设提出

能源贫困通过中介变量对经济发展产生影响,首先体现在能源贫困对居民健康水平造成了潜在影响。能源贫困地区用能结构较为低级,传统生物质能消费占比大,而传统生物质能燃烧实际上会产生大量高危有害物质,例如一氧化碳、二氧化氮、甲醛,甚至苯、苯并芘等致癌物质(李慷 等,2011)。因此,能源贫困地区的居民在生产活动中更易受到呼吸道感染、支气管炎等呼吸道疾病的影响。这不仅造成居民开工率下降,也造成了生产活动中的劳动效率低下等问题。这种室内空气污染疾病带来的负面影响可能比想象的更大,在印度每年能造成超过 16 亿个工作日缺口(Smith,2000)。因此,能源贫困通过对居民身体健康带来的危害潜在地影响了经济发展。

其次,能源贫困会阻碍居民受教育水平的提高。受教育水平是人力资本的重要组成方面,也是对劳动生产率产生重要影响的因素之一,渗透在生产的各个环节。而能源贫困的地区,居民用能能力弱、用能效率低,这就需要更多的家庭成员参与到日常生活用能的采集工作当中,例如砍柴、收集秸秆等。这将直接导致孩童,尤其是女童的受教育时间被压缩,最终降低了地区整体的受教育水平,阻碍了当地人力资本的积累。有研究报告显示,耗费在采集燃料上的时间每超过两小时,肯尼亚儿童入学的可能性会下降21%(Masera et al.,2000)。并且此种负面传导效应还有潜在的螺旋上升趋势。低受教育水平的人群由于缺乏相应认知,往往会加大对于传统生物质能的依赖,从而进一步挤占下一代的受教育时间。因此,本书认为,能源贫困通过阻碍居民受教育水平的提高,最终也会对经济发展产生潜在的不利影响。

最后,能源贫困会减少当地的就业人口,从而使得劳动力无法充足供给生产部门。一方面,如上文所述,能源贫困的地区需要更多的居民从事能源收集工作,其中一部分为处于受教育阶段的孩童,而另外更大的一部分是本应处于劳动力部门的妇女。能源贫困地区更多的家庭妇女全职负责准备家庭的生活用能源,从而降低了人口的就业率,造成就业人口下降。在劳动力供给不充分的情况下,能源贫困很有可能借此对经济发展产生负面影响。另一方面,用能水平、用能结构以及用能能力三者也是反映当地能源产业发展成果的重要因素。能源贫困地区的能源产业发展也相对落后,作为重要的工业部门,其就业人口吸纳能力也会大打折扣。目前,中国尚处于人口红利逐渐消失阶段,劳动力供给本就无法满足产业转型与高端化需要。能源贫困造成就业人口流失,继而引发的负面经济效应可能比想象中更为严重。

综上所述,本书认为能源贫困会对当地经济发展造成负面影响,但其中很大一部分并不是直接实现的,而是通过居民健康水平、受教育水平以及就业人口等因素间接实现的。本书据此提出假设1(H1)、假设2(H2)与假设3(H3):

H1:居民健康水平在能源贫困对经济发展的影响机制中呈现出中介效应,即能源贫困通过影响居民健康水平进而对经济发展产生负面影响。

H2:受教育水平在能源贫困对经济发展的影响机制中呈现出中介效应,即能源贫困通过阻碍人力资本积累进而对经济发展产生负面影响。

H3:就业人口在能源贫困对经济发展的影响机制中呈现出中介效应,即能源贫困减少了就业人口进而阻碍经济发展。

2.4 能源贫困影响生态环境的机理分析

已有研究表明,能源消费是影响环境质量的重要因素,能源的粗放利用则是破坏生态环境系统的重要障碍(魏一鸣 等,2006;Park et al.,2011;Dogan et al.,2016;汪泽波 等,2017)。能源贫困不仅包括能源匮乏,还指因能源消费不当导致的贫困。能源贫困会对当地的生态环境产生不利影响与潜在威胁。本书将对其破坏生态环境的路径机制进行分析,具体从劳动力效率、产业结构与基础设施建设三条路径厘清能源贫困与生态环境之间错综复杂的逻辑关系。

第一,能源贫困地区的居民需要依靠收集传统生物质能维持生活用能所需。森林与植被就是最为直接的生物质能来源,砍伐树木可以得到木柴、草皮等传统固体燃料,燃烧秸秆能够提供热量。其中,木柴草皮的利用会对森林植被造成破坏,秸秆能源的消费则会导致归田作物减少、土地肥力衰竭,加剧水土流失,从而破坏生态系统的物质循环。因此,能源贫困地区森林、植被往往得不到有效保护,滥伐偷砍、焚烧秸秆事件层出不穷,最终造成森林系统的受损和生态环境的破坏。

第二,能源贫困地区居民的用能结构不合理,更多地依靠传统固体燃料,如煤炭、生物质能,而不是现代化清洁能源,这会对当地的空气质量产生直接影响。能源贫困地区能源消费结构的低端锁定特征会加剧高排放能源的消费比重,造成当地废气(如碳氧化物、氮氧化物、二氧化硫等)与固体颗粒物(如 PM10、PM2.5)排放的增加,这也是我国有关部门对农村地区秸秆燃烧行为进行严格监管和重点关注的原因。由于森林生态系统的破坏,其自我修复能力受损,这些污染物排放到大气当中,会造成生态环境水平进一步下降。

第三,能源贫困地区居民的用能效率低下。一方面,传统生物质能在燃烧效率上低于现代化能源,往往具有燃烧效率低、能耗大、污染强的特征。因此,对传统固体燃料的依赖将导致更多的温室气体与大气污染物排放。另一方面,能源贫困地区居民的用能设备往往老旧,能源无法得到充分利用,从而造成了这些地区居民用能效率低下,而用能效率低下进一步加深了其对于传统生物质能的依赖,产生"依赖传统生物质能—效率低下—需求更多生物质能"的恶性循环,由此产生的循环累积效应将对生态环境造成持续性破坏。基于以上三点,本书提出假设 4(H4):

H4:能源贫困对生态环境具有直接的破坏作用。

前文论述了能源贫困地区对传统固体燃料的依赖造成生态环境循环发展的负担。除此直接影响之外,能源贫困也会对劳动力效率与基础设施建设产生不利影响,从而进一步破坏生态环境。具体而言,(1)能源贫困对劳动力效率的影响。正如前文所述,能源贫困地区能源服务可获得性、用能清洁性均无法得到有效满足,居民主要依靠传统固体燃料供能。而相对来说,传统固体燃料的供能效率及清洁程度均远低于现代清洁能源。因此,一方面,能源供给效率低下将导致劳动力无法集中精力进行生产活动,从而降低劳动力效率。另一方面,非清洁能源的供给将带来更多的健康威胁因素,一氧化碳、二氧化硫、固体颗粒物等有害气体和污染物质排放会显著降低劳动力的健康程度,如增加劳动力的呼吸道疾病发病率,从而不利于劳动力效率的提升。(2)能源贫困对基础设施建设的影响。能源贫困地区往往是地处偏远或发展落后的农村地区,因供应能源的基础设施欠缺,其在获取能源服务以及现代化清洁能源供给方面受到极大的制约。因此,能源贫困地区需要投入大量人力、物力、财力进行能源供应管道建设。其中,与能源贫困相伴的物质贫困则是开展此类基础设施投资建设的重要障碍。不仅如此,能源基础设施建设还会因此挤占其他高端制造业与高附加值产业所需要的基础设施投资。与此同时,落后的经济发展水平亦导致贫困地区的家庭无法支付现代能源服务,导致生活用能的可支付性受阻,这将进一步抑制能源贫困地区对现代清洁能源的需求,使其陷入对传统固体燃料的依赖陷阱,从而更进一步阻碍能源贫困地区现代能源基础设施建设工作的开展。基于此,本书提出假设5(H5)与假设6(H6),如下所示:

H5:能源贫困降低了劳动力效率。

H6:能源贫困阻碍了基础设施建设。

而产业结构升级滞后、劳动力效率低下以及基础设施建设落后则是产生大量环境污染物的诱因。

首先,产业结构升级滞后的影响。(1)产业结构升级滞后对生态环境的影响。产业结构升级一般指的是产业结构由低水平状态向高水平状态的发展过程,如产业由第一产业向第二产业再向第三产业的梯度转移,或者产业实现由劳动密集型产业向资本密集型产业再向知识密集型产业的转移,或是产业由低附加值向高附加值的转型,如低端加工制造业向现代智能制造业升级以及传统服务业向生产性服务业与高端服务业升级。可见,产业结构升级反映的是生产结构不断由高污染的能源密集型产业向低污染的知识密集型产业转型的过程,其伴随的技术革新与生产效率的提升均有助于改善环境质量。换言之,产业结构落后则意味着产业生产的产品具有附加值低、能源消耗高、污染密集等典型特征。因此,产业结构升级滞后是造成污染物排放的重要诱因。(2)产业结构升级滞后对基础设施建设的影响。一方面,产业结构升级滞后意味着对清洁能源、先进技术的吸收及需求不足,从而抑制对节能减排设备设施的投资需求;另一方面,产业结构的低端化反向侵蚀产品的利润空间,导致企业缺乏充分的资金进行节能减排设备投资,降低了基础设施建设水平,阻碍了地区治污能力的提升,生态环境也因排放物增加遭到破坏。基于此,本书提出假设 7(H7)与假设 8(H8):

H7:产业结构升级滞后造成了生态环境破坏。

H8:产业结构升级滞后阻碍了基础设施建设。

其次,劳动力效率的影响。(1)劳动力效率对生态环境的影响。一般而言,劳动力效率的提高意味着生产效率的提升,而生产效率的提升则是决定一个地区环境污染水平的关键。一方面,生产效率的提升有利于提高地区的资源利用效率,抑制资源浪费和能源消耗,从而有助于环境质量改善,另一方面,劳动力效率的提升有助于推动生产技术革新,推动生产环节的绿色转型,从而有益于环境污染治理。换言之,劳动力效率低下会使企业大幅增加其他生产要素的投入以提升总产出,其中就包括对各类生态环境资源的消耗,因此,劳动力效率低下可能造成生态环境系统的过度开发。此外,劳动力效率低下不利于激发创新活动,无法驱动技术革新这一治理环境污染问题的内生动力。(2)劳动力效率对产业结构升级的影响。产业结构升级意味着产业向高附加值知识密集型产业转型,这一过程则需要高素质高技能高效率劳动力的匹配与支撑,没有相应的人才储备作为支撑,地方产业升级将更加困难。因此,劳动力效率低下将严重阻碍地区产业结构的升级。基于此,本书提出假设 9(H9)与假设 10(H10):

H9:劳动力效率低下造成了生态环境的破坏。

H10:劳动力效率低下阻碍了产业结构的升级。

最后,基础设施建设落后对生态环境的破坏也不容忽视。一方面,能源基础设施建设是破除能源贫困地区能源消费结构低端锁定的路径,如建设输电通道、普及电网设施、建设光伏电站等能够充分地满足能源贫困地区清洁能源供给,从而替代传统固体燃料消耗,缓解粗放型能源消费模式对生态环境造成的破坏。另一方面,绿色基础设施建设水平决定了污染物排放标准。高质量的节能减排设备不仅能够减少各类生态资源的使用,同时也能对排放流程进行实时监测,主动减少有害污染物的排放。相应的假设 11(H11)如下:

H11:基础设施建设落后造成了生态环境破坏。

综上所述,本书认为能源贫困会直接增加污染物排放,并且能通过降低劳动力效率、阻碍基础设施建设与产业结构升级三条路径间接地造成生态环境破坏。据此,本书提出中国区域能源贫困作用于生态环境的机制,如图2-1所示,分别对应假设4至假设11。本书将进一步建立结构方程模型,以对此节提出的能源贫困的环境效应路径机制进行检验。

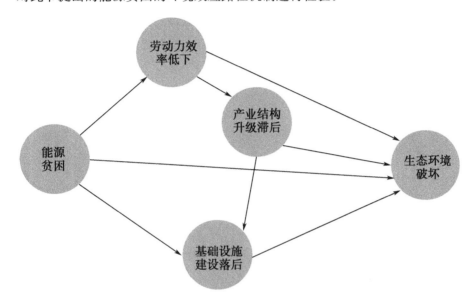

图2-1 能源贫困的环境效应路径机制

2.5 双重环境规制、能源贫困与包容性绿色发展相互关系的机理分析

2.5.1 能源贫困对包容性绿色发展的影响分析

能源贫困为在高效和安全的前提下,支付和使用清洁化、高级化能源方面存在困难的境况,分别对应我国目前人均能源消费量少、用能结构低级、用能能力较弱的现状。具体而言,能源贫困将从以下路径对包容性绿色发展产生负面作用。第一,能源贫困不利于经济的发展。能源贫困地区居民的用能水平较低,现代化与清洁化能源的缺乏导致能源贫困的家庭将更多的时间用于收集传统固体燃料和能源。一方面,这挤压了居民通过其他工作获得报酬的劳动时间,导致当地劳动力供给减少,不利于地区经济的发展;另一方面,

居民经济收入的降低进一步减小了居民对清洁能源的潜在消费量。能源消费与能源供给是相辅相成的，居民对现代化与清洁化能源的消费需求持续疲软，限制了当地能源基础设施的建设，也制约了当地空调、电冰箱、油烟机、热水器等现代家电产业的发展(Thornley et al.，2008)。此外，能源贫困也导致了就业机会的缺乏，对女性而言尤为明显。能源贫困不利于妇女劳动力的解放与就业率的提高(Dinkelman，2011)。第二，能源贫困不利于社会民生福利的改善。一方面，能源贫困的家庭在室内会受到更多如一氧化碳与二氧化硫有害气体等非健康因素的影响，这会显著降低家庭成员的健康程度(魏一鸣 等，2014)；另一方面，用能能力较弱的家庭需要包括孩童在内的劳动力参与收集传统固体燃料，这侵占了孩童受教育的时间，制约了孩童未来发展的成长潜力，限制了当地教育水平的提高。第三，能源贫困势必导致生态环境的进一步恶化。一方面，因用能结构单一，居民对于薪柴等固体燃料的依赖依然严重，给当地森林树木资源带来了巨大压力，大量的植被与生态被破坏(Miah et al.，2009)；另一方面，固体燃料燃烧排放的二氧化碳、甲烷和臭氧等温室气体，增加了资源环境风险(Ohimain，2012)。能源贫困阻碍了经济发展，降低了居民生活质量，增加了生态环境风险，进而不利于我国包容性绿色发展。假设12(H12)如下所示：

H12：能源贫困不利于包容性绿色发展。

2.5.2 双重环境规制对包容性绿色发展的影响分析

(1) 正式环境规制对包容性绿色发展的影响分析

正式环境规制是指政府部门制定有关法律或规范，通过强制的公权力保障征收污染税，进行环保稽查，对企业污染物排放制定标准，以此达到保护和改善环境、降低资源环境风险的目的。正式环境规制对包容性绿色发展具有直接作用，这是因为正式环境规制对企业具有极强的约束性，但不能限制企业自身的生产，需兼顾企业效益、经济发展与社会稳定，其对包容性绿色发展具有正负两方面的影响。一方面，基于"波特假说"，政府对企业的环境规制会促使企业优化资源配置，推动企业绿色转型，增强企业核心竞争力，即形成正式环境规制的"绿色创新补偿"效应(Porter et al.，1995)。企业生产力的提升推动了经济层面的发展，而企业生产结构的优化减少了能耗与排放，在环境层面改善了生态环境，推动了包容性绿色发展。另一方面，基于新古典经济学理论，正式环境规制会增加企业的治污成本。企业将精力放在如何规避政府处罚,会对企业的研发投入产生挤出效应,挤占企业创新资金,限制企业生产规模,从而降低企业的经济收益,即形成正式环境规制的"遵循成本"效应(Pargal et al.,1996)。

具体而言,政府进行正式环境规制的初期,由于政策不完善,导致出现"一刀切"的管制措施,因此规制强度较弱。企业的"遵循成本"效应大于"绿色创新补偿"效应,企业通常会选择缴纳排污费,增加企业非生产的费用支出,这阻碍了企业绿色转型发展。因此,正式环境规制会制约经济增长与生态环境的改善。然而,随着政府实施环境规制的合理化和科学化,企业的"绿色创新补偿"效应逐渐大于"遵循成本"效应,企业会加快自身绿色转型的步伐。考虑到绿色技术创新具有不确定性与滞后性,往往绿色技术研发经历很长一段时间后,企业绿色转型的回报才会慢慢逼近甚至超过前期的研发投入,这时才会表现出企业生产效率与环境友好度的提升。企业利用基于绿色创新技术的高效率的生产方式,不仅会推动经济增长,对社会保障与资源环境也具有促进作用,体现了发展的"包容性"与"绿色性"。综上所述,在正负两方面的综合作用下,正式环境规制对包容性绿色发展的影响表现为低规制强度下"遵循成本"效应占主导的抑制作用以及高规制强度下"绿色创新补偿"效应占主导的促进作用,导致其对包容性绿色发展的作用呈现先下降后上升的"U型"非线性关系。

(2) 非正式环境规制对包容性绿色发展的影响分析

非正式环境规制概念最早由 Wheeler 和 Pargal(1996)提出,指出于保障居住环境质量的诉求,公众、媒体以及社会团体采取媒体曝光、舆论施压、联合抵制等手段促使污染企业节能减排,是正式环境规制的重要补充,其影响相对正式环境规制较小。类似于正式环境规制的非线性关系,非正式环境规制对包容性绿色发展的作用也是非线性的。具体而言,在非正式环境规制初期,公众出于自身对美好居住环境的诉求,会采取向政府和媒体投诉举报、与污染企业抗争与谈判,甚至会形成社会团体联合抵制等手段对污染企业施压,迫使污染企业减少排污、降低能耗,间接推动企业的绿色转型发展。这表明在非正式环境规制较弱的初期,公众环保意识的逐步觉醒对环境治理具有积极的贡献,对包容性绿色发展具有显著的助推作用。然而,政府需求与公众的诉求并非完全一致。公众参与的非正式环境规制往往仅局限于自身某个具体方面的诉求,缺乏全局性的利益考虑。倘若企业已经合理规范自身污染行为以满足相关法律的标准,但公众仍继续向企业施压,这会对企业造成极大的舆论压力,损害企业的社会信誉与形象,不利于企业的绿色转型发展,也会制约包容性绿色发展。综上所述,非正式环境规制对包容性绿色发展的影响表现为低规制强度的促进作用与高规制强度的抑制作用,导致其对包容性绿色发展的作用呈现先上升后下降的"倒U型"关系。基于此,假设13(H13)如下所示:

H13:正式环境规制与包容性绿色发展之间存在"U型"关系,非正式环境规制与包容性绿色发展之间存在"倒U型"关系。

2.5.3 双重环境规制、能源贫困对包容性绿色发展的影响分析

根据上述分析,正式环境规制对包容性绿色发展可能存在着"绿色创新补偿"效应和"遵循成本"效应的双重作用,呈现出"U型"关系。正式环境规制主要通过影响企业绿色创新产出,间接对经济效益与资源环境产生影响,从而作用于包容性绿色发展。然而考虑到能源贫困的引致因素主要是收入较低、教育水平落后、传统的用能习惯与生活方式失当、能源基础设施的不足(Arthur et al.,2010;Heltberg,2004;Masera et al.,2000),能源脱贫不仅需要企业绿色创新产出的调节,更需要宏观层面的经济政策的指导、财政资金的投入和法律法规的保障,这些都离不开政府正式环境规制的引导。具体而言,第一,政府通过强制公权力推进能源扶贫政策的实施,主导建设新能源基础设施,提高能源供能能力。同时,现代化能源基础设施建设能够给当地提供大量的就业岗位,提高当地的收入水平,推动经济发展。第二,政府通过加大宣传教育转变居民传统的用能习惯与生活方式,使居民摆脱对薪柴等固体燃料的依赖,刺激其对新能源的消费需求。第三,政府通过对居民采用能源消费限令与新能源消费补贴的双重手段推广清洁能源,改善居民的用能结构;对企业依旧采取排污"高标准、零容忍"的处罚方针,促使企业加快绿色转型,降低排污成本,增强自身能源管理、消费与使用能力。以上正式环境规制措施能够显著改善能源贫困水平。能源贫困的改善自然能带来更高的经济收益、更好的民生福利、更佳的生态环境,从而推动我国的包容性绿色发展。

同样,尽管非正式环境规制对包容性绿色发展是低规制强度的促进作用和高规制强度的抑制作用,存在"倒U型"关系,但是非正式环境规制在改善能源贫困以推动包容性发展中的调节作用始终是积极的。非正式环境规制是政府环境政策约束外的重要监督力量,相较于正式环境规制,其监督手段

更为灵活、监督对象更为精准,对环境的积极贡献更为显著。一方面,考虑到公众层面,非正式环境规制是公众环保意识的集中体现,其强度随着居民收入水平、受教育水平的提高而增大。其强度越强,公众在保护环境、节约资源上就表现得越优秀,对政府能源政策的响应就越积极,这对能源减贫以及包容性绿色发展都有更大的促进作用。另一方面,考虑到企业层面,合理的公众监督能促进企业节能减排,实现绿色转型。非正式环境规制通过协商谈判、媒体曝光等措施,促使企业革新传统技术,降低污染排放。同时,向有关环保监管部门举报,借助法律力量迫使企业加大研发投入,推动绿色转型,实现环境保护。因此,本书提出假设14(H14):

H14:正式环境规制在能源贫困对包容性绿色发展影响中的调节作用是正向的;非正式环境规制在能源贫困对包容性绿色发展影响中的调节作用也是正向的。

本部分的机理分析如图2-2所示:

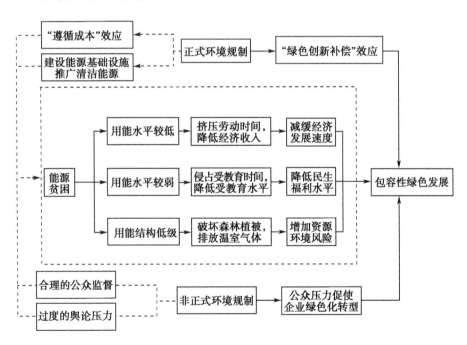

图2-2 双重环境规制、能源贫困与包容性绿色发展相互关系的机理分析

2.6 技术进步、能源贫困与包容性绿色发展相互关系的机理分析

2.6.1 理论模型构建

为进一步明晰技术进步、能源贫困与包容性绿色发展之间的相互关系,本书建立不同要素之间关系的可能性约束,采用含有内生增长模型的非线性最优控制模型进行分析。

(1) 目标函数

社会福利目标:借鉴周晶淼等(2017)构建的包容性绿色发展目标函数,构建包含社会消费 C 和能源丰裕度 N 的跨期替代弹性不变效用函数 $U(C(t)) \cdot N(t)$,将社会消费 $C(t)$ 和能源丰裕度 $N(t)$ 作为自变量。对任意变量 $y(t)$ 和 $\dot{y}(t) = \mathrm{d}y/\mathrm{d}t$,为便于表达,省去时间 t,则有:

$$U = \frac{(CN^{\varphi})^{1-r}}{1-r} \quad (2-15)$$

社会福利最大化的目标是使关于公众消费的瞬时效用贴现值总量最大,则有:

$$\max \int_0^{\infty} \frac{(CN^{\varphi})^{1-r}}{1-r} \mathrm{e}^{-\rho t} \mathrm{d}t \quad (2-16)$$

其中,ρ 是公众消费主观时间的贴现率,$r(r>0)$ 是相对风险回避系数,φ 表示公众对能源的需要程度。

(2) 约束

社会生产:借鉴 Lee(2012)的做法,将社会总生产模型拓展为包含能源投入和人力资本的内生增长模型:

$$Y = A[K^{\Phi} + (bE)^{\Phi}]^{\frac{a}{\Phi}} (hL)^{1-a} \quad (2-17)$$

其中,A 是技术水平,b 是能源利用效率,E 是能源投入,h 指人力资本平均水平,L 指劳动力投入。产出 Y 用于社会消费 C、资本存量 K、技术进步投资 aY。关于资本增量的动态方程有:

$$\dot{K} = Y - C - \delta K - aY - cY \quad (2-18)$$

其中,$\dot{K}$ 表示资本增量,$\delta \in (0,1)$,为资产折旧率,a 为技术进步的投资

强度，c 为用于提升能源供应的投资比例。

技术进步：关于技术进步水平 x 的微分方程有 $\dot{x}=\beta a-\zeta x$，$\dot{x}$ 为技术进步水平的增量，β 为技术进步投资的转换率，ζ 为技术衰退率。用 w 代表技术转化率，技术水平的方程为：

$$A = 1 + wx \qquad (2-19)$$

能源贫困：能源丰裕度主要是能源利用效率和生态环境自修复力共同作用的结果。有：

$$\dot{N} = \varepsilon N(1-N) - \eta(1-b) \qquad (2-20)$$

其中，$\dot{N}$ 表示能源丰裕度的增量，ε 为自修复率，η 为常数系数。

(3) 非线性最优控制模型

根据以上目标函数及约束条件，建立非线性最优控制模型：

$$\max_{C,a,c} W = \max_{C,a,c} \int_0^\infty \frac{(CN^\varphi)^{1-r}}{1-r} e^{-\rho t} dt \qquad (2-21)$$

$$\text{s.t. } \dot{K} = Y - C - \delta K - aY - cY \qquad (2-22)$$

$$Y = A[K^\Phi + (bE)^\Phi]^{\frac{\alpha}{\Phi}}(hL)^{1-\alpha} \qquad (2-23)$$

$$\dot{x} = \beta a - \zeta x \qquad (2-24)$$

$$A = 1 + wx \qquad (2-25)$$

$$\dot{N} = \varepsilon N(1-N) - \eta(1-b) \qquad (2-26)$$

令 λ_k、λ_x、λ_N 为资本存量 K、技术进步水平 x 和能源丰裕度 N 的共态变量，建立汉密尔顿函数，有：

$$H = \frac{(CN^\varphi)^{1-r}}{1-r} + \lambda_k(Y - C - \delta K - aY - cY) + \lambda_x(\beta a - \zeta x)$$
$$+ \lambda_N[\varepsilon N(1-N) - \eta(1-b)] \qquad (2-27)$$

由极大值原理，最大化条件满足：

$$\frac{\partial H}{\partial C} = C^{-r}(N^\varphi)^{1-r} - \lambda_k = 0 \qquad (2-28)$$

$$\frac{\partial H}{\partial a} = -\lambda_k Y + \beta \lambda_x = 0 \qquad (2-29)$$

$$\frac{\partial H}{\partial c} = -\lambda_k Y + \eta \lambda_N = 0 \qquad (2-30)$$

联立以上三式可得资本存量 K、技术进步水平 x 和能源丰裕度 N 的影子价格表达式：

$$\lambda_k = C^{-r}(N^\varphi)^{1-r} \tag{2-31}$$

$$\lambda_x = \frac{YC^{-r}(N^\varphi)^{1-r}}{\beta}, \lambda_N = \frac{YC^{-r}(N^\varphi)^{1-r}}{\eta} \tag{2-32}$$

根据以上结果可得：

第一，技术进步水平 x 与能源丰裕度 N 正向变动，表明能源贫困程度越低，越有利于技术进步水平的提升。

第二，能源丰裕度 N 与资本存量 K 正向变动，表明在包容性绿色发展的环境下，能源贫困程度越低，越有利于资本的积累，从而循环推进包容性绿色发展。

第三，在包容性绿色发展环境下产出 Y 与 λ_x 和 λ_N 同向变动，表明包容性绿色发展会促进技术进步水平与能源丰裕度的提升。

综合以上分析，包容性绿色发展、能源贫困与技术进步三者之间存在着相互推进、协调发展的关系，为进一步展现三者间的影响机制，本章将结合实际对技术进步、能源贫困和包容性绿色发展之间的关系进一步展开描述。

2.6.2 技术进步、能源贫困对包容性绿色发展的影响分析

面对资源约束趋紧、环境污染严重、生态系统退化的严峻形势，我国强调要顺应自然、保护自然，把生态文明建设放在突出地位。创新是引领发展的第一动力。以技术进步驱动我国包容性绿色发展，是贯彻新发展理念、破解当前经济发展中突出矛盾和问题的关键，也是加快转变发展方式、优化经济结构、转换增长动力的重要抓手，正在为经济发展注入新动力。具体而言，技术进步可以通过以下路径促进我国包容性绿色发展：第一，技术进步通过改进原有的生产技术以及设备，完善生产管理与组织方式，提高生产率，进而促进经济发展。第二，技术进步能进一步改善能源利用效率，减少污染排放，切实促进低碳经济、循环经济，推动我国包容性绿色发展。改善能源贫困是国家可持续发展、建立社会公平体系的重要内容，对于我国包容性绿色发展也具有重要意义：一方面，居民消费的传统生物质能以薪柴、秸秆为主，传统生物质能多采用砍伐和拾取的方式获取，实现能源减贫能通过释放劳动力为其他行业提供充足人力资本以创造更多产出来满足经济发展需要。另一方面，能源减贫能加强电力服务，增加和改善学龄儿童的学习时间和学习

质量;能提高医疗服务水平,医生获得必要的电气化医疗器械和监测工具以实现更为复杂的医疗过程。能源减贫能够改善民生福利,促进社会公平,为我国实现包容性绿色发展提供有力支撑。此外,实现能源减贫将大幅减少固体燃料的室内燃烧和传统炉灶的不充分燃烧释放的大量颗粒物和气体污染物,改善能源结构,加大清洁能源扶持,提高空气质量,减少非必要污染,实现包容性绿色发展。综上所述,本书认为技术进步会对我国包容性绿色发展产生积极影响,而能源贫困会抑制我国包容性绿色发展。基于此,本书提出假设15(H15)和假设16(H16):

H15:技术进步水平越高,我国包容性绿色发展越好。

H16:能源贫困程度越低,我国包容性绿色发展越好。

2.6.3 技术进步、包容性绿色发展对能源贫困的影响分析

科技创新日新月异,新旧动能加快转换,新兴技术不断涌现,新兴业态蓬勃发展,一方面,打破区域能源使用的不平衡,统筹提升城乡居民用能水平,扩大电力等能源的覆盖范围;另一方面,技术的发展为清洁低碳、安全高效的能源体系建设创造了可能,为经济社会发展提供了更加安全高效与更加便捷优质的能源服务,有利于改善我国能源使用结构,提高能源利用效率。可以说,技术进步对缓解我国能源贫困具有重要的作用。包容性绿色发展强调突破贫困与资源环境困境,实现可持续发展,是打赢脱贫攻坚战和生态环境保卫战、共享改革发展成果的时代命题。包容性绿色发展的时代需求也为缓解能源贫困创造了新的动力。一方面,保障和改善民生,让所有人共享发展成果,有助于保障贫困地区能源的开发以及供应,切实缓解我国能源贫困问题;另一方面,"十四五"高质量发展的要求以及我国2060年实现碳中和的承诺,很大程度上对能源发展提出了更高的质量要求。大力推进新能源建设,推动能源绿色低碳循环转型,构建清洁、低碳、安全、高效的现代能源发展体系,为我国告别能源贫困打下坚实基础。综上所述,本书认为技术进步与包容性绿色发展均会缓解能源贫困。基于此,本书提出假设17(H17)和假设18(H18):

H17:技术进步水平越高,我国能源贫困程度越低。

H18:包容性绿色发展越好,我国能源贫困程度越低。

2.6.4 能源贫困、包容性绿色发展对技术进步的影响分析

通常的观点认为,技术进步是优化能源消费结构、提高能源利用效率、缓

解能源贫困的重要手段,研究能源贫困对技术进步反向作用的很少,主要可以从技术进步的需求诱因出发。能源贫困作为世界能源体系面临的三大挑战之一,是中国进一步实现高质量发展所必须经历的阵痛。安全高效的清洁能源需求对技术进步产生一定的诱导性作用,不断推动技术向更高水平迈进。包容性绿色发展同样对技术进步具有一定的作用,其对经济发展新动能以及生态环境保护的迫切需要促进了引致性创新。现行环境规制、生产体系环保标准的不断完善给企业带来了现实执行力,激发企业围绕产品生命周期来拓展绿色业务,扩大市场份额,提高市场竞争力,为企业主动创新提供动力。综上所述,本书认为能源贫困与包容性绿色发展均会对技术进步产生推动作用。基于此,本书提出假设19(H19)和假设20(H20):

H19:能源贫困程度越低,我国技术进步水平越高。

H20:包容性绿色发展越好,我国技术进步水平越高。

总体而言,技术进步、能源贫困与我国的包容性绿色发展密切联系,将三者置于同一框架进行分析具有重要的现实基础。

第三章

文献回顾与述评

3.1 文献回顾

3.1.1 有关能源贫困概念内涵的研究

联合国在2012年提出"人人享有可持续能源国际年"的概念,号召全世界各个国家与人民共同行动,应对二十一世纪的能源贫困问题(Johansson et al.,2012)。能源贫困是近三十年来联合国、世界卫生组织、世界银行、国际能源署等国际组织高度关注的问题,能源贫困作为世界能源系统面临的三大挑战之一,严重制约了人类社会的可持续发展(Sovacool,2012)。实际上,能源贫困的概念源于发达经济体关于燃料贫困的争论。燃料贫困会导致个人、家庭等难以获得充足的燃料能源,进而降低人口群体的平均取暖或照明水平(Bradshaw et al.,1983)。时至今日,随着各国发展情况的差异与新问题的出现,能源贫困的定义逐渐引起了全球有关机构以及相关研究领域学者的重视。为此,国内外学者对能源贫困这一概念进行了不断的拓展与丰富。Hills(2011)认为能源贫困存在相对性,并称其为"低收入、高成本"。Boardman(2013)认为能源贫困的核心在于那些无法支付得起足够的现代化能源服务的家庭。Bouzarovski和Petrova(2015)指出,能源贫困的含义无论是在发达国家还是发展中国家都是类似的,即无法获得进行社会活动或物质上必须的能源服务的境况。Simcock 等(2016)指出,能源贫困是指家庭无法获得足够的家庭供暖、电器使用和交通出行等能源服务。Ahmed 等(2020)提出,能源贫困指过多依赖传统的生物质能,而现代化能源占能源总消费比例小。Bouzarovski 等(2015)提出,受困于资源禀赋与进出口贸易环境,居民获取能源服务的渠道受阻,无法获得特定种类的能源。总结而言,能源贫困至少包含三种内涵,其一是指获取能源服务的渠道受阻,居民无法获得特定种类的能源;其二是指现代化能源的需求得不到满足;其三是指家庭无法支付能源服务的状态,更多地与物质贫困相关联。

因此,国内外学者对于能源贫困的界定也存在差异。总体而言,西方学者以往的研究主要从三个方面界定了能源贫困。首先是基于能源服务可得性的考察。Spreng(2011)根据能源政策和经济中心的工作报告,得出能源贫困和能源可用性之间关系紧密,因此基于能源服务可得性来评估能源贫困,并通过构造能源获取—消费矩阵衡量能源贫困。国际能源机构(IEA)作为权威机构使用五个指标构建能源发展指数,从能源服务的获得性方面评价能源贫困状况,其中包括能够使用电力能源的人口比重、家庭人均消费量等。Miraza 和 Szirmai(2010)创建了一种内容更为丰富的评价体系,分别从能源获得缺口与获得能源不方便度两个角度出发进行评价,但依然属于对能源服务可得性的考察。随后,更多维度在进行此类考察的时候出现,如 Nussbaumer 等(2012)使用了五个维度,覆盖居民一般生活能源使用的五个方面:烹饪、照明、家用电器、教育与交流使用能源。其次,另一种对能源贫困的理解落实在家庭对能源的支付能力上,家庭无法支付现代化能源即被称作能源贫困,能源贫困线在此类考察中是一种最为常用的工具。如 Taylor(1993)率先提出了家庭平均能源消费占比,即贫困线这个概念。如果家庭能源消费在总消费中的占比超过 10%,那么这个家庭则被认为是能源贫困的。之后,10%这个标准也被英国政府所采用。Foster 等(2000)将能源贫困定义为能源无法满足家庭最基本的需求,并将经济贫困人口的平均生活能源消费量作为能源贫困线的阈值,衡量低于支出收入贫困线以下的家庭的能源使用水平,进一步探讨了能源价格、能源效率与能源贫困之间的关系。Hills(2011)在应用此标准时,将其总结为"低收入、高成本",具体而言是指为了维持基本生活,能源贫困的家庭需要支付超过平均水平的费用,但是这些家庭的收入是低于国家贫困线的。Boardman(2013)从能源支出的视角,将能源贫困定义为家庭无法负担足够的能源服务,通过衡量能源支出占总收入的比例来评估能源贫困状况。这个方法认为,能源支出在总收入中所占的比例过高会限制他们在其他方面的消费,很可能会使其减少对于生活必需品的消费。通常情况下,住户总收入的10%为衡量能源贫困的贫困线。最后,部分研究从能源满足度的角度把握能源贫困。其延续了能源贫困最为原始的想法,认为人类所需要的能源与实际消费能源之间的缺口形成了能源贫困。Bravo等(1979)分别从直接能源需求与间接能源需求的角度来测度人均能源需求,其中,直接能源需求是指对于专业性能源的需求(如照明、房屋供暖等),其他则为间接能源需求(如个人生活、娱乐所需的能源等)。因此,根据这个标准,满足热带国家普通家庭的每月人均基本能源需求为27.4 kg。Krugmann 和Goldemberg(1983)测算了满足人类基本生存所需要的能源,其基本处于$27\times 10^3 - 37\times 10^3$ 千卡/天这个范围之中。即理论上,世界上所有人的基本生存能源都可以得到保证,与现实世界的能源贫困问题形成冲突。Goldemberg等(1985)认为能源载体向现代化的转移程度决定了能源是否能够满足工业基础设施建设与基本生活的需求,其测算的人均能源消耗大约在500瓦/人。而在当时世界上,还有许多地区的居民无法获得此标准的能源。Hilemàn(2006)将人类能源需求分为三个层次:基本生存需求、生产性用途与现代社会需求。Chakravarty 和 Tavoni(2013)在此基础上将欧洲平均能源需求纳入到对人类能源需求水平的考察中去,进一步提高了能源贫困的标准。为了进一步研究能源贫困,建立综合指标评价体系来测度能源贫困,进而能够更好地诠释能源贫困的定义及为解决能源贫困提供理论依据,Bilal Mirza 等(2010)基于两个维度构建综合指标体系,即农村家庭混合使用能源的过度不便与缺乏足够的能源满足家庭的基本需求,选取七个指标:购买或收集能源的频率、获取能源的距离、使用的能源运送工具、参与能源收集的家庭成员数量、家庭成员每周参与能源收集的时间、家庭健康和儿童参与能量收集。舒马赫科技发展中心(The Schumacher Centre for Technology and Development,2010)的研究设计了一组指标来评估能源服务可用性的三个方面:炊事取暖、电力和机械功率。这些指标每一个都会有从零到五的数量定义,其中五为最高水平的服务。这种方法主要是从三个维度来分析能源贫困,但是它却混淆了能源的最终使用用途(电力和机械功率),且这些指标的加权方面也缺乏严格的论证。为了设计出一个可用于各种气候、各种经济条件、各地区以及各种发展水平的测度方法,Douglas 等(2011)从支出贫困的角度,以家庭能源需求水平为基础,引申出了适用范围更广的评估方法。该方法将能源贫困定义为一个具体的值——能源贫困阈值,超过这一值后,家庭在能源上的支出会随着收入的增加而增长;而当家庭在能源上的支出小于等于这个值时,家庭在能源上的消费必定处于一个非常低的范围,那么这样的家庭就是能源贫困家庭。

而我国学者对能源贫困问题的关注起步时间较晚。魏一鸣(2014)在《中国能源报2014》中,侧重以发展需求定位能源贫困,从生存和发展两个需求层面,设计出中国能源贫困综合评估指标体系,包括能源服务可获得性、能源清洁性、能源管理完备性、生活用能可支付性和高效性四个一级指标,从一定程度上体现一个国家、地区的整体用能水平。姚建平(2013)认为,基本家庭用能保障程度和是否大量使用传统低效生物质能源是判断能源贫困的标准。如果家庭基本能源需求得不到满足或一个家庭大量使用传统低效率的生物质能源,那么该家庭被视为能源贫困家庭。杨柳(2017)将联合国开发计划署对能源贫困的解释总结为,由于不能充分地接近可支付的、可靠的和安全的能源服务,而没有能力来实现重要功能性活动的情形。Wang等(2015)从能源服务可获得性、能源消费清洁性、能源管理完备性以及生活用能可支付性和高效性四个维度出发,使用了包括23个指标在内的综合评价指标体系对中国的区域能源贫困进行了测算,并对能源贫困在中国所表现出的新内涵进行了阐释,包括我国居民能源消费的环境友好程度和发展潜力等。李慷等(2014)构建了四维度中国区域能源贫困评估指标体系,用以评估中国区域能源贫困现状及变化趋势,指出黄河中游地区对于传统生物质能的依赖非常强,居民获取电力等现代能源的能力较差,能源贫困程度较高。赵雪雁等(2018)则将焦点放在中国农村地区,提出了本土化的能源贫困定义,认为能源贫困是指没有电力和清洁燃料接入而无法享受到现代能源服务的状况。此外,他们分析了中国农村能源贫困的时空格局变化及影响因素。李世祥、李丽娟(2020)借用IEA对于能源贫困的定义,使用能源发展指数(Energy Development Index,EDI),从经济发展、区域环境、农户自身三个维度选取指标对中国农村地区的能源贫困水平进行了考察。其共同的特点都在于将能源贫困的概念内涵结合我国国情进行了一定拓展,从对能源的支付能力的原内涵扩充到居民用多少能源、用何种能源和如何接入能源服务等多个角度。

3.1.2 有关能源贫困的引致因素研究

国内外学者对于可能引致能源贫困的因素进行了多角度的研究。有些学者认为收入是导致能源贫困的重要原因。Dubois(2012)在确定能源贫困人口的过程当中,把收入的10%作为实际能源支出的门槛,以确定实际上处于燃料贫困的家庭。Lee 等(2013)对乌干达的家庭能源使用进行了实证分析,发现收入增加使得固体燃料的使用呈现出"倒 U 型"的特点,而电力消费则与收入呈现出正相关关系。Arthur 等(2010)的研究表明,收入水平的提高为贫困家庭提供了从生物质能转向电力消费的可能性。张妮妮、徐卫军(2011)对我国农户的平均用电进行分析后发现,农户的支出水平对生活用电量有显著的正向影响。秦青等(2017)认为,随着收入水平的提高,高效率的能源替代传统能源将成为趋势。Mohr(2018)通过对美国东海岸和西海岸的家庭进行调查发现,在美国,低收入家庭将其很大一部分支出用于购买燃料与能源,收入依然是制约能源贫困的最主要因素。Peng 等(2010)通过对湖北农村地区生活用能进行调查,也得到了类似的结论。但也有文献表明收入与能源贫困之间的关系并不显著,如 Sehjpal 等(2014)认为收入对能源贫困的影响受到数据的限制,在进行了审慎的能源调查后发现,社会文化因素在确定家庭能源选择方面发挥了更大作用。

自然区位条件也是影响能源贫困的重要因素。Barnes 等(2011)认为,能源贫困问题一般与生物资源的匮乏与生态环境的破坏密不可分。赵雪雁等(2018)以中国 30 个省(区、市)为研究单元,以能源接入与能源服务作为能源贫困的度量指标,利用泰尔指数(Theil Index)及空间自相关分析法刻画中国农村能源贫困的时空演变特征,并引入空间杜宾模型(SDM)。研究表明,中国农村能源贫困呈现显著集聚趋势,并且呈现"中部高、东西部低"的分布格局。李世祥、李丽娟(2020)利用能源发展指数衡量农村地区的能源贫困程度,并利用 Tobit 模型分析农村地区能源贫困的影响因素。研究表明,中国农村能源贫困存在明显差异性,且自然资源丰富度成为主要的影响因素。蔡海亚等(2021)以全国 30 个省份为研究对象,构建综合指标体系评估能源贫困,并引入 SDM 模型进行研究。研究表明,中国能源贫困具有显著的空间集聚特征,并呈现区位差异,并且地区的经济发展水平、能源投资水平、能源利用效率及技术创新水平能够显著改善所在地区的能源贫困。

从文化角度来说,教育水平对能源贫困存在着显著的影响。Heltberg(2004)使用巴西、加纳等地区的家庭调查数据研究发现,家庭受教育水平越高,其使用现代化燃料的比例就越大。Lee 等(2013)也认为,家庭教育能够减少家庭对固体燃料的依赖。Acharya(2019)测算了印度的能源贫困指数,并且对此进行了实证分析,发现教育对于减少能源贫困有着重要作用。性别不公平的研究也从一定程度上解释了能源贫困问题。Burke 和 Dundas(2015)探讨了妇女就业比例与高效率能源获取之间的关系,结果表明两者之间呈现出负相关的关系,即妇女就业率越低,就有越多的妇女在家从事能源收集工作,从而使得更多的家庭依赖于传统固体燃料和生物质能。家庭的生活习惯以及生活方式对能源贫困问题也有一定的影响。Masera 等(2000)通过对家庭能源选择的研究发现,现实生活中的传统生活习惯导致家庭的能源使用不能简单地用能源阶梯来描述。在此基础上,RAO(2007)使用多项 logit 选择模型估计了家庭能源选择决策。结果表明,家庭所处的背景环境特征对能源使用都有显著的影响。Okushima(2017)构建了包括能源成本、收入和住房能源效率三个维度的能源贫困指数,关注东日本大地震和福岛核事故后的能源贫困问题。结果表明,单亲(尤其是母子)家庭的能源贫困在进入 21 世纪后显著加剧。还有一部分学者从多维角度出发,探究能源贫困的引致因素。杨枝茂(2019)点明了我国能源改造的种种问题,认为着力提高匮乏能源的人力财力投入以及提高能源使用效率是改善我国能源贫困现象的重要方式。丁文广等(2007)以甘肃省的能源资源数据为基础,探究了矿物能源和生物质能源资源禀赋与能源贫困之间的相关性。国际能源署使用三个同等权重的指标:人均商业能源消耗、商业能源在最终能源使用量中的份额以及用电人口的份额,构建能源贫困的多维指标 EDI。该指数不仅数据易得,也使得能源贫困在不同国家之间的横向对比成为可能。解垩(2021)选取家庭做饭燃料、照明、家电服务、娱乐/教育和通信五个维度,构造了多维能源贫困指数。研究发现,该指数随时间的推移呈现下降态势。

3.1.3　有关能源贫困的经济影响研究

能源贫困与经济贫困之间的关系一直以来受到经济学者的重点关注。一般认为,能源贫困对经济脱贫与经济发展有巨大的阻碍作用。Sangeeta(2008)认为,将时间耗费在收集传统固体能源上,减少了劳动供给时间,不利于居民收入的提高与当地经济的发展。且对于能源需求较高的地区而言,能源贫困将限制地区产业升级与转型,从而使其经济禁锢在较为落后的发展模式中,减少了该地区发展现代经济的机会,降低了该地区通过新模式创造和利用财富的机会,不利于该地区经济发展(Pereira et al.,2011)。丁士军、陈传波(2002)认为,现代化与清洁化能源的缺乏导致能源贫困的家庭将更多的时间用在收集传统固体燃料和能源上,从而降低了家庭的收入。过高的能源使用成本加大了居民脱贫难度,特别是低收入群体为了满足家庭生存所需的能源,要付出更高的生活成本,因此其家庭经济收支更容易陷入一个恶性循环中,很难摆脱经济贫困(Liddell et al.,2010)。此外,能源贫困的家庭在室内受到更多的非健康因素的影响,一氧化碳与二氧化硫等有害气体会显著降低家庭成员的健康程度,也阻断了家庭通过其他劳动获取更多收入的途径(魏一鸣 等,2014)。解垩(2021)分析了能源贫困家庭中做饭的燃料等对农村个体健康、教育的影响,并提出农村家庭中不清洁的烹饪能源使个体受教育程度显著下降并增加了其不健康的概率。这种传统燃料造成的室内空气污染疾病带来的后果可能比想象中更大,已经成为全球十大健康风险之一。Mehta 等(2004)认为,这种传统生物质能燃烧释放的烟雾中含有大量致癌物质,并且这些烟雾被人体吸入后,会提高人体感染呼吸类疾病的概率。长时间在室内活动的妇女及 5 岁以下儿童为主要受害人,每年约 80 万儿童的下呼吸道感染是由室内空气污染引起的。对中国而言,虽然其因受室内空气污染而死亡的人数的总量相对于全世界来说较少,但是每年仍有约 42 万人因燃烧固体燃料导致的室内空气污染而早亡(WHO,2006;李慷 等,2011;Mestl et al.,2007)。Smith(2000)表明,室内空气污染使印度每年损失超过 16 亿个工作日。而积极的"能源减贫"政策能够使得居民真正地实现"经济脱贫"。首先,推进能源贫困地区的现代化能源基础设施建设能够给当地提供大量的就业岗位。Thornley 等(2008)估计了发展现代化能源对就业的影响,在囊括了能源作物生产、运输和加工后,其结论表明,仅推进电力系统基础设施建设就能使得每千瓦时的电力产生 1.27 人/年的就业机会。Fragkos 和 Paroussos(2018)将其应用范围拓展到了欧盟内的发达国家,估计了推进能源升级计划带来的就业效应。结果表明,能源的低碳化转型能够在发达国家国内净创造 20 万个直接就业岗位。其次,"能源减贫"间接带来的能源支出减少也是可观的。Apergis 等(2018)以撒哈拉以南国家作为研究对象,证实了可再生能源消费与卫生支出消费之间的单向格兰杰因果关系,帮助能源贫困家庭"能源减贫"以有效降低其卫生支出,从而释放出机会成本构成的消费力。最后,"能源减贫"把妇女和儿童从繁重的传统能源收集劳动中解放出来,从而大大降低其时间成本,提高妇女就业率,为家庭实现"经济脱贫"提供助力(Dinkelman,2011)。

3.1.4 有关能源贫困的环境影响研究

现有能源贫困带来的环境影响研究多是从温室气体的吸收与排放切入。Heltberg(2004)讨论了印度农村的能源供需情况后发现,乡村地区现代化能源的缺乏造成了严重的森林退化。同样,Miah 等(2009)对孟加拉国的生活能源进行考察后发现,国内大多数家庭对于薪柴等固体燃料的依赖依然严重,给当地森林树木资源带来了巨大压力。而 DeFries 和 Pandey(2010)对城市化、家庭能源与森林覆盖率之间的关系进行分析后得出结论,较为传统地使用固体燃料的家庭总数的增加导致对薪柴等固体燃料的需求持续增加,但森林总量却因为人工林的种植而增加,所以能源贫困带来的森林退化问题一定程度上可以被人工林所挽回,但能源贫困导致的碳排放增加却难以被弥补。由于家庭缺乏现代化高效率或者清洁能源,固体燃料被过多地使用,排放出大量以二氧化碳为主的温室气体。Ohimain(2012)对尼日利亚家庭使用燃料的排放进行调研后发现,使用生物乙醇替代传统的烹饪燃料减少的温室气体排放也极为有限。Lee 等(2013)估计了家庭炉灶改造计划的效果,认为计划实施后可能使得每年的潜在温室气体排放量减少超过 10 亿吨。Reyes 等(2019)探讨了智利的空气污染管理计划的作用,发现在冬季房屋温度与空气污染之间存在一个替换关系,所以决策者应该优先考虑能源贫困家庭的家庭保温任务。而 Bonatz 等(2019)在比较了德国与中国的低碳发展战略后发现,无论是在发达国家还是发展中国家,其减少能源贫困与碳排放方面的成果都是令人瞩目的。

固体燃料(特别是煤炭)燃烧过程中释放的大量诸如二氧化碳、甲烷和臭氧等温室气体,将在一定程度上加剧全球气候变化的不良影响。师华定等(2010)采用排放系数法,估算了 1980—2004 年间我国农村能源消费的二氧化碳及主要污染物的排放量。Abdullahi 等(2013)对近年来系统地研究厨房油烟的研究做了分析,发现厨房油烟浓度及其组成成分很大程度上受到炊事方式、烹饪食材、食用油和烹饪温度的影响,并指出相比西式烹饪,中式烹饪过程中释放了更多的悬浮颗粒等有害物质。杨丹等(2017)借助 2004—2014 年中国省级时空数据,探究中国城市化、能源消费与二氧化硫排放之间的时空特征。分析表明,伴随着城市化水平的提高,城市化发展模式趋于集约化,大大降低了资源环境消耗的强度和数量,中国的二氧化硫排放量整体上降低。李鹏等(2014)以我国 1995 年至 2008 年的省际面板数据为基础对能源消费与二氧化硫之间的数量关系进行了实证检验。结果表明,我国能源消费增加1%,二氧化硫排放量将增加0.88%。Rahman等(2021)评估了职业类别对非木材森林产品的影响,以及非木材森林产品对人类的影响。王天营等(2012)从能源供需的视角研究中国能源利用效率变动对环境的影响,认为一个国家能源使用效率的高低不仅直接影响着一个国家的能源和经济安全,而且直接影响着一个国家的环境质量。作为现代经济增长和社会生活的支撑,煤炭消费的规模必然会扩大,而扩大了的煤炭消费必然带来更多二氧化硫和二氧化碳等废弃物。朱秋燕(2010)以江西省煤炭的消费量数据为基础,研究了江西省的能源消耗系数和二氧化碳排放系数,提出了能源和环境对可持续发展的约束将越来越严重,提高能源效率、提倡减排措施等已经成为实现可持续发展的必然选择。

3.1.5 有关包容性绿色发展的研究

(1) 包容性绿色发展的概念内涵研究

包容性绿色发展的概念在2012年"里约+20"峰会上首次被提出,认为可持续发展同时要求绿色增长和包容性增长(World Bank,2012),许多国家开始将"包容性绿色发展"作为其未来核心发展理念。基于此,国内外学者与研究机构对包容性绿色发展的概念内涵进行了积极的研究与拓展。如Bouma和Berkhout(2015)指出,包容性绿色增长不同于传统的增长模式,它强调绿色、包容性与经济增长之间的权衡。Slingerland和Kesler(2015)指出,包容性绿色增长在重视经济增长的同时,也注重社会公平和资源环境可持续性,致力于改善社会福利和自然环境。吴武林、周小亮(2019)认为,包容性绿色增长将直接影响经济、社会和自然三大系统的协调发展,尤其在资源丰富的地区,包容性绿色增长方式将帮助解决社会不平等和环境污染等问题。周小亮(2020)从马克思主义政治经济学的社会结构发展规律的角度出发,认为包容性绿色发展是实现经济、社会与自然三大系统协同发展的重要途径。邵娜娜、张红霞(2019)从命运共同体角度分析,提出包容性绿色发展是推动经济互济、政治协商、文化互融、安全互惠以及生态共建,实现人与人、人与自然、人与社会和解的必由之路。史献芝等(2018)从哲学角度解析了包容性绿色发展的概念,认为包容性发展蕴含着社会发展主体的普遍性、发展进程的协调性和发展成果的普惠性三大价值导向,而绿色发展强调了经济发展与生态环境的和谐共生,对此,用包容性绿色发展这个"复合"概念来总括包容性发展和绿色发展,是契合概念自身内在逻辑演进的历史和现实要求的。刘瑞等(2020)结合时代发展背景,将高质量发展诉求融入包容性绿色发展,囊括经济增长、民生改善、生态文明建设、风险防范等多方面内在要求。王新建等(2018)从中国理论和实践出发,结合习近平人类命运共同体思想,指出包容性绿色发展以绿色发展为手段、以实现社会包容性为主旨和目的,追求自然、经济、社会以及人自身发展的优化。

此外,根据不同经济学研究方向,部分学者以发展经济学为切入点,将包容性绿色发展定义为兼具社会包容性和生态环境友好性的可持续发展方式(王宇昕 等,2019)。陈素梅、李钢(2020)基于江西省信丰县绿色包容的脐橙产业实践阐明将绿色增长与包容性减贫结合起来,实现经济、环境与社会协调可持续发展的可行性。杨雪星(2014)基于绿色经济与包容性经济的理论内涵,认为包容性绿色经济增长注重包容、效率和可持续,是一种通过绿色技术来投资发展生态农业、循环工业和持续服务产业的经济增长方式。郑长德(2016a)认为,包容性绿色增长是对包容性增长理念的进一步发展和丰富,其核心内容不仅涵盖包容性增长,还更加注重生态环境保护和自然资源的有效利用。赵辉等(2021)通过简要阐述包容性增长与绿色增长概念,引出二者相结合的包容性绿色增长理念。田光锋等(2020)认为,包容性绿色发展是一种富含包容性元素的、凸显人类社会在时间上延续的绿色发展,以及包含绿色发展主题的、凸显人类社会在空间上共存的包容性发展。

(2)包容性绿色发展的评价研究

合理测度包容性绿色发展水平,是明晰包容性绿色发展现状与问题的重要理论依据,也是推动包容性绿色发展的前提与关键。为此,不少学者从包容性绿色发展的内涵概念出发,开始寻求合理有效的测度手段来评价包容性绿色发展水平。

一是从理论分析入手构建函数模型来评价包容性绿色发展水平。Ali和Son(2007)提出通过构建社会机会函数衡量包容性增长的方法,并认为如果经济增长能增大社会机会函数,那么这种增长就是包容的。但是该研究提出的社会机会函数仅局限于对"包容性发展"的探究,缺乏"绿色化"的内涵。Block等(2015)构建了一个通过生态税实现包容性绿色增长和可持续发展的金融系统动力学模型,探讨了通过生态税将社会经济改善和环境保护的努力结合起来的可能性。

二是尝试构建评价指标体系来测度包容性绿色发展水平。Albagoury

等(2016)从绿色增长和包容性增长两个维度构建包容性绿色发展指标体系，并尝试测度了埃塞俄比亚的包容性绿色发展水平，这也是非洲地区对包容性绿色发展研究的初步探索。郑长德(2016b)构建了包含经济增长的收入效应、经济增长的社会机会效应、经济增长的环境效应三个维度的包容性绿色发展指标体系，对民族地区的包容性绿色发展进行了评估，提出了民族地区的包容性绿色发展之路。周小亮、吴武林(2018)从经济增长、民生福利、社会公平、绿色生产消费和生态环境保护五个维度构建了包容性绿色发展指标，并用熵权法评价了中国包容性绿色增长绩效。马强文、任保平(2012)选取研究与开发(Research and Development，R&D)支出占GDP的比重、万元GDP能耗作为核心变量，估计包容性绿色发展水平。杨雪星(2014)以G20国家作为研究对象，构建了包含包容性经济、绿色经济、绿色经济对社会发展的驱动力三个方面的包容性绿色经济指标体系。魏婕、任保平(2011)认为包容性增长有对经济增长前提条件的包容、对经济增长过程要素的包容、对增长结果的包容三个维度，并选取民生民富、经济可持续性和幸福感来测度中国经济增长包容性。Kumar(2015)以低碳宜居城市建设为参照，从能源、绿色建筑、土地使用、温室气体排放和可持续性交通这五个方面间接测算了包容性绿色增长的水平。李苏、尹海涛(2020)借鉴联合国环境规划署发布的绿色经济发展指标(GEP)体系，建立了中国省级绿色经济发展评估系统，通过熵权法测算发现我国各省份绿色经济发展水平逐年提升、省际差异逐年缩小。周小亮、吴武林(2018)分别从经济发展、社会机会公平、绿色生产消费和生态环境保护四个维度构建指标体系，运用定基极差熵权法测算2000—2015年我国省际包容性绿色增长水平，并对各区域水平的变化与区域间差异的变动进行深入分析。

三是通过投入产出方法进行效率测度。李政大、刘坤(2018)通过构建DEA生产前沿分解模型测算我国包容性绿色发展的水平，分析我国包容性绿色发展的演化趋势，并剖析其影响因素。赵林等(2020)在包容性绿色发展的视角下构建非期望产出的Super-SBM模型，对山东省包容性绿色发展效率进行测度，发现其呈现缓慢波动上升趋势且存在区域异质性。Sun等(2020)采用SBM-DDF模型评估了中国285个城市2003—2015年的包容性绿色增长水平，并通过对Luenberger指标的分解，发现阻碍中国实现包容性绿色增长的主要障碍是技术变革的规模。于敏等(2012)构建了一套由4个维度、7个领域、13个指标组成的包容性增长指数，然后对评价指标赋权重，形成了一套包容性绿色增长的综合评价指标体系,用来测度包容性绿色增长水平。车磊等(2018)基于 Super-SBM 模型对中国 2005—2015 年绿色发展效率进行测度,从空间异质、空间关联与空间机理三个方面分析绿色发展效率的空间特征。王德青等(2022)从静态的绝对水平和动态的增长势能两个角度,检验了中国包容性绿色增长的时空差异。段龙龙(2020)在充分借鉴国外包容性绿色增长框架和归纳国内高质量发展概念内涵的基础上,使用组合 CRITIC 赋权方法和综合评价技术构建四川高质量发展测评指标体系,分析了近年来四川省高质量发展指数的动态演变和内部结构变迁。

(3) 包容性绿色发展的影响因素研究

明确包容性绿色发展的影响因素及其作用路径是实现包容性绿色发展的重要着力点。为此,国内外学者对包容性绿色发展的影响因素进行了丰富的探究。

一是从政府角度出发,对宏观经济政策制定提出了建议。如 Anand 等(2013)从反贫困和消除不平等视角研究包容性绿色发展的影响因素,强调了信贷比、失业率、贸易开放度、通货膨胀等因素。Aoyagi 和 Ganelli(2015)关注亚洲经济包容性增长的决定因素,认为旨在实现宏观稳定的货币政策以及旨在刺激贸易、减少失业和提高生产率的结构性改革,是包容性增长的重要决定因素。杨仁发等(2019)利用我国 30 个省份 2006—2016 年的工业绿色发展水平数据,分析了环境规制对工业绿色发展水平的影响。结果表明,环境规制与中国工业绿色发展水平之间呈"U 型"关系。郭进(2019)基于省际面板数据考察了环境规制与绿色技术创新的关系。研究发现,与环境行政处罚和颁布地方性法规相比,收缴排污费和增加环境保护财政支出更加有效,这说明依靠环境规制推动绿色技术创新的关键在于规制工具的选择。范庆泉等(2018)构建了包括企业治污资本投入、政府实施环境税和减排补贴两种环境规制政策的理论模型,发现渐进递增的动态环境税和渐进递减的动态减排补贴率的政策组合,提高了企业的污染减排动机,有效控制了环境污染累积水平。此外,仅实施环境税政策的激励不足,环境污染无法得到有效控制。刘宇峰等(2022)运用 TOPSIS-灰色关联分析、泰尔指数等方法,得出区域生态环境、生活质量环境和政策支持环境是制约陕西省绿色增长水平的主要障碍因素。于井远(2022)基于包容性全要素生产率视角,得出税制结构优化显著促进了城市包容性全要素生产率的提高,有助于促进经济增长质量的提升。秦小迪等(2021)借助 SBM-DEA 模型测度包含期望产出和非期望产出的包容性绿色增长效率指数,结果表明,农村交通基础设施和水利设施能够通过促进经济增长、减贫、减少收入差距来促进包容性绿色增长。

二是从产业结构与绿色产业等角度入手,探究绿色低碳产业发展对生态环境与绿色发展的影响。如武春友等(2017)提出产业结构调整、再生能源开发、自然资源节约、生活环境改造、科学技术进步与污染治理投资等将成为推动我国绿色发展的重要途径。杜永强、迟国泰(2015)从绿色生产、绿色消费、绿色环境三个方面,实证检验了绿色产业对中国绿色发展的影响效应。此外,与包容性绿色增长研究相关的成果还包括生态文明、低碳经济、循环经济等方面的量化评价(卢玉玲,2010;成金华 等,2013;李沙浪 等,2014;李涛,2015;柴琪宸 等,2017),这些成果为本书提供了很好的经验借鉴。孙瑾等(2014)基于省际面板数据检验,发现第三产业发展对绿色增长有促进作用,对外开放对绿色增长有负面作用。陈勇智等(2022)利用全局主成分分析法测度中国大陆地区30个省区市(不含西藏)2003—2016年的绿色增长水平,并构建空间杜宾模型,实证考察了知识创新、技术创新、制度创新、文化创新驱动省际绿色增长的空间效应。结果发现,知识创新对绿色增长水平产生显著的正向空间影响。顾剑华等(2021)分析了产业结构变迁对高质量绿色发展的影响和传导机制,利用投影寻踪评价模型测度我国2001—2017年的产业结构变迁程度和高质量绿色发展水平。实证结果表明,产业结构变迁不仅有效促进了本地区的高质量绿色发展,其空间溢出效应亦可带动邻近地区高质量绿色发展水平的提升。

从区域差异的角度来看,孟望生等(2021)以生产性服务业和制造业两大产业间要素层面的协同集聚为视角,结合中国24个省份2009—2017年的面板数据,得出只有高端生产性服务业与劳动、技术要素密集型制造业的集聚对绿色经济增长效率具有促进作用,其他情况均为抑制作用。向仙虹等(2021)采用Zenga指数和空间计量模型对中国的包容性绿色增长进行分析,认为其在区域分布上具有差异性。王中亚(2021)运用熵权法确定指标权重,对我国京津冀、长三角和珠三角城市群的城市包容性绿色发展水平进行了综合评价。研究结果表明,三大城市群的城市包容性绿色发展水平存在着明显的空间异质性。邓淇中等(2021)运用定基极差熵权法、耦合协调度模型和面板分位数回归等计量手段,对长江经济带包容性绿色发展水平的时空异质特征及影响因素等进行测度与识别。结果发现,各地区的包容性绿色发展水平呈现出以省会城市为集聚地的"多中心"发展格局。李苏等(2020)采用熵权法测度了我国 31 个省份 2012—2016 年度 GEP 指数,并对指标特征进行了时空分析。结果表明,包容性绿色增长在一些区域具有高水平集聚与溢出效应,而在另一些区域则体现出低水平扎堆等特征。

3.1.6 有关环境规制的研究

迄今为止,关于环境规制的文献主要集中在探究其与碳减排、生产率提升、环境生态效率、产业结构升级、绿色经济效率、雾霾脱钩效应等的关系上(王书斌 等,2015;张英浩 等,2018;罗艳 等,2018;屈文波,2018;李珊珊 等,2019)。以上研究大多从环境规制对企业创新的影响效应分析切入,但环境规制与企业创新的作用关系尚存在争议,主要包括三种观点:

一是"倒退效应说"。Jorgenson 和 Wilcoxen(1990)提出,环境规制会增加企业额外的减排和治污成本,从而降低企业竞争力。Telle 和 Larsson(2007)认为,环境规制显著降低了企业生产效率。余伟等(2017)针对我国 37 个工业行业,实证分析了环境规制、技术创新和工业经营绩效之间的关系,发现环境规制虽然能显著提高企业的研发投入,但是对工业经营绩效没有显著的推动作用。Du 和 Li(2020)认为,环境规制可能一定程度上会对企业的经营绩效造成负面影响,并且环境规制对污染密集型企业的负面影响大于对清洁型企业的负面影响。二是"波特假说"。不同于传统观念中环境规制对企业生产的抑制作用,Porter 和 Linde(1995)认为环境规制虽然提高了企业的生产成本,但合理的环境规制能刺激企业绿色创新、提高企业产出水平,这能抵消环境规制带来的成本,并提升企业自身的竞争力。这一理论的提出对学界产生了较大的影响。Berman 和 Bui(2001)评估了最为严苛的环境规制下美国炼油产业的生产率,认为减排成本可能严重夸大了环境规制的经济成本,尽管法规愈发严格,但炼油产业的生产率急速上升。张平等(2016)实证检验了我国不同类型环境规制对企业技术创新的影响,发现投资型环境规制总体上对企业技术创新产生了激励效应。李强、聂锐(2010)对环境规制与中国大中型企业工业生产率的关系进行了检验,实证结果也支持"波特假说"。Cai 等(2020)运用固定效应面板泊松模型,研究了直接环境规制对中国重污染行业上市公司绿色技术创新的影响。结果表明,直接环境规制对重污染行业的绿色技术创新具有强烈而显著的激励作用。郑飞鸿、李静(2022)对 2007—2020 年长江经济带资源型城市的面板数据进行实证研究,结果发现,环境规制能推动资源型城市的产业进行绿色创新,并且绿色创新在发展程度相似的城市间有较强的溢出效应。余泳泽、尹立平(2022)认为,中国式环境规制政策一定程度上促进了企业技术创新,迫使企业改进与"绿色生产"不符的生产经营方式,从而间接提高了生产效率。三是"关系不确定说"。该观点认为环境规制对企业绿色创新的影响是非线性的,可能存在"U型"关系。如沈能(2012)通过研究指出,环境规制强度和企业技术创新之间符合"U型"关系,即随着环境规制强度由弱变强,企业技术创新产出先降低后提高。蒋伏心等(2013),余东华、胡亚男(2016)的研究结果也支持环境规制强度和企业技术创新之间存在"U型"关系。郭然、梁艳(2022)研究发现,环境规制与企业绿色创新带来的经济高质量增长呈显著的"倒N型"曲线关系。在财政分权的影响下,环境规制存在一个"倒逼"经济高质量增长的最优强度区间。高红贵、肖甜(2022)利用SBM-DEA模型来测度中国30个省份的工业企业绿色技术创新效率,发现不同类型的环境规制对产业结构优化产生的效应截然不同。市场型、自主型环境规制能推动企业绿色创新,从而推动产业结构的优化升级,而命令型环境规制对产业结构优化则呈现完全相反的负效应。蔡乌赶、李青青(2019)运用SYS-GMM估计法测度不同类型的环境规制与企业生态技术创新的关系,却发现命令控制型、市场激励型和公众参与型环境规制对企业生态技术创新的直接影响均呈现"U型"曲线关系。

既有研究结果不一致的原因可能在于环境规制指标的选择尚未统一,有的研究学者将环境规制细分为命令控制型、市场激励型和公众参与型三种类型;有的学者使用废水排放达标率、二氧化硫去除率、烟尘去除率等指标加权计算规制强度;有的学者使用工业污染治理投资完成额与工业产值的增长之比来衡量规制成本;还有的学者通过各地区颁布的环境政策数量来衡量正式环境规制强度。以上指标选取差异大,且主观性也较大。考虑到环境规制不仅包括以政府为主导的正式环境规制,还涵盖公众、媒体、环保组织为主要力量的非正式环境规制,即双重环境规制,两者在作用对象、作用路径和作用效果上均存在一定的差异。多数研究只关注正式环境规制,而很少考虑非正式环境规制的作用。近年来,已有研究者将正式环境规制与非正式环境规制相结合,从单一视角拓展到双重视角,研究双重环境规制对企业技术创新、企业生产效率及绿色经济发展等的影响。如江心英、赵爽(2019)通过动态面板模型和面板门槛模型实证分析了双重环境规制视角下,外商直接投资是否抑制了碳排放。原伟鹏等(2021)同样运用系统GMM模型实证检验了双重环境规制对绿色经济低碳发展的异质性影响作用、间接中介效应和非线性传导路径。陶长琪、丁煜(2019)对双重环境规制通过技能偏向性技术进步影响技能溢价的关系进行分析。余东华、崔岩(2019)分析了双重环境规制对技术创新及制造业升级的影响机制。刘明广(2019)分析了投资型和费用型双重环境规制对企业绿色创新的影响。苏昕、周升师(2019)研究了双重环境规制对企业创新产出的影响以及政府补助的调节效应,并对该效应的传导机制作了进一步探讨。刘晓雯、刘程军(2021)运用空间自相关分析、随机前沿模型和空间计量模型,实证分析了我国双重环境规制对产业结构升级的空间效应。蒋樟生等(2021)以沪深 A 股制造业上市公司数据为样本,检验了双重环境规制与企业创新投入之间的作用关系。马点圆等(2021)通过构建固定效应模型,探讨了双重环境规制对重污染企业全要素生产率的影响。李健、武敏(2022)利用中国长江经济带三大城市群面板数据进行了实证分析,分别研究了正式环境规制、非正式环境规制、双重环境规制对于绿色全要素生产率的影响。贯君、苏蕾(2021)基于 EBM 模型与 GML 指数测度并分析了双重环境规制下,政府经济竞争与绿色全要素生产率间存在的非线性关系。张倩、林映贞(2022)基于中国285个城市的面板数据,实证研究了双重环境规制对产业结构变化的影响。郑晓舟等(2021)利用中国十大城市群的面板数据,借助差分GMM 与面板门槛回归技术,检验双重环境规制与产业结构调整的关系。以上文献丰富并拓展了双重环境规制的概念,给本书提供了很好的思路借鉴。

3.1.7 有关技术进步的研究

(1) 技术进步的概念内涵研究

科技是人类进步的阶梯,对技术进步的研究意义重大。技术进步的定义主要分为狭义和广义两种。从狭义上来说,技术进步是指生产工艺、中间投入品以及制造技能等方面的革新和改进。广义的技术进步则是指在一个经济系统的产出增长中剔除劳动和资本等生产要素投入量的增长带来的产出增长以后,所有其他要素产生作用的总和。广义的技术进步在包含狭义的技术进步的同时,还增加了提高组织管理效率、增强沟通与决策的机制、提高生产要素质量、拓宽融资渠道等(钱爽 等,2016)。尽管技术进步意义重大,但经济学家们真正将其作为独立生产要素纳入经济学框架进行分析的历史并不长,技术进步经历了从外生变量到内生变量的不断转变。Solow(1957)在新古典增长模型中首次将技术进步作为外生变量引入生产函数。Arrow(1962)"干中学"概念的出现为技术进步的内生化提供了新的思路。Uzawa

(1965)修改了 Solow 单纯设置生产部门的做法,在经济系统中引入教育部门,将技术进步视为人们进行教育投资的直接结果,提出了将技术进步内生化的另一条思路。Romer(1986)持有与 Arrow 相同的观点,认为技术进步源于生产实践,并对物质生产起着决定性作用。但他在此基础上把技术分为一般的和专有的。Barro(1990)在"干中学"知识溢出模型的基础上提出了巴罗模型,将制度因素的变化纳入了技术知识的范畴。Lucas(1988)进一步从人力资本角度对技术进步进行内生化,认为人力资本的增长等同于技术进步,并界定了人力资本的外部效应。

技术进步的偏向性一直以来被主流经济学所忽视,实际上,技术进步在大多数情况下是非中性的。Acemoglu(2002)提出,技术进步偏向性指技术进步引起各要素生产率以不同比例提高。陆雪琴、章上峰(2013)从技术进步偏向原始定义出发梳理各种概念之间的异同,运用 CES 生产函数,清晰地展现增强型、偏向型技术进步之间的关联和差异。孙学涛(2021)认为技术进步是经济长期增长的动力,然而技术进步并不是中性的。于是,他提出了技术进步偏向的差异对城市经济结构转型的影响也存在差异的假设。李新安、李慧(2022)在研究技术进步与碳排放的关系时提出,当技术进步偏向于某一方向时,就会产生利于经济发展的某些生产要素和个体。忽视技术进步的偏向性,则不能全面反映技术进步对碳排放的影响。鞠市委(2017)对偏向型技术进步的定义及测度方法在不同生产函数下的表达形式进行理论回顾,阐明了技术进步偏向性的决定因素。于斌斌、吴丹(2021)采用系统 GMM 方法实证分析了生产性服务业技术进步偏向对制造业创新效率的影响。杨扬、杨冉璐(2021)结合理论模型和实证分析,探讨了技术进步偏向对技能工资差距的影响效果。陈勇、柏喆(2020)基于技术进步偏向对劳动收入份额的影响路径,通过供给面标准化系统法测算省级技术进步偏向。总而言之,由于技术进步对经济增长具有重要作用,学者们对技术进步的研究兴趣浓厚,技术进步的内涵也在不断发展。

(2) 技术进步的测度研究

国内外学者就如何测度技术进步已经展开了丰富的研究。Solow(1957)最早提出通过全要素生产率来衡量技术进步。自 Solow 提出之后,该方法被学术界广泛使用。龚志民、杨梦晗(2020)通过用全要素生产率对技术进步进行测度,从激励效应和总需求效应两个方面理论分析了收入分配对技术进步的作用,并通过实证验证了该结论。罗朝阳、李雪松(2019)以全要素生产率作为技术进步的代理变量,通过研究发现,当技术进步达到一定水平时,产业结构升级才对能源效率具有显著的改善作用。因此,中国大多数区域需要加快技术改造升级以提高能源效率。当然,这种测度方式也存在着诸多缺陷。一方面,Solow提出的测度方法需要满足生产成本极小化、规模报酬不变等前提条件,同时还依赖于一定的生产函数,难以避免投入和产出不一致的问题;另一方面,除了技术进步,全要素生产率还包括技术效率的改善。为了克服以全要素生产率表征技术进步的固有局限,学者们进行了进一步的深入研究,试图将技术进步从全要素生产率中分离出来,主要方法有参数法和非参数法。

参数法以一定的函数形式和约束条件为前提,常用的函数包括柯布-道格拉斯生产函数、超越对数生产函数等(兑浩建,2020)。刘伟、张辉(2008)将技术进步和产业结构变迁从全要素生产率中分解出来,对产业结构变迁和技术进步对经济增长的推动作用进行了横向和纵向的对比分析。徐淑丹(2017)利用柯布-道格拉斯生产函数测算了省际技术进步率以表征各省份技术进步的变动情况,结果表明,我国省际技术进步水平有向中东部聚拢的趋势,且城市的技术进步率更多地由经济效率、技术设施以及地区间的交流等因素决定。尚荣(2020)将柯布-道格拉斯生产函数与线性回归、主成分分析法相结合,并引入人口偏好强度这一概念,分析人口转型与技术进步的关系,总结各要素对中国农业总产值的影响。薛俊波、朱艳鑫(2016)基于中国1987—2007年的投入产出表,使用经典的柯布-道格拉斯生产函数,通过校准法测算了中国17个行业的技术进步水平。研究表明,采掘业的技术进步最快,大部分服务业则进步缓慢。张兴祥、范明宗(2020)基于CES生产函数进行建模与分析,研究发现,技术进步将更有益于高技能工人。随着时间的推移,技术进步将扩大高技能工人与低技能工人的工资差距。董景荣、张文卿(2021)通过构建超越对数成本函数,估计技术引进、外商投资、合作研发、自主研发四种来源的技术进步的要素需求强度与技术进步偏向,探索有利于中国制造业升级的技术来源。Song和Wang(2016)使用世代交叠模型来测度中国技术进步的内生性。结果发现,在均衡状态下,人口老龄化和国有企业比例的增加将刺激环境偏好的技术进步。

曼奎斯特生产率指数是非参数方法中最常用的。何宜庆等(2020)从全要素生产率分解视角出发,在将TFP-Malmquist指数分解为技术进步和技术效率的基础上,进一步将技术效率分解为规模效率与纯技术效率。颜鹏飞、王兵(2004)测算了1978—2001年中国各省份的曼奎斯特生产率指数,并将其分解为技术效率和技术进步,通过研究发现,中国全要素生产率增长的主要原因是技术效率的提高。周端明(2009)运用非参数的曼奎斯特生产率指数方法,测算了中国1978—2005年间农业全要素生产率的基本特征,发现期间农业技术进步与农业技术效率都保持稳定健康增长。生延超、钟志平(2010)基于非参数的曼奎斯特生产率指数方法将全要素生产率变动分解为技术进步和技术效率变化两个部分。研究发现,中国餐饮行业全要素生产率的增长主要来源于技术进步,但技术进步的贡献有限。Wang 等(2009)同样利用非参数的曼奎斯特生产率指数法将广义的技术进步分解为科技进步和技术效率两个部分,后采用更具小样本特性的自回归分布滞后方法来检验两者与能源利用效率间的协整关系。王斌会、张欣(2021)测度了我国30个省份工业的 Malmquist-Luenberger 指数,并将工业全要素生产率变化指数分解为投入要素偏向性技术进步与产出偏向性技术进步,从中探索其变动与区域分布特点。

除此之外,还有一些学者使用与科技相关的指标来衡量技术发展水平,例如专利数量、研发投入等。阳立高等(2018)将专利申请量作为反映技术进步状况的指标,分析了技术进步对制造业转型升级的促进作用以及存在的区域差异。杨浩、孙建(2019)选择研发投入强度,即研发支出占GDP的比值来测度技术进步,利用中国各省份2003—2016年的数据,探究了双向投资对技术进步的非线性影响。余子鹏、金晶(2020)提出技术进步可分解为规模经济和研发创新效应,故选择研发基础投入、专利交易额等来测度技术进步的贡献。冷国强(2017)利用1997—2013年中国制造业28个行业的面板数据,以研发投入中的政府资金作为研发比率的工具变量,来测度技术进步对于就业的作用。

3.2 文献述评

综上所述,现有文献从多个角度对世界范围内的能源贫困、包容性绿色发展等相关问题进行了广泛的研究,为本书进一步探讨国内的能源减贫、推动包容性绿色发展的问题提供了丰富的参考。但目前的文献也存在以下问题:第一,大多数文献将目光聚焦在人口较为稀少的发达国家与发展中国家,其对于能源贫困的评价与把握在中国既缺乏普适性,也缺乏理论基础,因此必须丰富和拓展能源贫困的内涵概念,并从中国的国情出发,准确地把握中国区域的能源贫困状况。第二,现有文献多对能源贫困的引致因素进行分析与探讨,对于能源贫困可能造成的经济与环境效应缺乏定量化的分析与实证。在中国进行高质量发展建设的阶段,能源贫困的经济与环境效应都是关乎国计民生的重要研究课题,也是探讨能源减贫工作紧迫性的重要理论基础。因此,能源贫困方向的研究视角还有待拓展。本书将采用现代经济学的分析方法对这两方面的影响进行量化分析。第三,国内关于包容性绿色发展的研究正处于初步阶段,现有文献多集中于对包容性绿色发展内涵以及测度的分析与探讨,对于其实现的可行路径缺乏定量化的分析与实证,研究的视角有待拓展。因此,本书计划明晰包容性绿色发展的内涵,合理测度包容性绿色发展水平,探究能源贫困与包容性绿色发展的关系。第四,环境规制和技术进步的有关研究至今仍存在着学术争议,测度方法也未统一,并且当前尚无在双重环境规制和技术进步视角下对能源贫困与包容性绿色发展的关系进行的探索研究。因此,本书计划从这两个视角厘清其相互作用机制。

基于此,本书将是对现有研究的一个有益补充。第一,明晰包容性绿色发展的内涵,合理测度包容性绿色发展水平;第二,在能源贫困本土化研究的基础上,进一步完善能源贫困的概念,合理测度我国区域能源贫困水平,探究能源贫困与包容性绿色发展的关系;第三,构建双重环境规制模型与技术进步模型,分析双重环境规制、技术进步和能源贫困对包容性绿色发展的影响,厘清其相互作用机制,通过逻辑推演厘清各个因素之间的关系,以期能够因地制宜地实现能源减贫,丰富与能源减贫、包容性绿色发展相关的理论研究和实践依据。

第四章

中国区域能源贫困的现状及影响因素分析

能源贫困广泛存在于世界各国,在制约各国可持续发展的同时,为全球能源体系带来了巨大的挑战,并且在发展中国家表现得更为突显,已成为发展中国家贫困的重要标志之一。在理论分析基础之上,本章对中国区域能源贫困的现状展开研究,构建相应的评价指标体系,对2004—2017年中国区域能源贫困水平进行测算,然后基于测算结果计算中国区域能源贫困的空间莫兰指数(Moran's Index),对中国区域能源贫困水平的空间聚集情况进行分析,总结出中国区域能源贫困的空间演变格局,全面把握中国区域能源贫困的现状。另外,本章进一步采用空间杜宾模型(SDM)探讨中国区域能源贫困的关键性影响因素,为推动中国能源减贫措施的顺利实施提供理论参考。

4.1 中国区域能源贫困水平评价指标体系的构建与测算

4.1.1 能源贫困水平评价指标体系的指标选取

对我国区域能源贫困现状进行准确的评价是探究其经济与环境效应的基础。如前文所述,目前国际上对能源贫困的研究多集中于欧洲或非洲地区,其所使用的方法对于中国这样人口众多的发展中国家暂不具备适用性。因此,本章将从能源贫困的概念内涵出发,结合中国基本国情,构筑中国区域能源贫困水平综合评价指标体系,以期准确评价中国区域能源贫困现状,为深入研究奠定理论基础,同时找准中国能源减贫工程的着力点,为中国制定相应的能源减贫政策制度体系提供参考。

设计综合评价指标体系需要遵循合理性、科学性与可获得性三大原则。本章目的在于从以往的能源贫困研究出发,选取适用于中国现阶段国情的评价指标,用以还原中国能源贫困的真实面貌。

能源贫困最初指代"无法消费得起现代化能源"的境况。然而随着中国改革开放的深入,中国居民的能源消费能力已有稳步的提升。中国电网的统计数据显示,我国城乡电力覆盖率已经达到99%以上。本书在能源贫困本土研究的基础上,进一步拓展能源贫困在中国的内涵,将其定义为在高效和安全的前提下,支付和使用清洁化、高级化能源方面存在困难的境况,即分别对应于我国目前用能水平低、用能结构差、用能能力弱的现状。因此,为了构筑符合科学性原则的综合评价指标体系,本章所选取的指标必须与时俱进,着眼于现阶段我国能源发展过程中暴露的用能水平低、用能结构差与用能能力弱三个问题,尽可能涵盖中国居民生活用能的方方面面,将中国能源贫困的核心问题从能否用得起能源扩充到用多少能源、用什么能源以及如何用能三个能源发展质量问题上来。为了回答以上三个问题,本章将借鉴 IEA 和 Wang 等(2015)的研究,进一步丰富评价指标,从用能水平、用能结构与用能能力三个角度出发,构建出包含 27 个具体指标的综合性评价指标体系,如表 4-1 所示。

该指标体系分别从三个角度出发,其中,用能水平直接关系到居民的生活质量,也是造成现阶段中国区域能源相对贫困的主要原因之一。为了考察中国区域居民用能水平的差距,本章从供需两方面对用能水平进行考察。供需实际上是用能水平这枚"硬币"的两面,居民能源消费既需要建立在坚实的能源供给基础上,同时区域能源供给设施的发展也需要当地居民能源需求的拉动。因此,本章一方面使用人均生活用电量以及人均生活用天然气量反映居民生活能源消费量;另一方面,使用人均煤气生产和供应业投资、城市人均每采暖度日集中供热(蒸汽)能力、城市燃气普及率、城市人均天然气供气量、农村秸秆优质化供气处每百万人均数量以及农村发电设备容量来反映中国区域能源供应水平。以上两方面相结合,用以反映中国区域居民的用能水平。

表 4-1 中国区域能源贫困综合评价指标体系

准则层	要素层	指标层	属性
用能水平	生活能源消费量	人均生活用电量/(千瓦时·人$^{-1}$)	负向
		人均生活用天然气量/(m^3·人$^{-1}$)	负向
	能源供应能力	人均煤气生产和供应业投资/(元·人$^{-1}$)	负向
		城市人均每采暖度日集中供热(蒸汽)能力/[t·(h^{-1}·万人$^{-1}$)]	负向
		城市燃气普及率/%	负向
		城市人均天然气供气量/(m^3·人$^{-1}$)	负向
		农村秸秆优质化供气处每百万人均数量/(处·百万人$^{-1}$)	负向
		农村发电设备容量/万千瓦时	负向
用能结构	用能结构低碳化	非固体商品能占商品能比重/%	负向
		非火力发电量占发电量比重/%	负向
		农村农用柴油人均使用量/(t·人$^{-1}$)	正向
	用能结构现代化	农村生物质能占总能源消费比重/%	负向
		农村户均沼气产气量/(m^3·户$^{-1}$)	负向
	用能结构清洁化	生活二氧化硫人均排放量/(t·万人$^{-1}$)	正向
		生活烟尘人均排放量/(t·万人$^{-1}$)	正向
用能能力	能源管理能力	农村能源管理推广机构每百万人均个数/(个·百万人$^{-1}$)	负向
		农村能源管理推广机构平均工作人员数/(人·处$^{-1}$)	负向
	能源投资能力	农村人均能源投入经费/(元·人$^{-1}$)	负向
		国有经济电力、蒸汽、热水生产和供应业固定资产人均投资/(万元·人$^{-1}$)	负向
	能源支付能力	城镇居民燃料支出占总消费比重/%	正向
		农村居民居住支出占总消费比重/%	正向
	能源使用能力	城镇每百户家庭空调拥有量/(台·百户$^{-1}$)	负向
		城镇每百户家庭电冰箱拥有量/(台·百户$^{-1}$)	负向
		农村每百户家庭抽油烟机拥有量/(台·百户$^{-1}$)	负向
		农村每百人省柴节煤灶拥有量/(台·百户$^{-1}$)	负向
		农村户用沼气池使用比例/%	负向
		农村太阳能热水器人均覆盖面积/(m^2·人$^{-1}$)	负向

用能结构一直以来都被用以反映能源贫困问题。在最初的定义中,对现代化能源的支付能力不足才能被称为能源贫困。随着经济与科技的发展,现代化能源逐渐在中国加以普及。但在中国尤其是在广大农村地区,依靠传统生物质能度日的现象依然普遍。因此,在选取用能结构指标时,本章将关注点放在农村居民的用能结构上。并且为了将中国能源贫困现状与可持续发展战略相统一,本章从用能结构低碳化、现代化以及清洁化三个维度反映中国区域居民的用能结构。具体而言,首先,使用非固体商品能占商品能比重、非火力发电量占发电量比重以及农村农用柴油人均使用量反映区域居民用能结构低碳化水平。固体商品能主要指煤炭等化石固体能源,而火力发电同样使用煤炭作为原材料,并且农村居民还多使用农用柴油进行能源补给。无论是煤炭还是农用柴油,都具有高碳排放的特点。因此,以上三者使用得越多,当地用能结构水平就越低。其次,使用农村生物质能占总能源消费比重以及农村户均沼气产气量反映用能结构现代化水平。现代生物质能特指自然界中具有生命的有机体所提供的能量,是一种高标准的清洁化能源,具有可再生性、低污染性、广泛分布性等特点。尤其在农村地区,其使用能够大大减轻家庭的用能压力。因此,现代生物质能使用越多、沼气产量越大,表明当地用能结构现代化水平越高,能源贫困程度就越低。最后,党中央多次强调"绿水青山就是金山银山",符合当代中国的用能应该是绿色化、清洁化的用能。因此,本章选用生活二氧化硫人均排放量以及生活烟尘人均排放量反映各区域居民用能过程中的废物排放情况。用能结构愈清洁化的地区,其能源贫困问题就越小。

用能能力关乎如何使用能源的问题,并且现代能源安全事故的发生多是用能能力方面出现了问题。因此,能源减贫需要依赖于用能能力的提高。本章从能源管理能力、能源投资能力、能源支付能力以及能源使用能力四个方面,对中国区域居民的用能能力进行评价。能源管理能力关系到现代化能源使用的推广,包括农村能源管理推广机构每百万人均个数、农村能源管理推广机构平均工作人员数两个指标;能源投资能力则体现了未来该地区的用能结构以及用能水平的提升潜力,本章使用农村人均能源投入经费以及国有经济电力、蒸汽、热水生产和供应业固定资产人均投资表征地区能源投资能力;能源支付能力反映了家庭在能源消耗方面所支出的现金成本,本章使用城镇居民燃料支出占总消费比重以及农村居民居住支出占总消费比重反映家庭的能源支付情况,能源支出比重越高的地区,家庭感受到的能源消费压力就越大,该地区能源贫困情况就越严重;能源使用能力则关系到能源使用效率问题,使用落后的用能设备不仅造成能源浪费,也给家庭带来用能过程中的安全隐患。本章使用城镇每百户家庭空调拥有量、城镇每百户家庭电冰箱拥有量、农村每百户家庭抽油烟机拥有量、农村每百人省柴节煤灶拥有量、农村户用沼气池使用比例以及农村太阳能热水器人均覆盖面积来表征中国区域居民的能源使用能力。

4.1.2 能源贫困水平评价指标体系的测度方法与数据来源

本书使用面板数据熵权法对指标进行赋权,所有指标均通过了标准化的无量纲处理。结果为[0,100]之间的数,数值越大表示该地区能源贫困程度越高,其公式如下所示:

对于正向指标而言:

$$\mu_{ij} = \frac{x_{ij} - \min(x_{ij})}{\max(x_{ij}) - \min(x_{ij})} \times 100 \qquad (4-1)$$

对于负向指标而言:

$$\mu_{ij} = \frac{\max(x_{ij}) - x_{ij}}{\max(x_{ij}) - \min(x_{ij})} \times 100 \qquad (4-2)$$

其中,μ_{ij} 为标准化以后第 i 年第 j 项指标的数据,x_{ij} 为第 i 年第 j 项指标的原始数据,$\max(x_{ij})$ 和 $\min(x_{ij})$ 分别为第 i 年第 j 项指标的最大值和最小值。

同时,本书的研究样本为2004—2017年中国30个省区市(除西藏、港澳台地区),数据来源于《中国统计年鉴》《中国农村统计年鉴》《中国农业统计资料》《中国能源统计年鉴》以及《中国环境统计年鉴》。其中,由于农村生物质能消费量在2008年以后不再统计,本书参考了李慷等(2014)的做法,使用农村人口数量、农村人均收入、初中及以下学历人口比例、农村果园种植面积以及谷、豆、薯、油、麻类作物播种面积对农村生物质能消费量进行回归拟合得到。

4.2 中国区域能源贫困水平时空演变特征识别

4.2.1 中国区域能源贫困水平的总体特征分析

本书应用上文所述的中国区域能源贫困综合评价指标体系对我国区域能

源贫困状况进行了测算,表4-2展示了中国区域平均能源贫困水平与降幅。

表4-2 中国区域平均能源贫困水平与降幅

地区	平均能源贫困水平	平均能源贫困水平排名	年均降幅/%	地区	平均能源贫困水平	平均能源贫困水平排名	年均降幅/%
北京	38.184	30	-2.927	云南	49.738	15	-1.702
浙江	38.665	29	-3.285	安徽	49.740	14	-2.215
福建	40.134	28	-3.496	辽宁	51.165	13	-1.810
江苏	40.856	27	-3.031	河南	52.184	12	-1.557
上海	40.899	26	-4.458	陕西	52.234	11	-1.515
广东	41.288	25	-1.832	青海	56.106	10	0.547
天津	44.310	24	-1.875	甘肃	56.252	9	-0.517
重庆	45.503	23	-3.618	河北	56.679	8	0.017
四川	46.121	22	-2.698	吉林	56.978	7	-0.293
海南	47.006	21	-2.474	宁夏	58.939	6	0.380
广西	47.237	20	-2.209	贵州	59.055	5	-2.764
湖北	47.925	19	-1.897	黑龙江	59.560	4	-0.323
山东	48.867	18	-1.762	新疆	60.388	3	-1.779
江西	48.933	17	-2.008	内蒙古	60.450	2	-1.250
湖南	49.107	16	-2.493	山西	64.463	1	-0.014

注:表中平均能源贫困水平排名为倒序,排名为1表示能源贫困水平最高。
数据来源:《中国统计年鉴》《中国农村统计年鉴》《中国农业统计资料》《中国能源统计年鉴》以及《中国环境统计年鉴》。

由表4-2可知,中国能源贫困水平最低的地区为首都北京,说明北京居民拥有相对较好的用能水平、用能结构与用能能力。而山西作为煤炭能源大省,对传统化石能源与火力发电较为依赖。用能结构低下、污染排放量高成为了其推进能源减贫工程的最大阻力,导致山西的能源贫困水平目前最高。从年均降幅水平来看,中国大部分地区体现出了较快速度的能源减贫。其中,能源贫困程度下降最快的为上海市,降幅为4.458%,反映出上海市近年在能源基础设施建设及推广过程中所做出的努力。而全国只有青海省和宁夏回族自治区能源贫困水平略有上升,说明两者相较于其他省份能源基础设施建设进度偏慢,现代化清洁能源还需进行长期的推广。图4-1展示了我国不同区域能源贫困的变化特征:

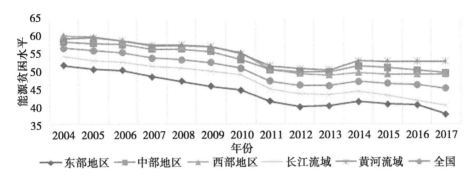

图 4-1 中国不同区域能源贫困水平变化特征

数据来源：《中国统计年鉴》《中国农村统计年鉴》《中国农业统计资料》《中国能源统计年鉴》以及《中国环境统计年鉴》。

由图 4-1 可知，全国平均能源贫困水平在 2004—2017 年之间实现了大幅下降。其中，中西部地区的能源贫困水平一直处于全国平均水平之上，而东部地区不仅能源贫困水平初始起点低，其降幅也较大，由 2004 年的 52 下降到了 2017 年的 38 左右。从流域来看，长江流域的能源贫困水平显著低于黄河流域的能源贫困水平。长江流域水能、风能等现代化清洁能源丰富，而黄河流域传统化石能源储量丰富，因此黄河流域用能结构难以优化，相对于长江流域而言，表现出了更高水平的能源贫困。总体而言，归功于我国能源建设工程的推进以及对新兴能源的研发投入，我国各区域能源贫困水平都有了显著下降。值得注意的是，各区域在 2013—2014 年出现了能源贫困水平的小幅回升。本书认为，这是由于 2013 年全国大面积推行油改气政策造成的供气紧张导致的。

进一步地，本章分别考察 2004 年、2008 年、2012 年、2017 年中国省际能源贫困地理分布状况。结果发现，在 2004 年，我国能源贫困最为严重的地区集中于北方和东北方。此时间节点上，大部分地区都处于中度能源贫困区间内，全国能源贫困最低点在浙江；2008 年，东北地区能源贫困状况已有所改善，主要体现为环渤海地区的能源贫困由重度转为中度，北京市在奥运会后基础设施建设大为改善，成为全国能源贫困程度最低的地区；到 2012 年，我国大部分地区已经摆脱高度能源贫困，并且东南沿海地区基本实现向较低能源贫困程度的转变，此时全国能源贫困程度最低点在上海市；截至 2017 年底，得益于"一带一路"倡议的推进，沿长江省份实现了较大程度的能源减贫，其中四川省最为明显。而京津冀地区尤其是环北京经济圈地区，能源贫困程度有小幅上升,说明相对于其他地区,这一地区能源基础设施建设的进度较为缓慢。

4.2.2 中国区域能源贫困水平空间聚集情况分析

本节为了捕捉中国区域能源贫困的空间聚集情况,建立地理邻接矩阵,对中国区域能源贫困的空间莫兰指数进行测算,以此判断我国能源贫困在地理上是否具有聚集效应。那么,其聚集方式为"高—高"聚集还是"高—低"聚集?

空间邻接矩阵构造方式如下所示:

$$w_{ij} = \begin{cases} 1, i 与 j 省份相邻 \\ 0, i 和 j 省份不相邻 \end{cases} \quad (4-3)$$

其中,w_{ij} 为空间权重矩阵 W 中 (i,j) 位置的元素。而对地理邻接矩阵进行标准化后,莫兰指数的构造方式如下式所示:

$$I = \frac{\sum_{i=1}^{n}\sum_{j=1}^{n} w_{ij}(x_i - \overline{x})(x_j - \overline{x})}{\sum_{i=1}^{n}(x_i - \overline{x})^2} \quad (4-4)$$

其取值介于-1到1之间,大于0表示正自相关,即高值与高值相邻、低值与低值相邻;如果莫兰指数小于0则表示负自相关,即高值与低值相邻;如果莫兰指数接近于0,则表示数值在空间上的分布是随机的,不存在空间自相关。

本章对中国区域能源贫困水平的莫兰指数测算结果如表4-3所示。

表4-3 中国区域能源贫困的莫兰指数

年份	Moran's I	$E(I)$	$sd(I)$	Z 值
2004	0.273***	-0.034	0.110	2.785
2005	0.326***	-0.034	0.110	3.248
2006	0.381***	-0.034	0.111	3.733
2007	0.359***	-0.034	0.111	3.539
2008	0.354***	-0.034	0.111	3.497
2009	0.315***	-0.034	0.110	3.173

(续表)

年份	Moran's I	$E(I)$	$sd(I)$	Z 值
2010	0.360***	−0.034	0.112	3.516
2011	0.432***	−0.034	0.112	4.161
2012	0.416***	−0.034	0.113	4.007
2013	0.430***	−0.034	0.112	4.142
2014	0.460***	−0.034	0.112	4.409
2015	0.475***	−0.034	0.112	4.538
2016	0.403***	−0.034	0.112	3.901
2017	0.450***	−0.034	0.112	4.326

注：*、**、***分别表示在10%、5%和1%的显著性水平下显著。
数据来源：《中国统计年鉴》《中国农村统计年鉴》《中国农业统计资料》《中国能源统计年鉴》以及《中国环境统计年鉴》。

由表4-3的测算结果可知，中国区域能源贫困显示出较强的空间聚集性。从2004年到2017年，莫兰指数均拒绝了与0相等的原假设，且均为正值，说明能源贫困水平较高的地区周边能源贫困水平也较高。总体来看，能源贫困在我国呈现出"高—高"聚集的态势。此外，这种空间聚集有加强态势，具体表现为莫兰指数在波动中上升，由2004年的0.273上升到了2017年的0.450。这种聚集与我国的能源管道铺设有关。能源贫困水平较低的地区，往往能源供应能力与基础设施建设相对良好。随着我国能源传输逐渐管道化，能源贫困水平较低的地区能够为邻近地区提供大量的先进管理经验与基础设备，从而也带动邻近地区能源贫困水平的下降。由此可见，中国区域能源贫困水平的"高—高"聚集和"低—低"聚集趋势不断加强。

4.2.3 中国区域能源贫困水平的子指标特征分析

从子指标来看，由于使用的是负向指标，如图4-2所示，北京和上海地区居民的用能水平依然领跑全国，并且东部地区平均用能水平最高。总体上，我国用能水平呈现出由东向西递减的态势。甘肃省的用能水平最低，说明当地居民能源消费水平和能源供给能力还相对较弱。加大煤气、天然气等供应业的固定资产投资，能够有效提高当地居民的用能水平。

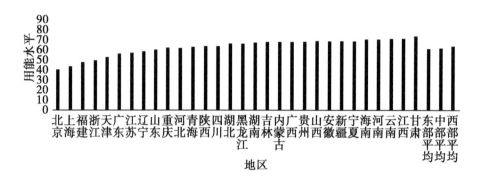

图 4-2 中国 30 个省区市 2004—2017 年用能水平均值

数据来源:《中国统计年鉴》《中国农村统计年鉴》《中国农业统计资料》《中国能源统计年鉴》以及《中国环境统计年鉴》。

从用能结构上来看,如图 4-3 所示,海南省是全国用能结构最为优化的地区。考虑到海南省的能源多由两广地区输送,两广地区的能源结构也较为优化。江浙皖地区能源结构优化程度紧随海南及两广地区。不难发现,我国北方地区居民用能结构显著落后于我国南方地区,其主要原因在于北方地区,尤其是北方农村地区依旧十分依赖传统化石能源,并且北方大农田生产模式和冬季秸秆大规模燃烧造成了其高排放能源的消耗程度较高。从经济区划来看,用能结构最为优化的为中部地区,东部地区与中部地区相当,而西部地区则由于现代化能源基础设施建设还不到位,暂时落后于中部与东部地区。

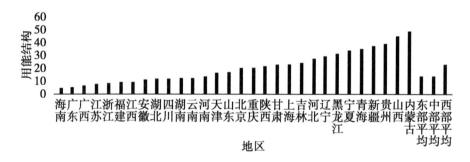

图 4-3 中国 30 个省区市 2004—2017 年用能结构均值

数据来源:《中国统计年鉴》《中国农村统计年鉴》《中国农业统计资料》《中国能源统计年鉴》以及《中国环境统计年鉴》。

用能能力均值如图 4-4 所示,用能能力最为优异的为重庆,北京、江苏、上海、浙江紧随其后,说明这些地区居民能源消费占其总消费的比重较低,并且家庭用电器较为完备,也较为现代化,能源使用效率高,用能能力强。而用能能力较弱的地区集中在我国东北部及环渤海地区。一方面,这些地区居民的家电设备需要更新与置换。因此,我国一直以来推行的"家电下乡"补贴政策在该类地区可以适当提高补贴力度,让符合申报条件的居民进行登记购买。另一方面,此类地区大型工业企业聚集,造成平均电价偏高,影响了居民用能能力。对此,鼓励居民错峰用电与实行阶梯电价可以提高居民的能源消费能力。从经济区划来看,我国中东西部地区居民用能能力均值几乎相等,东部地区既有用能能力最为优秀的省份,也集中了用能能力相对较弱的省份。

图 4-4　中国 30 个省区市 2004—2017 年用能能力均值

数据来源:《中国统计年鉴》《中国农村统计年鉴》《中国农业统计资料》《中国能源统计年鉴》以及《中国环境统计年鉴》。

4.3　中国区域能源贫困水平的时空演变格局分析

4.3.1　总体差异分析

如表 4-4 所示,能源贫困指数从 2004 年的 56.84 下降至 2017 年的 45.19,用能水平贫困指数从 2004 年的 84.72 下降至 2017 年的 55.49,用能结构贫困指数从 2004 年的 23.55 下降至 2017 年的 19.77,用能能力贫困指数从 2004 年的 62.44 下降至 2017 年的 55.36。由以上数据可知,2004 年至 2017 年,能源贫困指数实现了一定幅度的下降,能源贫困有了明显的改善。其中,用能水平贫困和用能结构贫困的下降是能源贫困得到改善的主要原因。但用能能力贫困依旧未有较大的改观,是制约能源贫困下降的重要因素。

4.3.2 省域差异分析

2004年,省份能源贫困的均值为56.84,最高的是贵州,最低的是浙江(二者相差达0.56倍),高于均值的省份有12个,占省份总数的40%。2017年,省份能源贫困的均值为45.19,最高的是山西,最低的是上海(山西的指数比上海的大140%,即相差1.40倍),高于均值的省份有13个,占省份总数的43.33%。以上分析表明,能源贫困在整体上得到了改善,但省域间的能源贫困差距在不断增大,极化作用明显增强。从能源贫困的动态格局来看,东部省份的下降幅度明显高于中西部省份。

表4-4 2004—2017年30个省份的能源贫困状况

省份	能源贫困指数		用能水平贫困指数		用能结构贫困指数		用能能力贫困指数	
	2004年	2017年	2004年	2017年	2004年	2017年	2004年	2017年
北京	47.32	31.82	58.79	32.39	29.32	13.56	53.98	52.07
天津	51.53	39.97	70.41	50.43	20.87	14.47	63.46	49.70
河北	60.90	60.26	83.23	56.85	29.93	34.14	69.74	66.02
山西	70.35	68.87	91.48	59.97	55.05	45.85	64.72	72.13
内蒙古	67.40	56.67	91.30	59.20	50.07	51.54	61.02	47.04
辽宁	57.88	45.07	76.63	54.07	35.44	18.46	61.76	52.60
吉林	58.51	55.96	83.45	67.93	25.65	25.13	66.62	68.24
黑龙江	62.58	59.81	85.39	62.83	22.68	49.85	79.87	60.82
上海	53.89	28.64	65.59	35.63	36.33	4.06	59.92	49.64
江苏	49.21	32.78	79.97	45.07	8.66	6.91	59.15	47.04
浙江	46.05	29.53	76.86	32.22	8.16	8.56	53.26	50.87
安徽	56.50	42.11	93.29	60.51	12.43	10.77	63.96	57.96
福建	49.70	31.00	77.29	27.90	9.08	7.29	62.90	54.89
江西	54.44	41.69	92.85	66.02	10.70	6.02	59.94	54.53
山东	54.95	43.51	84.24	53.25	19.41	16.63	61.36	58.88
河南	57.84	46.96	92.07	63.79	13.97	15.74	67.67	55.74
湖北	54.10	42.09	90.60	58.76	12.32	11.69	59.55	55.88
湖南	55.25	39.63	92.67	59.53	16.29	6.72	56.97	61.04
广东	46.71	36.40	76.93	51.42	5.08	4.90	58.26	63.25

(续表)

省份	能源贫困指数		用能水平贫困指数		用能结构贫困指数		用能能力贫困指数	
	2004年	2017年	2004年	2017年	2004年	2017年	2004年	2017年
广西	53.96	40.29	93.48	57.30	6.40	6.34	62.16	55.44
海南	52.86	38.03	91.27	60.02	4.36	5.18	63.12	52.56
重庆	56.64	34.46	87.36	51.50	30.46	5.33	52.28	40.63
四川	53.58	37.13	84.72	56.62	16.63	4.49	59.54	48.64
贵州	71.81	47.93	92.60	56.42	58.59	17.68	64.47	54.81
云南	57.19	45.52	95.90	65.62	15.22	8.97	60.61	48.77
陕西	58.09	47.38	88.69	51.91	24.72	27.00	61.03	62.63
甘肃	56.75	52.92	88.98	75.70	17.45	29.11	63.98	57.97
青海	55.25	58.51	75.36	63.47	27.30	59.12	63.27	52.77
宁夏	63.01	64.78	91.57	62.99	31.84	43.45	65.82	52.54
新疆	71.06	56.12	88.60	65.29	52.00	34.17	72.79	55.63
均值	56.84	45.19	84.72	55.49	23.55	19.77	62.44	55.36

4.3.3 地域性差异分析

将2004年、2017年各省份的能源贫困指数作为变量导入SPSS软件,借助K均值聚类法对30个省份进行聚类分析,最终将研究区域划分为重度能源贫困区($k_i>60$)、高度能源贫困区($50<k_i\leqslant60$)、中度能源贫困区($40<k_i\leqslant50$)和轻度能源贫困区($k_i\leqslant40$)四类。2004年至2017年间,能源贫困呈现"西高东低"的发展格局,能源贫困指数较低的区域主要分布在东南沿海经济发达省份,而能源贫困指数较高的区域主要以中西部经济欠发达省份为主,表明全国能源贫困水平差异显著,能源贫困水平大致与经济发展水平成反比。

4.3.4 空间相关性分析

由图4-5可知,2004年和2017年,绝大多数省份都位于第一、第三象限,表明能源贫困高值聚集和低值聚集现象是中国省份能源贫困空间关系的主要形式[1]。第一、第三象限的省份从2004年的19个增加至2017年的24个,"马太效应"有所增强。2004年,有8个省份落在第一象限,7个省份落在第二象限,落在第三象限的省份最多,有11个,落在第四象限的省份有4个。与2004年相比,2017年省份能源贫困空间格局分布变化较大,广西从第二象限转移到第三象限,甘肃、青海从第二象限转移到第一象限,山西从第四象限转移到第一象限,辽宁从第四象限转移到第三象限,其余省份所处象限均不变。

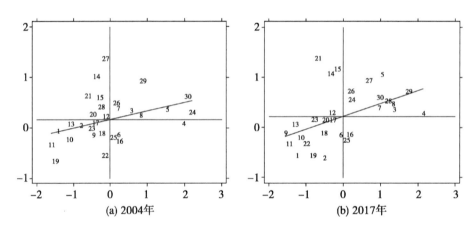

图4-5 2004年、2017年省份能源贫困空间分布Moran散点图

4.4 中国区域能源贫困的影响因素分析

4.4.1 变量选择、模型构建与数据来源

中国区域能源贫困的成因错综复杂,既是经济问题,又是社会问题,甚至还是文化历史问题,是由多种合力共同作用产生的结果。空间杜宾模型(SDM)包含了空间滞后模型(SAR)和空间误差模型(SEM)的空间误差因素,同时将被解释变量纳入到回归模型中,关注了解释变量和被解释变量的空间关联性。因此,本书引入空间杜宾模型(SDM)进一步探讨能源贫困的影

---

[1] 注:1—30依次代表北京、天津、河北、山西、内蒙古、辽宁、吉林、黑龙江、上海、江苏、浙江、安徽、福建、江西、山东、河南、湖北、湖南、广东、广西、海南、重庆、四川、贵州、云南、陕西、甘肃、青海、宁夏和新疆。

响因素。借鉴已有研究成果,以能源贫困为被解释变量,选取受教育水平、经济发展水平、能源投资水平、能源利用效率、能源价格水平和技术创新水平6个指标作为解释变量。其中,① 受教育水平(edu),借助居民平均受教育年限和总人口的比值来表征,计算过程为:$edu = (6 \times primary + 9 \times junior + 12 \times senior + 16 \times college)/population$。其中,$primary$、$junior$、$senior$、$college$依次表示小学、初中、高中、大专及以上;$population$ 表示总人口。② 经济发展水平($pgdp$),用人均 GDP 来表征地区经济发展水平。③ 能源投资水平($invest$),用能源工业投资总额来表示。④ 能源利用效率(ei),用能源消费总量与国内生产总值的比率来衡量。⑤ 能源价格水平($price$),用燃料、动力类价格分类指数来表示。⑥ 技术创新水平($tech$),用专利申请授权量表征。为此,本书构建 SDM 模型,如式(4-5)所示:

$$EP_{it} = \rho W_{ij} EP_{it} + X_{itk}\beta_k + W_{ij}X_{itk}\theta_k + \mu_i + \nu_t + \varepsilon_{it} \quad (4-5)$$

式中,EP 表示能源贫困;X 表示 edu、$pgdp$、$invest$、ei、$price$、$tech$ 等一系列解释变量;W 表示空间权重矩阵;ρ、β、θ 表示估计系数;$X_t\beta$ 表示本地区解释变量对本地区被解释变量的影响;$\rho W EP_t$ 表示其他地区被解释变量对本地区被解释变量的空间交互作用;$WX_t\theta$ 表示其他地区的解释变量对本地区被解释变量的空间影响。

本书选取中国 30 个省(自治区、直辖市)(不含西藏和港、澳、台地区),以上数据来源于历年《中国农业统计资料》《中国能源统计年鉴》《中国统计年鉴》《中国农村统计年鉴》《中国环境统计年鉴》以及国研网的价格统计数据库。

4.4.2 实证结果与分析

基于对数似然值可知,时空双固定的拟合度最高,符合 LR 检验的结果,因此,本书选择双固定的杜宾模型来分析能源贫困的影响因素。如表 4-5 所示,现阶段受教育水平对能源贫困的抑制作用较小,原因可能在于:通常,受教育水平与收入水平成正比。由于当前我国国民整体教育层次较低,受教育水平较低的群体比重较高,其收入也相对较低,在一定程度上压缩了高品质能源消费的上升空间。同时,受教育水平较低的群体往往具有较低的工作报酬和时间成本,更愿意承受采集传统生物质能造成的时间负担,追求现代化生活方式的意愿和能力相对较低。提高经济发展水平有助于降低能源贫困,其原因在于:随着地区经济发展水平的不断提升,居民支付清洁、绿色能源的能力有所提升，生活用能开始呈现清洁化、高效化和现代化的趋势，从而有助于改善能源贫困状况。能源投资水平显著缓解了能源贫困，表明随着政府对能源工业投资力度的不断增强，能源基础设施和能源管理机构逐步完善，有利于能源产业整体发展水平的提升。能源利用效率对能源贫困影响显著为负，表明单位 GDP 能源消费的下降有助于降低地区能源消耗，提升了能源的利用效率，在一定程度上改善了能源贫困。提升能源价格并不利于改善能源贫困，因为能源价格的提升会增加能源的使用成本，抑制部分正常能源的使用需求。技术创新水平对能源贫困的估计系数显著为负，其原因在于：技术进步有助于提高能源利用效率，进而降低能源消耗强度，在一定程度上削减了能源消费总量。此外，受教育水平和能源投资水平空间滞后项的估计系数为正，表明某一省份受教育水平和能源投资水平的提高不利于相邻省份能源贫困程度的降低。而经济发展水平、能源利用效率、能源价格水平和技术创新水平空间滞后项的估计系数为负，说明某一省份的经济发展水平、能源利用效率、能源价格水平和技术创新水平提高有利于相邻省份能源贫困的降低。

表 4-5 不同效应下 SDM 模型估计结果

变量	普通回归	无固定	空间固定	时间固定	时空双固定
常数项	6.049 0***	5.995 8***			
edu	-0.047 1	0.022 1	-0.059 0	0.050 4	-0.034 9
$pgdp$	-0.166 1***	-0.146 0***	-0.180 3***	-0.103 3***	-0.179 9***
$invest$	-0.048 3	-0.000 2	-0.364 3	0.192 2	-0.353 9*
ei	-0.005 0**	-0.004 3***	-0.005 7***	-0.002 6*	-0.005 5***
$price$	1.83e-05	2.11e-05***	1.64e-05***	2.62e-05***	1.64e-05***
$tech$	-0.038 9***	-0.043 4***	-0.036 1***	-0.053 4***	-0.036 7***
$W*edu$		0.088 7	0.225 1	0.040 5	0.426 8
$W*pgdp$		-0.020 8	-0.031 0	-0.007 2	-0.031 5
$W*invest$		0.665 7	1.258 2**	0.078 2	1.176 7*
$W*ei$		-0.003 9	-0.003 7	-0.002 7	-0.003 0
$W*price$		-2.11e-05	-1.99e-05	-1.88e-05	-1.82e-05
$W*tech$		-0.006 7	-0.011 5	-0.003 1	-0.013 4

注：***、**、*分别表示在 1%、5%和 10%的水平下显著。

本书进一步分解空间杜宾模型下各影响因素对能源贫困的直接效应和间接效应。其中,直接效应表示地区各影响因素对能源贫困的影响,间接效应表示本地区各影响因素对相邻地区能源贫困的影响。此处,将列昂惕夫逆矩阵纳入 SDM 模型,最终模型表达式为:$Y=(1-\rho W_{ij})^{-1}+(1-\rho W_{ij})^{-1}(X\beta+W_{ij}X_{\theta})+(1-\rho W_{ij})^{-1}\varepsilon$。通过 d 次抽取得到第 k 个解释变量平均间接效应,得到式(4-6)。矩阵中,对角线和非对角线依次表示解释变量的直接效应和间接效应。

$$\left[\frac{\partial Y_1}{\partial X_{1k}} \cdots \frac{\partial Y_n}{\partial X_{nk}}\right]_t = \begin{bmatrix} \frac{\partial Y_1}{\partial X_{1k}} & \cdots & \frac{\partial Y_1}{\partial X_{nk}} \\ \cdots & \cdots & \cdots \\ \frac{\partial Y_n}{\partial X_{1k}} & \cdots & \frac{\partial Y_n}{\partial X_{nk}} \end{bmatrix}_t \quad (4-6)$$

$$= (1-\rho W_{ij})^{-1} \begin{bmatrix} \beta_k & W_{12}\theta_k & \cdots & W_{1n}\theta_k \\ W_{21}\theta_k & \beta_k & \cdots & W_{2n}\theta_k \\ \cdots & \cdots & \cdots & \cdots \\ W_{n1}\theta_k & W_{n2}\theta_k & \cdots & \beta_k \end{bmatrix}$$

表 4-6 报告了直接效应与间接效应估计结果。受教育水平、经济发展水平、能源投资水平、能源利用效率、技术创新水平对能源贫困的直接效应显著为负。以上变量每提高 1 个单位,会使本省份的能源贫困程度分别降低 0.037 7‰、0.179 9‰、0.349 4‰、0.005 5‰和 0.036 3‰个单位。能源价格水平对能源贫困的直接效应显著为正,该变量每提高 1 个单位,会使本省份的能源贫困程度提高 0.000 1‰个单位。其中,经济发展水平和能源投资水平的直接效应最大,是改善能源贫困的主要因素,而能源价格水平则是加剧能源贫困的关键因素。

受教育水平和能源投资水平的间接效应估计系数为正,说明受教育水平和能源投资水平具有正的空间溢出效应,即某一省份受教育水平和能源投资水平的提高会对缓解相邻省份的能源贫困产生消极影响。而经济发展水平、能源利用效率、能源价格水平、技术创新水平的间接效应估计系数为负,说明经济发展水平、能源利用效率、能源价格水平、技术创新水平具有负的空间溢出效应,即某一省份经济发展水平、能源利用效率、能源价格水平、技术创新水平的提高会对缓解相邻省份的能源贫困产生积极效应。

表 4-6 各影响因素对能源贫困的直接效应与间接效应估计

影响因素	直接效应	T值	间接效应	T值
edu	−0.037 7	−0.27	0.407 2	1.40
$pgdp$	−0.179 9***	−15.63	−0.019 5	−0.52
$invest$	−0.349 4*	−1.67	1.158 9*	1.95
ei	−0.005 5***	−4.97	−0.002 5	−0.65
$price$	0.000 1***	6.04	−0.000 1	−1.37
$tech$	−0.036 3***	−5.54	−0.009 3	−0.84

注：***、**、*分别表示在1%、5%和10%的水平下显著。

表 4-7 报告了分地区 SDM 模型估计结果。从地区层面来看，东部地区，经济发展水平、能源投资水平、能源价格水平和技术创新水平是影响能源贫困的关键因素。中部地区，受教育水平、经济发展水平、能源投资水平、能源利用效率和技术创新水平对能源贫困的影响程度较大。西部地区，受教育水平、经济发展水平、能源利用效率、能源价格水平和技术创新水平是影响能源贫困的主要因素。

表 4-7 分地区 SDM 模型估计结果

影响因素	东部	中部	西部
edu	0.445 0	−0.858 0***	0.282 7*
$pgdp$	−0.185 4***	−0.222 2***	−0.178 2***
$invest$	−0.367 0*	−0.445 5***	0.028 6
ei	0.014 4	0.014 5*	−0.010 8**
$price$	3.74e−05***	−0.002 7	0.002 1**
$tech$	−0.043 9***	−0.041 1***	−0.021 2**
$W*edu$	0.179 0	−1.158 1***	−0.274 7
$W*pgdp$	−0.148 3***	−0.044 0	0.012 4
$W*invest$	−1.589 8***	−0.167 6	0.156 7
$W*ei$	0.055 0***	−0.003 1	−0.018 5
$W*price$	1.17e−05	0.005 1	0.002 1
$W*tech$	0.007 1	−0.026 1***	−0.029 3

注：***、**、*分别表示在1%、5%和10%的水平下显著。

表 4-8 报告了分地区各影响因素对能源贫困的直接效应与间接效应的估计结果。东部地区,经济发展水平和技术创新水平是改善能源贫困的主要因素。中部地区,受教育水平、经济发展水平、能源投资水平和技术创新水平是改善能源贫困的主要因素,而能源利用效率则是加剧能源贫困的关键因素。西部地区,经济发展水平和技术创新水平是改善能源贫困的主要因素,而受教育水平则是加剧能源贫困的关键因素。

东部地区能源利用效率的间接效应估计系数显著为正,说明能源利用效率具有显著正的空间溢出效应,即某一省份能源利用效率的提高会对缓解相邻省份的能源贫困产生消极影响。而经济发展水平和能源投资水平的间接效应估计系数为负,说明经济发展水平和能源投资水平具有负的空间溢出效应,即某一省份的经济发展水平和能源投资水平提高会对缓解相邻省份的能源贫困产生积极效应。中部地区受教育水平和技术创新水平的间接效应估计系数为负,说明受教育水平和技术创新水平具有负的空间溢出效应,即某一省份受教育水平和技术创新水平的提高会对缓解相邻省份的能源贫困产生积极效应。西部地区经济发展水平的间接效应估计系数显著为正,说明经济发展水平具有显著正的空间溢出效应,即某一省份经济发展水平的提高会对缓解相邻省份的能源贫困产生消极影响。

表 4-8 分地区各影响因素对能源贫困的直接效应与间接效应估计结果

影响因素	东部地区		中部地区		西部地区	
	直接效应	间接效应	直接效应	间接效应	直接效应	间接效应
edu	0.444 1	0.091 0	−0.735 9***	−0.902 6***	0.310 1*	−0.308 4
$pgdp$	−0.175 7***	−0.102 1***	−0.222 4***	0.000 7	−0.183 6***	0.055 3*
$invest$	−0.212 4	−1.362 1***	−0.421 9***	−0.039 5	0.022 5	0.140 3
ei	0.008 3	0.046 4**	0.014 1*	−0.007 1	−0.010 2	−0.014 1
$price$	3.47e−05	4.22e−06	−0.003 1	0.004 9	0.002 1	0.001 4
$tech$	−0.045 4***	0.015 7	−0.038 9*	−0.016 0*	−0.018 8*	−0.018 9

注:***、**、*分别表示在1%、5%和10%的水平下显著。

4.5 本章小结

本章从能源贫困的基本概念内涵出发,结合中国具体国情,围绕我国居民的用能水平、用能结构以及用能能力三个方面,构建了包含 27 个指标的中国区域能源贫困水平综合评价指标体系,对我国区域能源贫困水平进行综合测度。最后,借助空间杜宾模型(SDM)进一步分析了中国区域能源贫困的关键性影响因素。

结果表明:首先,从总体上看,我国能源贫困水平在近 10 年来呈现出下降趋势,能源贫困明显有所改善,尤其是东南沿海省份已经实现了向轻度能源贫困的转型。但不容忽视的是,我国依然有大部分地区处在中度能源贫困水平。因此,我国的能源减贫工作还需继续推进。其次,我国能源贫困水平由东向西递增,省份之间差异较大,西部地区能源贫困最严重,中部地区次之,东部地区最轻。中西部地区能源基础设施建设还不完善,能源行业固定资产投资也落后于东部地区,造成了其能源贫困程度强于东部地区。北京、上海等大城市的能源贫困水平较低,说明我国的城市建设在过去几十年内取得了显著的成果。较好的基础设施铺设、良好的能源推广政策使这些地区的居民基本实现了能源减贫。另外,能源贫困具有显著的空间关联特征,空间发展格局呈现先升后降的发展态势。最后,对中国区域能源贫困的关键性影响因素研究发现,我国经济发展水平、能源投资水平、能源利用效率和技术创新水平的提升能够显著改善能源贫困,能源价格水平的提升不利于缓解能源贫困,受教育水平的提升对改善能源贫困的作用还不显著。总之,我国能源减贫工作还有很长的道路要走,中西部地区尤其需要广泛的能源工程投资来服务于当地的能源减贫事业。

第五章

中国区域能源贫困的经济效应分析

能源贫困是能源产业所面临的巨大挑战,其造成的社会经济影响不容忽视。本章目的在于探讨我国区域能源贫困对经济社会造成的影响,从而为切断能源贫困阻碍我国整体经济发展的路径提供理论参考和现实依据。前文的分析认为能源贫困并不是直接地影响经济,而是通过居民健康水平、受教育水平以及就业人口对经济的方方面面造成潜在的影响。承接上文,本章认为能源贫困会对经济发展产生负面作用,但是可能需要通过居民健康、受教育水平以及就业人口三个中介变量产生影响,其分别对应第二章提出的假设1、假设2与假设3。本章将围绕其中介效应展开实证分析。与此同时,中国地广物博,各区域在经济发展水平与基础设施建设水平上存在着较大差异。因此,能源贫困所产生的经济效应在区域间可能存在异质性。本章也将着眼于此,先对不同经济区划的子样本进行回归分析,在此基础上建立面板门槛模型对能源贫困的潜在非线性经济效应进行实证检验。

5.1 模型构建

为了探究能源贫困对经济发展的间接影响,本章采用中介效应模型将能源贫困、中介变量以及经济发展水平三者纳入到统一框架下。中介效应模型所描述的内部传导机制如图 5-1 所示。其中,X 为核心解释变量,在本书中指代能源贫困;Y 表示被解释变量,在此为经济发展水平;而 M 则为中介变量,c 表示 X 对 Y 的总效应,a 为 X 对中介变量 M 的影响效应,b 为中介变量 M 对 Y 的影响效应,ab 为核心解释变量 X 通过中介变量 M 对 Y 产生的影响,c' 为控制了中介变量后核心解释变量 X 对 Y 产生的直接影响,e_1、e_2、e_3 为误差项。

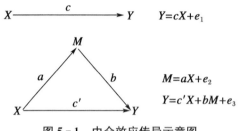

图 5-1 中介效应传导示意图

对于中介效应的检验,本章采取以往文献的通用做法(温忠麟 等,2004),如图 5-1 所示,该模型同时对完全中介效应和部分中介效应进行检验。

检验步骤如下:

首先,对回归系数 c 的显著性进行判断。如果 c 拒绝为零的原假设,则表明 X 对 Y 存在显著的影响,继续以下步骤。

其次,对系数 a、b 的显著性进行判断。如果同时显著,则表明中介效应存在,即 X 对 Y 的影响至少有一部分是通过中介变量 M 实现的,可以继续进行第三步检验;如果至少有一个不显著,则直接跳转到第四步。

再次,对系数 c' 的显著性进行判断。如果不显著,则说明 X 对 Y 的影响完全是通过中介变量 M 实现的;如果显著,则说明 X 对 Y 既存在间接效应,也存在直接效应,检验结束。

最后,进行 Sobel 检验,构造 Z 值,即 $Z=\dfrac{ab}{\sqrt{a^2 \cdot S_b^2 + b^2 \cdot S_a^2}}$。其中,$S_a$、$S_b$ 分别为 a、b 的标准差。若 Z 值处于拒绝域,则说明中介效应显著,否则中介效应不显著,检验结束。具体如图 5-2 所示。

基于第二章的机理分析,本书认为能源贫困可以通过居民健康、受教育水平与就业人口三者影响经济发展水平。为了检验和识别以上三者的中介效应,本书构建了如下所示的模型:

$$\ln PGDP_{it} = \infty_{it} + \beta_1 \ln EP_{it} + \sum \beta_m \ln Ctrls + \varepsilon_{it} \quad (5-1)$$

$$\ln Medium_{it} = \gamma_{it} + \delta_1 \ln EP_{it} + \sum \delta_m \ln Ctrls + \varepsilon_{it} \quad (5-2)$$

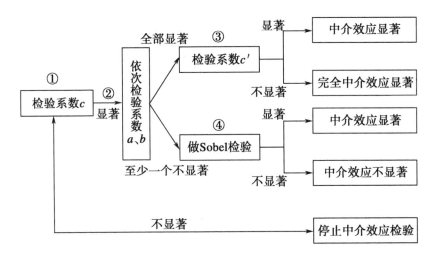

图 5-2 中介效应检验步骤

$$\ln PGDP_{it} = \sigma_{it} + \theta_1 \ln EP_{it} + \theta_2 \ln Medium_{it} + \sum \theta_m \ln Ctrls + \varepsilon_{it}$$

(5-3)

其中，i 表示地区，t 表示年份，$PGDP$ 表征经济发展水平，EP 为能源贫困综合评价指数，$Medium$ 为中介变量，具体包括居民健康（$Health$）、受教育水平（Edu）与就业人口（$Employ$）。

5.2 变量说明与数据来源

（1）被解释变量：经济发展水平（$PGDP$）。本书使用 30 个省份的人均实际 GDP 表征一个地区的经济发展水平，名义 GDP 使用 GDP 指数进行平减。

（2）核心解释变量：能源贫困（EP）。本书使用第四章测算的中国区域能源贫困综合评价指数表征地区能源贫困水平。

（3）中介变量：

① 居民健康（$Health$）：因为能源贫困问题引致了地区健康人力资本的下降，本书使用人均医疗保健支出费用作为居民健康的代理指标。

② 受教育水平（Edu）：本书采用第四章考察中国区域能源贫困的影响因素分析中所使用的受教育水平指标。

③ 就业人口（$Employ$）：本书的目的在于分析能源贫困减少劳动力的潜

在效应,因此,使用各地区单位就业人口与私营和个体就业人口之和表征其就业人口总数。

(4) 控制变量:本书根据对经济发展水平存在影响与否选择控制变量,具体如下:

① 外贸依存度($Openness$):一个地区的外资引入不仅能够直接提高当地的资本存量、带动经济增长,也能够通过知识和技术溢出效应带来技术进步。本书使用进出口总额占 GDP 比重表示一个地区的外贸依存度,进出口总额使用当年人民币兑美元平均汇价折算。

② 储蓄率($Saving$):东亚地区的高储蓄率一度被认为是"东亚奇迹"的重要原因之一。高储蓄能够带来丰富的固定资产投资,从而拉动经济增长。本书使用 1 与消费率之差表示居民储蓄率,消费率为居民消费支出占人均收入比重。

③ 城镇化率($Purb$):城镇化率反映了地区的社会结构问题。劳动力在城乡之间的分配会对产业结构产生影响,从而影响经济发展水平。本书使用城镇人口占总人口比重表示城镇化率。

④ 基础设施建设水平($Infra$):一个地区的基础设施建设决定了劳动力与其他生产要素的生产效率。本书选用每平方千米公路里程表征基础设施建设水平。

⑤ 资本存量(K):地区资本存量是影响当地经济增长最为直接的因素。本书使用永续盘存法计算各地区的资本存量,折旧率参考张军等(2004)的研究,设定为 9.6%。资本形成采用固定资产价格指数进行平减。

本章所使用的中国区域能源贫困水平来源于第四章中的相关计算,名义 GDP、GDP 指数、固定资产投资来自中国国家统计局,人均医疗保健支出、在校人数、就业人口、平均汇价、城镇人口、公路里程数据来自《中国统计年鉴》。样本的统计性描述如表 5-1 所示。

表 5-1 样本的统计性描述

变量类型	变量	名称	样本量	均值	标准差	最小值	最大值
被解释变量	经济发展水平	ln PGDP	420	10.140	0.681	8.370	11.915

(续表)

变量类型	变量	名称	样本量	均值	标准差	最小值	最大值
核心变量	能源贫困	ln EP	420	3.904	0.180	3.355	4.310
	居民健康	ln Health	420	6.533	0.591	4.813	7.972
	受教育水平	ln Edu	420	0.403	0.153	−0.092	0.690
	就业人口	ln Employ	420	6.705	0.833	4.411	8.723
控制变量	外贸依存度	ln Openness	420	−1.684	0.973	−4.458	0.512
	储蓄率	ln Saving	420	−0.451	0.100	−0.996	−0.260
	城镇化率	ln Purb	420	−0.681	0.262	−1.372	−0.110
	基础设施建设水平	ln Infra	420	−0.482	0.836	−3.247	0.747
	资本存量	ln K	420	10.367	0.904	7.970	12.367

数据来源：《中国统计年鉴》《中国农村统计年鉴》《中国农业统计资料》《中国能源统计年鉴》《中国环境统计年鉴》以及中国国家统计局网站所公布的数据。

5.3 能源贫困对经济发展影响的中介效应分析

5.3.1 中介效应的全样本实证结果分析

使用模型(5-1)、(5-2)与(5-3)对中介效应进行检验，结果如表5-2所示。模型(1)是对模型(5-1)的参数估计结果，模型(2)和(3)、(4)和(5)以及(6)和(7)是分别使用不同的中介变量对模型(5-2)和(5-3)的参数估计结果。

表5-2 全样本中介效应检验结果

模型	(1)	(2)	(3)	(4)	(5)	(6)	(7)
中介变量		居民健康		受教育水平		就业人口	
被解释变量	ln PGDP	ln Health	ln PGDP	ln Edu	ln PGDP	ln Employ	ln PGDP
步骤	step 1	step 2	step 3	step 2	step 3	step 2	step 3
ln Employ							0.099*** (0.018)
ln Edu					−0.033 (0.041)		

(续表)

模型	(1)	(2)	(3)	(4)	(5)	(6)	(7)
中介变量		居民健康		受教育水平		就业人口	
$\ln Health$			−0.039** (0.018)				
$\ln EP$	−0.184*** (0.030)	0.050 (0.085)	−0.182*** (0.030)	−0.032 (0.037)	−0.185*** (0.030)	−0.375*** 0.081	−0.147*** (0.029)
$\ln Openness$	−4.128e−04 (0.008)	−0.056** (0.022)	−0.003 (0.008)	0.015 0.010	9.110e−05 (0.008)	0.049** (0.021)	−0.005 (0.008)
$\ln Saving$	0.223*** (0.042)	−0.025 (0.121)	0.222*** (0.042)	0.329*** (0.053)	0.234*** (0.044)	0.694*** (0.115)	0.154*** (0.043)
$\ln Purb$	−0.172*** (0.051)	0.525*** (0.145)	−0.152*** (0.051)	0.440*** (0.064)	−0.157*** (0.054)	0.422*** (0.138)	−0.214*** (0.049)
$\ln Infra$	0.044** (0.018)	0.199*** (0.051)	0.052*** (0.018)	−0.012 (0.023)	0.044** (0.018)	−0.085* (0.049)	0.052*** (0.017)
$\ln K$	0.284*** (0.020)	0.200*** (0.057)	0.291*** (0.020)	−0.016 (0.025)	0.283*** (0.020)	−0.219*** (0.055)	0.305*** (0.020)
常数项	7.386*** (0.229)	4.165*** (0.656)	7.547*** (0.240)	1.201*** (0.289)	7.426*** (0.235)	10.656*** (0.625)	6.330*** (0.295)
个体效应	有	有	有	有	有	有	有
时间效应	有	有	有	有	有	有	有
N	420	420	420	420	420	420	420
R^2	0.994	0.961	0.994	0.585	0.994	0.916	0.994

注：括号里表示的为标准误，*、**、*** 分别表示在10%、5%和1%的显著性水平下显著。

从模型(1)的结果来看，能源贫困对经济发展水平产生了显著的负向影响，系数为−0.184。能源贫困致使地区劳动力效率降低。同时，能源产业作为先导产业，无法为其他产业发展提供保障，所以能源贫困阻碍了经济发展。

从模型(2)与模型(3)的结果来看，居民健康对能源贫困地区经济发展的中介效应尚不显著。其症结在于，模型(2)中能源贫困对居民健康的影响不显著，说明我国能源消费造成的室内污染问题与居民医疗保健支出并无统计上的显著关系。可能的原因在于，我国能源贫困更多见于农村地区，而我国农村居民多居住于开阔地带与绿植覆盖地区，所以传统能源带来的室内污染不能对居民健康造成显著威胁。而模型(3)中居民健康越低，即医疗保健支出($\ln Health$)越多，则地区经济发展水平越低，符合经济规律，说明劳动力由于健康问题缺失的工作时间对经济发展水平造成了负面影响。而模型(3)中能源贫困对经济发展水平的影响系数几乎没有变化,进一步说明居民健康不是能源贫困影响经济发展水平的中介变量。

从模型(4)和模型(5)的结果来看,居民受教育水平对能源贫困影响经济发展的中介效应也不显著。其主要原因在于,能源贫困没有对居民受教育水平产生显著的影响。本书认为,一方面,我国自实行义务教育以来,国民文化素质有了显著提高,强制性教育使得能源贫困与儿童受教育水平之间"脱钩"。另一方面,我国的人口大省往往也是"高考"大省,这使得人口较少、经济发展水平高的省份与其受教育水平出现了"倒挂"现象。以上两种原因使得居民受教育水平对能源贫困影响经济发展的中介效应也不显著。

从模型(6)与模型(7)的结果来看,就业人口对能源贫困影响经济发展的中介效应是显著的,假设3得到验证。模型(6)中,能源贫困对就业人口总数产生了显著为负的影响,说明能源贫困程度高的地区,其一部分就业人口被能源采集工作所挤占,导致能源贫困减少了当地就业人口。从模型(7)来看,就业人口对经济发展水平的影响显著为正,而能源贫困对经济发展水平的影响依然显著为负,说明系数a、b显著,则中介效应显著。能源贫困在模型(7)中的系数绝对值有所下降,中介效应为部分中介效应,说明能源贫困对经济发展水平的影响一部分是通过就业人口的减少实现的。能源贫困不仅直接对经济发展水平产生影响,其通过挤占劳动力就业人口,也对经济发展水平产生了负面影响。

以模型(1)为基准模型,从控制变量的角度看,储蓄率对经济发展水平的影响显著为正,与预期一致,这说明我国经济增长依然是投资拉动型。居民储蓄率的提高为社会融资提供了更多资金池,出于同样的原因,资本存量对经济发展水平的影响也显著为正;城镇化率对经济发展水平的影响显著为负,系数为-0.172,反映出我国人口城镇化的速率超前、城市承载力与实际居住人口不相匹配的问题,过快的城镇化反而造成"拥挤效应",导致生产效率下降,不利于经济发展;基础设施建设对经济发展水平产生的影响显著为正,说明基础设施建设为经济发展提供了基础动力,也为企业提供丰富的基础生产资料,从而提高了企业生产效率,促进经济发展水平的提高;而外贸依存度对经济发展水平的影响系数统计意义不显著,但外资注入能够显著增加就业人口,为地区提供就业岗位。因此,本书认为其对经济发展的影响可能是间接的。

为了克服经济发展水平与能源贫困之间的潜在内生性关系,也为了确定模型结果的稳健性,本书进一步使用动态面板模型,将被解释变量的滞后一期纳入模型,对参数进行重新估计。参数估计结果如表5-3所示。

表5-3 动态面板参数估计结果(稳健性检验1)

模型	(1)	(2)	(3)	(4)	(5)	(6)	(7)
中介变量		居民健康		受教育水平		就业人口	
被解释变量	$\ln PGDP$	$\ln Health$	$\ln PGDP$	$\ln Edu$	$\ln PGDP$	$\ln Employ$	$\ln PGDP$
步骤	step 1	step 2	step 3	step 2	step 3	step 2	step 3
$L.\ln PGDP$	0.885*** (0.021)		0.887*** (0.021)		0.903*** (0.032)		0.896*** (0.023)
$\ln Employ$							0.015* (0.009)
$L.\ln Employ$						0.491** (0.199)	
$\ln Edu$					0.005 (0.024)		
$L.\ln Edu$				0.931*** (0.057)			
$\ln Health$			−0.009* (0.004)				
$L.\ln Health$		0.337*** (0.071)					
$\ln EP$	−0.033** (0.016)	−0.056 (0.233)	−0.033* (0.017)	0.145 (0.027)	−0.037*** (0.016)	−0.955** (0.404)	−0.029*** (0.012)
控制变量	有	有	有	有	有	有	有
个体效应	有	有	有	有	有	有	有
时间效应	有	有	有	有	有	有	有
AR(1)	−2.654***	−2.227**	−2.572***	−2.755***	−2.571***	−2.866***	−2.419**
AR(2)	−1.753*	−0.834	−1.749*	0.741	−1.860*	0.252	−1.675*
Sargan	15.076	7.422	14.173	11.013	12.923	12.214	12.656
N	390	390	390	390	390	390	390

注:括号里表示的为标准误,*、**、*** 分别表示在10%、5%和1%的显著性水平下显著。

如表5-3所示,其结论与上文一致,居民健康与受教育水平的中介效应均不显著,而就业人口在能源贫困对经济发展水平的负面影响中体现出中介效应:模型(6)中能源贫困对就业人口产生了显著为负的影响,而模型(7)中能源贫困对经济发展水平的影响系数绝对值从 0.033 下降到了 0.029,再次说明就业人口才是能源贫困影响经济发展水平的中介变量。

同时,最小二乘法的参数估计结果极易受到极端值的影响,因此本书也对数据进行了处理,再次进行稳健性检验。本书将所有小于 1% 与大于 99% 分位数的样本替换为 1% 和 99% 分位数的数据,重新对模型进行参数估计,参数估计结果如表 5-4 所示,说明估计结果是稳健的。

表 5-4 缩尾检验参数估计结果(稳健性检验 2)

模型	(1)	(2)	(3)	(4)	(5)	(6)	(7)
中介变量		居民健康		受教育水平		就业人口	
被解释变量	$\ln PGDP$	$\ln Health$	$\ln PGDP$	$\ln Edu$	$\ln PGDP$	$\ln Employ$	$\ln PGDP$
步骤	step 1	step 2	step 3	step 2	step 3	step 2	step 3
$\ln Employ$							0.076*** (0.024)
$\ln Edu$					−0.160*** (0.048)		
$\ln Health$			−0.006 (0.022)				
$\ln EP$	−0.121*** (0.036)	0.133 (0.086)	−0.120*** (0.037)	−0.052 (0.039)	−0.130*** (0.036)	−0.579*** (0.079)	−0.077** (0.039)
控制变量	有	有	有	有	有	有	有
个体效应	有	有	有	有	有	有	有
时间效应	有	有	有	有	有	有	有
N	420	420	420	420	420	420	420
R^2	0.991	0.960	0.991	0.554	0.991	0.920	0.991

注:括号里表示的为标准误,*、**、*** 分别表示在 10%、5% 和 1% 的显著性水平下显著。

5.3.2 中介效应的分地区子样本的实证结果分析

我国地势西高东低,气候不一。各地区居民能源使用习惯不尽相同,导致能源贫困水平存在着较大的区域差异。因此,本节将样本按照东中西部三大经济区划分别进行中介效应检验,由此考察能源贫困带来的经济效应在三大经济区划间的异质性。

(1) 东部地区中介效应检验

如表5-5所示,东部地区子样本中,居民健康、受教育水平与就业人口三者的中介效应均不显著,其主要是由于东部地区能源贫困对经济发展水平的直接影响不显著,即系数 c 无法拒绝为零的原假设,则中介效应在第一步就停止检验。本书认为东部地区尤其是农村地区基础设施建设较好,并且根据收入阶梯假说,东部地区居民有更多的收入用于现代化的能源消费,所以其能源贫困无法对经济发展水平产生显著的负面影响。

表5-5 东部地区中介效应检验

地区	东部地区						
模型	(1)	(2)	(3)	(4)	(5)	(6)	(7)
中介变量		居民健康		受教育水平		就业人口	
被解释变量	$\ln PGDP$	$\ln Health$	$\ln PGDP$	$\ln Edu$	$\ln PGDP$	$\ln Employ$	$\ln PGDP$
步骤	step 1	step 2	step 3	step 2	step 3	step 2	step 3
$\ln Employ$							0.076** (0.034)
$\ln Edu$					0.018 (0.084)		
$\ln Health$			0.008 (0.023)				
$\ln EP$	-0.013 (0.036)	-0.399*** (0.145)	-0.010 (0.038)	-0.027 (0.039)	-0.013 (0.037)	-0.080 (0.096)	-0.007 (0.036)
控制变量	有	有	有	有	有	有	有
个体效应	有	有	有	有	有	有	有
时间效应	有	有	有	有	有	有	有
N	154	154	154	154	154	154	154
R^2	0.996	0.936	0.996	0.821	0.996	0.951	0.996

注:括号里表示的为标准误,*、**、*** 分别表示在10%、5%和1%的显著性水平下显著。

（2）中部地区中介效应检验

如表5-6所示，中部地区能源贫困对经济发展水平的影响系数拒绝了为零的原假设，表明在此样本中，能源贫困对经济发展水平存在统计意义上显著的负面影响。而作为中介变量的居民健康、受教育水平以及就业人口三者的中介效应均不显著。本书认为，其原因与全国层面类似。而中部地区能够以较低成本享受到来自西部地区的充足能源供给（主要是天然气能源与风能、水能等现代化能源），造成了其能源贫困家庭为生活所需能源所付出的劳动时间成本较低，因此，能源贫困在此地区无法通过减少就业人口影响经济发展水平。

表5-6 中部地区中介效应检验

地区	中部地区						
模型	(1)	(2)	(3)	(4)	(5)	(6)	(7)
中介变量		居民健康		受教育水平		就业人口	
被解释变量	$\ln PGDP$	$\ln Health$	$\ln PGDP$	$\ln Edu$	$\ln PGDP$	$\ln Employ$	$\ln PGDP$
步骤	step 1	step 2	step 3	step 2	step 3	step 2	step 3
$\ln Employ$							0.004 (0.021)
$\ln Edu$					0.029 (0.046)		
$\ln Health$			0.030 (0.028)				
$\ln EP$	−0.254*** (0.052)	0.292 (0.202)	−0.263*** (0.052)	−0.439*** (0.122)	−0.242*** (0.056)	0.130 (0.265)	−0.255*** (0.052)
控制变量	有	有	有	有	有	有	有
个体效应	有	有	有	有	有	有	有
时间效应	有	有	有	有	有	有	有
N	112	112	112	112	112	112	112
R^2	0.999	0.986	0.999	0.742	0.999	0.930	0.999

注：括号里表示的为标准误，*、**、*** 分别表示在10%、5%和1%的显著性水平下显著。

(3) 西部地区中介效应检验

如表 5-7 所示,西部地区能源贫困对经济发展水平的直接影响系数显著为负,并且西部就业人口体现出了显著的中介效应。本书认为,西部地区虽然能源储量丰富,但是居民用能设备落后、用能能力较弱。能源供应产业基础设施建设也较为落后,导致其居民用能效率低下,抑制了劳动力效率的提升,因此,能源贫困阻碍了当地经济发展。而西部地区多山地与高原,能源供应设备的缺失使得居民花费大量劳动时间在能源采集工作上。复杂的地形提高了其时间成本,从而占用了社会生产劳动力,即西部地区能源贫困通过减少就业人口对经济发展水平产生负面影响。

表 5-7 西部地区中介效应检验

地区	西部地区						
模型	(1)	(2)	(3)	(4)	(5)	(6)	(7)
中介变量		居民健康		受教育水平		就业人口	
被解释变量	ln PGDP	ln Health	ln PGDP	ln Edu	ln PGDP	ln Employ	ln PGDP
步骤	step 1	step 2	step 3	step 2	step 3	step 2	step 3
ln Employ							0.093** (0.036)
ln Edu					−0.122 (0.077)		
ln Health			−0.024 (0.042)				
ln EP	−0.287*** (0.067)	0.054 (0.144)	−0.286*** (0.067)	−0.152* (0.078)	−0.306*** (0.068)	−0.893*** (0.163)	−0.204*** (0.073)
控制变量	有	有	有	有	有	有	有
个体效应	有	有	有	有	有	有	有
时间效应	有	有	有	有	有	有	有
N	154	154	154	154	154	154	154
R^2	0.994	0.981	0.994	0.535	0.994	0.935	0.995

注:括号里表示的为标准误,*、**、*** 分别表示在 10%、5% 和 1% 的显著性水平下显著。

5.4 进一步的分析：能源贫困对经济发展水平的非线性影响效应

由以上的分地区回归结果可知，能源贫困对经济发展水平的影响系数呈现出显著的区域差异。东部地区，能源贫困对经济发展水平的负面影响并不显著；中部地区，能源贫困对经济发展水平的影响显著为负，系数为-0.254；而西部地区，能源贫困对经济发展水平的影响系数绝对值进一步提高，达到了 0.287。本书认为，能源阶梯假说对此有良好的解释效力。随着居民收入水平的提高，居民的用能选择将显著增多，用能设备也将更为先进。这些都使得能源贫困对经济发展水平的影响随着居民收入提高而逐渐减弱。因此，本书为验证此假说，建立面板门槛模型对能源贫困与经济发展水平之间潜在的非线性关系进行探讨，模型如下所示：

$$\ln PGDP = c_i + \beta_1 \ln EP \cdot I(\ln PGDP \leqslant \gamma_1) + \beta_2 \ln EP \cdot I(\gamma_1 < \ln PGDP \leqslant \gamma_2) + \beta_3 \ln EP \cdot I(\gamma_2 < \ln PGDP) + \beta_n Ctrls_{it} + \varepsilon_{it}$$

(5-4)

上式(5-4)以双重门槛为例，展示了门槛模型的基本形式。其中，$I(\cdot)$ 是示性函数，若括号内的条件为真，则其赋值为 1，反之则赋值为 0；c_i 是常数项；$Ctrls$ 表示控制变量；γ_i 表示门槛值；其余符号与上文含义一致。而如 Hansen 指出，面板门槛估计需要检验以下两个基本假设：

① 门槛效应是否显著。以单一门槛为例，其原假设为：$H_0: \beta_1 = \beta_2$，即模型仅存在线性关系；备择假设为：$H_1: \beta_1 \neq \beta_2$，即模型存在门槛效应。

② 门槛估计量是否等于真实值。原假设为：$H_0: \hat{\gamma} = \gamma_0$，备择假设为：$H_1: \hat{\gamma} \neq \gamma_0$。

为了确定门槛模型的稳健性，本书分别使用人均 GDP($\ln PGDP$) 与人均消费支出($\ln cons$) 作为门槛变量，使用模型(5-4)对参数进行估计。表 5-8 报告了门槛变量的显著性检验结果。参数估计结果表明，对于两个门槛变量来说，双重门槛与三重门槛的 F 值均通过了 5% 的显著性检验，说明以经济发展水平为门槛变量无法接受线性模型的原假设，并且其具有三重门槛效应。表 5-9 报告了三重门槛值的估计值结果。

表5-8 门槛变量的显著性检验结果

门槛变量	假设检验	F值	P值	BS次数	不同显著水平临界值		
					1%	5%	10%
ln PGDP	单一门槛	29.780**	0.020	300	35.238	18.976	15.978
	双重门槛	18.531**	0.017	300	22.623	9.514	2.234
	三重门槛	8.830**	0.047	300	12.409	8.403	6.207
ln cons	单一门槛	25.024**	0.027	300	34.261	17.883	12.302
	双重门槛	22.654***	0.000	300	12.608	4.900	-1.051
	三重门槛	12.285***	0.010	300	12.634	7.126	5.228

注：*、**、***分别表示在10%、5%和1%的显著性水平下显著。

表5-9 门槛估计值结果

门槛变量	门槛值	估计值	95%置信区间
ln PGDP	第一个门槛值	9.865	[9.177,10.877]
	第二个门槛值	10.650	[9.177,10.667]
	第三个门槛值	11.202	[11.049,11.207]
ln cons	第一个门槛值	9.294	[8.366,9.944]
	第二个门槛值	9.622	[9.474,9.845]
	第三个门槛值	10.188	[10.126,10.188]

表5-10报告了能源贫困对经济发展水平非线性影响的门槛估计结果。可以观察到，随着经济发展水平的提高，能源贫困对经济发展的影响系数绝对值逐渐下降。居民收入与消费水平越高，能源贫困对其正常生产、生活活动产生的影响就越小，能源贫困对经济发展的干扰能力也越小。因此，为了促进地区经济发展水平进一步提高，必须将居民收入增长与能源减贫事业两手抓。

表 5-10 门槛模型参数估计结果

变量	门槛变量	
	模型(1)	模型(2)
	ln PGDP	ln cons
ln EP·I(ln PGDP≤9.865)	−0.168*** (0.028)	
ln EP·I(9.865<ln PGDP≤10.650)	−0.163*** (0.028)	
ln EP·I(10.650<ln PGDP≤11.202)	−0.151*** (0.028)	
ln EP·I(11.202<ln PGDP)	−0.133*** (0.029)	
ln EP·I(ln cons≤9.294)		−0.173*** (0.028)
ln EP·I(9.294<ln cons≤9.622)		−0.167*** (0.028)
ln EP·I(9.622<ln cons≤10.188)		−0.159*** (0.028)
ln EP·I(10.188<ln cons)		−0.142*** (0.028)
控制变量	有	有
个体效应	有	有
时间效应	有	有
R^2	0.995	0.995

注:括号里表示的为标准误,*、**、***分别表示在10%、5%和1%的显著性水平下显著。

由表 5-10 的参数估计结果可知,能源贫困对经济发展水平的负面影响随着当地居民收入的提高而逐渐减弱,具体体现在:在越过第一重门槛之前(ln PGDP=9.865),能源贫困对经济发展水平的影响系数绝对值较大,为 0.168;越过第一重门槛之后,影响系数绝对值下降到了 0.163;而当人均 GDP 越过第二重门槛(ln PGDP=10.650)之后,影响系数绝对值进一步下降到 0.151;当人均 GDP 越过最后一重门槛(ln PGDP=11.202)后,影响系数绝对值大幅下降到 0.133。以人均消费作为门槛变量的模型(2)表现出相似的参数估计结果。随着居民收入水平的提高,居民的用能设备与用能技术有了长足的进步,相同的能源水平下能够更高效地利用能源,而相同的能源价格下也能够支付更多的能源,所以其对经济发展水平的负面影响逐渐减轻。

5.5 本章小结

本章首先构建了中国区域能源贫困水平影响经济发展的实证模型,分别检验了居民健康、受教育水平和就业人口三者的中介效应是否显著。结果表明,就业人口作为中介变量的统计显著性较为优良,即能源贫困对经济发展水平的影响部分是通过减少当地就业人口来实现的。进一步地,本章分别检验了我国东中西三个经济区划的中介效应模型的显著性。结果表明,能源贫困在东部地区不能够给经济发展水平造成实质性的经济影响;中部地区能源贫困的负面经济效应是直接的,不存在显著的中介变量;而西部地区的参数估计结果与全国性样本一致,能源贫困通过减少当地就业人口阻碍了经济发展水平的提高。因此,本章认为,居民收入水平的不同造成了能源贫困在东中西三大经济区划对经济发展水平呈现出了不同影响。本章最后构建面板门槛模型,对居民收入作为门槛变量的显著性进行了检验。其结果表明,居民收入具有显著的门槛变量特征。并且随着居民收入水平的不断提高,能源贫困对经济发展水平造成的负面影响是逐渐递减的。

第六章

中国区域能源贫困的环境效应分析

能源贫困是我国能源事业发展过程中必须解决的重大问题,其严重性不仅体现在给经济社会运行造成了巨大负担,与能源贫困相伴的往往还有地方植被破坏、生态系统退化等环境问题。这与我国新时代背景下进行高质量建设的目标不符,也与人民对美好生活家园的向往背道而驰。基于此,本章将对能源贫困的环境效应进行分析,以期把握我国区域能源贫困带来的环境负担及其作用机理。前文分析认为,能源贫困与当地的劳动力效率、产业结构与基础设施建设状况之间存在错综复杂的关系,并且能源贫困往往通过以上路径对地区生态环境产生负面影响。因此,为了准确厘清上述五者之间的潜在关系,也为了探究清楚能源贫困对生态环境造成影响的路径,本章采用结构方程模型对能源贫困的环境效应机制进行检验与分析。

6.1 结构方程模型构建

结构方程模型(Structural Equation Model,SEM)最常用于处理多个变量之间的关系,是一种结合了方差分析、路径分析、回归分析的现代计量方式。结构方程模型与本章所需要解决的问题具有较好的契合性。

6.1.1 结构方程模型简介

结构方程模型与一般的回归模型的普通最小二乘法原理并不一致,其基

础是偏最小二乘法(Partial Least Square, PLS)。具体而言,使用该方法的优点包括:

① 不对数据分布进行前提假设,并且克服了小样本下 OLS 结果有偏的问题;

② 部分变量难以量化,但是可以以潜变量的形式进入模型;

③ 对内生变量的数量不作要求,服务于决策构建的内在逻辑;

④ PLS 的估计结果包括因子结构和因子关系,有助于判断影响系数大小;

⑤ 可以对复数个假设模型进行鉴别,并且对拟合程度进行判断,从而能够得到最优决策方案。

现代经济问题中往往具有多个决策方案,各类突发事件与意外也屡见不鲜。所以对多个决策方案的分析与比较就尤为重要,这样决策者在决策时可以根据现有情况的适用条件,客观地选择最优的决策方案。结构方程模型对假设模型的数量不作要求,因此决策者可以根据现实性需要选择最为适合的模型,并且是既定条件下的最优决策方案。因此,本章通过建立 PLS 结构方程模型,对中国区域能源贫困破坏生态环境的作用路径进行实证研究。

6.1.2 结构方程模型的应用步骤

(1) 模型设定

PLS-SEM 具有两个组成部分:

第一,反映潜变量与显变量之间的关联,其方程如下:

$$\gamma_i = \sum_n \lambda_{ji}\alpha_{ji} + \varepsilon_i \tag{6-1}$$

式(6-1)中,γ_i 表示潜变量,表示难以直接测量或考察的变量;α_{ji} 表示显变量,指代本章中为了刻画路径机制投入的各项现实指标;λ_{ji} 即为显变量 α_{ji} 在潜变量 γ_i 上的因子负荷系数,反映潜变量与显变量的关联关系;ε_i 为误差修正项。

第二,潜变量之间的关系表达式为:

$$\gamma_i = \sum_{i \neq j} \beta_{ji}\gamma_j + \zeta_i \tag{6-2}$$

式(6-2)中,γ_i 与 γ_j 分别表示不同的潜变量;β_{ji} 则是潜变量 γ_j 对潜变量 γ_i 的路径系数;ζ_i 为误差修正项。

(2) 模型估计

PLS-SEM 的参数估计需要两步：

第一，循环迭代计算潜变量的估计值。用 y_i 来表示潜变量 γ_i 的外部估计值，且潜变量 γ_i 又可以通过第 i 组显变量 α_{ji} 的线性组合来表示：

$$y_i = w_{ji} Z(\alpha_{ji}) \tag{6-3}$$

式（6-3）中，w_{ji} 表示外部权重；$Z(\alpha_{ji})$ 表示标准化处理函数，对括号内的项进行标准化处理。

第二，由于 y_i 表示潜变量 γ_i 的外部估计值（$i \neq j$），那么用 y_i 来估计潜变量 γ_i 的内部估计值 g_i，则：

$$g_i = \sum_{i \neq j} e_{ji} y_i \tag{6-4}$$

式（6-4）中，e_{ji} 为内部权重，且 $e_{ji} = sign[cor(y_i, y_j)]$。$g_i$ 和 y_i 分别为潜变量 γ_i 的内部估计值和外部估计值，则新的外部权重可以表示为：

$$\theta_{ji} = cor(\alpha_{ji}, g_i) \tag{6-5}$$

式（6-5）中，θ_{ji} 表示新的外部权重。迭代收敛的充分条件是 w_{ji} 与 θ_{ji} 的误差落在假定的临界值内，从而可以通过迭代获得的权重计算潜变量的估计值。

6.2 中国区域能源贫困的环境效应模型构建

承接第二章中对中国区域能源贫困造成负面环境效应的机理分析，本章建立的路径机制假设如表 6-1 所示，下文将分别对以下假设进行实证检验。

表 6-1 路径假设

结构路径	类型
H4：能源贫困导致生态环境被破坏	直接路径
H5：能源贫困导致劳动力效率低下	直接路径
H6：能源贫困导致基础设施建设落后	直接路径
H7：产业结构升级滞后导致生态环境被破坏	直接路径
H8：产业结构升级滞后导致基础设施建设落后	直接路径
H9：劳动力效率低下导致生态环境被破坏	直接路径
H10：劳动力效率低下导致产业结构升级滞后	直接路径
H11：基础设施建设落后导致生态环境被破坏	直接路径

6.2.1 指标选取与数据处理

本书共选取了12个指标对显变量进行刻画。其中,变量 r 表示潜变量,变量 a 则表示相对应的显变量。

① 能源贫困($r1$):使用前文所计算的中国区域能源贫困水平表示($a1$);

② 劳动力效率($r2$):使用单位工人增加值($a2$)、就业人员平均工资($a3$)以及人均教育经费支出($a4$)表示;

③ 产业结构升级($r3$):使用产业结构升级指数($a5$)(蓝庆新 等,2013)和第三产业产值与第二产业产值之比($a6$)表示。其中,产业结构升级指数计算公式为:$structure = \sum_{n=1}^{3} s_n \times n$,其中 $1 \leqslant structure \leqslant 3$,即依次对第一、二、三产业赋予一定的权重,加权求得产业结构升级指数。这三者依次表示产业整体高级化程度、产业演进程度与产业内升级程度;

④ 基础设施建设水平($r4$):使用单位面积公路里程($a7$)、单位面积排水管道长度($a8$)以及人均每日污水处理能力($a9$)表示;

⑤ 生态环境破坏($r5$):使用各地区人均氮氧化物排放量($a10$)、人均二氧化硫排放量($a11$)以及人均烟尘排放量($a12$)来表示。

本章所使用的数据主要来源于《中国统计年鉴》《中国环境统计年鉴》以及中国国家统计局网站所提供的数据。借助 SmartPLS 3.0 分析软件,将对数化后的数据导入软件测算路径系数,以此为基础展开实证分析。变量说明与样本描述性统计分别如表6-2和表6-3所示。

表6-2 结构方程模型变量说明

潜变量	显变量	单位
$r1$:能源贫困	$a1$:能源贫困水平	无
$r2$:劳动力效率	$a2$:单位工人增加值	万元·人$^{-1}$
	$a3$:就业人员平均工资	元·人$^{-1}$
	$a4$:人均教育经费支出	元·人$^{-1}$
$r3$:产业结构升级	$a5$:产业结构升级指数	无
	$a6$:第三产业产值与第二产业产值之比	%

(续表)

潜变量	显变量	单位
r4：基础设施建设水平	a7：单位面积公路里程	km
	a8：单位面积排水管道长度	km
	a9：人均每日污水处理能力	t·人$^{-1}$
r5：生态环境破坏	a10：人均氮氧化物排放量	t·人$^{-1}$
	a11：人均二氧化硫排放量	t·人$^{-1}$
	a12：人均烟尘排放量	t·人$^{-1}$

表6-3 样本的描述性统计

变量	编号	样本量	均值	标准差	最小值	最大值
能源贫困水平	r1	420	3.904	0.180	3.355	4.310
单位工人增加值	a2	420	11.792	0.198	11.500	12.437
就业人员平均工资	a3	420	10.399	0.167	10.217	10.972
人均教育经费支出	a4	420	7.389	0.295	7.030	8.254
产业结构升级指数	a5	420	0.838	0.048	0.786	1.010
第三产业与第二产业产值之比	a6	420	−0.066	0.320	−0.448	1.190
单位面积公路里程	a7	420	−2.620	1.157	−4.744	0.015
单位面积排水管道长度	a8	420	−2.365	1.306	−4.701	0.765
人均每日污水处理能力	a9	420	−2.461	0.540	−3.491	−1.220
人均氮氧化物排放量	a10	420	4.976	0.492	4.245	6.292
人均二氧化硫排放量	a11	420	5.064	0.594	3.420	6.308
人均烟尘排放量	a12	420	4.464	0.760	3.066	5.784

数据来源：《中国统计年鉴》《中国环境统计年鉴》以及中国国家统计局网站所公布的数据。

6.2.2 变量检验

使用结构方程模型前需要对潜变量的信度和效度进行检验。内部一致性水平最常用于评价潜变量的信度，可以对检验结果的一致性、稳定性和可靠性进行先决判断。效度用来测度结果的有效程度，是检验结果准确性、有用性的标志。本部分通过 SmartPLS3.0 软件测算结果中的 Average Variance Extracted(AVE 值)、Composite Reliability(CR 值)、Rho-A 值和 Cronbach's Alpha(CA 值),来综合评价检验能源贫困的环境效应机制所选取指标的信度和效度,检验结果如表 6-4 所示。CA 值和 Rho-A 值是目前最常用的测量内部一致性的信度系数,数值一般位于 0~1 之间,数值越大表明信度越高,各潜变量的 CA 值和 Rho-A 值都超过了门槛值 0.7,表明数据具备较好的一致性;AVE 值用于评测模型的聚合效度,反映潜变量对应的显变量对该潜变量的平均差异解释力,由于所有潜变量的 AVE 值均超过了门槛值 0.5,因此各显变量均能够较好地解释潜变量;CR 值是潜变量的所有显变量信度的组合,各潜变量的 CR 值均超过门槛值 0.7,说明数据能够较好反映潜变量之间以及潜变量与显变量之间的关系,所采用的数据具备有效性。

表 6-4 信度和效度检验结果

潜变量	CA 值	Rho-A 值	CR 值	AVE 值
能源贫困	1.000	1.000	1.000	1.000
劳动力效率	0.711	0.959	0.824	0.654
产业结构	0.802	0.823	0.909	0.833
基础设施建设	0.915	0.928	0.947	0.858
生态环境	0.930	0.936	0.956	0.878

6.3 实证结果分析

6.3.1 结构路径与路径系数

路径系数是最为直观判断潜变量之间关系强度的标准指标,其反映了因果关系强度。路径系数数值越大,则表示潜变量之间的影响能力越强。表 6-5 为能源贫困的环境效应机制路径系数及检验结果。

表 6-5 结构路径及路径系数

结构路径	类型	路径系数	t 值	p 值
能源贫困→劳动力效率低下	间接路径	-0.527***	4.997	0.000
能源贫困→基础设施建设滞后	间接路径	-0.504***	3.798	0.000
劳动力效率低下→产业结构升级滞后	间接路径	0.859***	16.778	0.000
产业结构升级滞后→基础设施建设滞后	间接路径	0.359***	2.865	0.003
能源贫困→生态环境被破坏	直接路径	0.851***	6.898	0.000
劳动力效率低下→生态环境被破坏	直接路径	0.939***	3.586	0.000
产业结构升级滞后→生态环境被破坏	直接路径	-0.681**	2.188	0.017
基础设施建设滞后→生态环境被破坏	直接路径	-0.068	0.403	0.344

注：*、**、*** 分别表示在10%、5%和1%的显著性水平下显著。由于劳动力效率、产业结构水平与基础设施建设水平皆为正向指标，所以路径系数为负表示负面影响。

结构方程模型中，潜变量之间的影响被分为直接效应和间接效应。通过路径系数的大小可以判断变量之间影响效应的大小。

从表6-5的估计结果可知，假设H4、H5、H6得证。能源贫困对劳动力效率低下、基础设施建设滞后以及生态环境被破坏都具有直接的影响效应。能源贫困一方面降低了劳动力的平均健康水平，造成劳动力效率下降；另一方面挤占了大量基础设施建设所需要的人力与资本投入，从而缩小了基础设施建设升级的空间。观察系数大小可以发现，能源贫困对劳动力效率低下的直接效应较大。能源贫困不仅使得劳动力无法集中于当前的工作，也提高了劳动力呼吸道疾病的发病率，从而大幅降低了劳动力效率。

同时，能源贫困地区的居民更多地依赖于传统生物质能。森林植被等环境作物是最为直接也是最易获得的生物质能来源，所以能源贫困地区生态环境往往也会受到直接影响，乱砍滥伐现象屡禁不止。并且大多传统生物质能未经过专业化处理，燃烧效率低而且污染物排放量大，燃烧此类能源释放的大量污染物对生态环境也具有显著的直接效应。总的来看，能源贫困对生态环境的直接影响系数大小为0.851，即能源贫困水平越高的区域，污染物排放水平就越高。

而劳动力效率低下对产业结构升级滞后和生态环境破坏的影响效应也是显著的,路径系数分别为 0.859 与 0.939。系数为正表示较高的劳动力效率能够带来较为高级化的产业结构,而高劳动力效率反而提高了污染物排放水平,与前文假设不符。本书认为这是由于目前我国劳动力处于较为充裕的阶段,其他生产要素相较于劳动力更为稀缺,所以劳动力提高效率的同时需要大量其他生产资料的配合,故造成污染物排放的增加。

产业结构升级滞后对基础设施建设滞后的路径系数在 1% 的显著性水平下显著。产业结构的低端化反向侵蚀了产品的利润空间,导致企业没有多余的资金进行基础设施建设。而产业结构升级滞后对生态环境被破坏的直接效应也是显著的,两者之间的路径系数为 -0.681,反映出高级化的产业结构能够减少污染物排放。

而基础设施建设滞后对生态环境被破坏的影响效应不显著。两者之间的路径系数较小,为 -0.068,反映出我国目前对于污染物的治理主要依靠源头把控,而不是末端整治,各类基础设施的建设目前还无法直接地为减少扩散到自然界中的污染物发挥作用。

6.3.2 特定传导路径与总效应路径系数

劳动力效率低下与产业结构升级滞后成为能源贫困间接破坏生态环境的重要路径。对于特定传导路径的识别也佐证了这一结论。特定传导路径的识别如表 6-6 所示:

表 6-6 特定传导路径

结构路径	路径系数	t 值	p 值
能源贫困→劳动力效率低下→产业结构升级滞后	-0.453***	4.205	0.000
能源贫困→劳动力效率低下→产业结构升级滞后→基础设施建设落后	-0.163**	2.176	0.017
能源贫困→劳动力效率低下→产业结构升级滞后→生态环境被破坏	0.308**	1.655	0.052
能源贫困→基础设施建设落后→生态环境被破坏	0.035	0.407	0.343

注:*、**、*** 分别表示在 10%、5% 和 1% 的显著性水平下显著。

由表6-6可以发现,能源贫困对生态环境的间接影响主要通过劳动力效率低下和产业结构升级滞后两条路径实现。较高的能源贫困水平降低了劳动力效率,而劳动力效率低下使地方进行产业升级较为困难,无法为高端化的产业升级提供高素质的劳动力,而较为低级的产业结构增加了污染物的排放,也反向侵蚀了企业用于治理污染的投资资金。

最后是对总效应的识别与检验,其结果如表6-7所示。

表6-7 总效应路径系数

结构路径	路径系数	t值	p值
能源贫困→产业结构升级滞后	−0.453***	4.205	0.000
能源贫困→劳动力效率低下	−0.527***	4.997	0.000
能源贫困→基础设施建设落后	−0.667***	6.540	0.000
能源贫困→生态环境被破坏	0.710***	9.841	0.000
劳动力效率低下→基础设施建设落后	0.309***	2.808	0.004
劳动力效率低下→产业结构升级滞后	0.859***	16.778	0.000
劳动力效率低下→生态环境被破坏	−0.705**	2.344	0.012
产业结构升级滞后→基础设施建设落后	0.359***	2.865	0.003
产业结构升级滞后→生态环境被破坏	−0.705**	2.344	0.012
基础设施建设落后→生态环境被破坏	−0.068	0.403	0.344

注:*、**、***分别表示在10%、5%和1%的显著性水平下显著。

由表6-7可知,能源贫困对生态环境的破坏效应是显著的,并且系数非常大,达到0.710。由上文的分析可知,其中一部分是由于能源贫困地区的居民使用了大量传统生物质能,造成各类有害物质的排放;另一部分则是通过"能源贫困—劳动力效率低下—产业结构升级滞后—生态环境被破坏"这样的传导路径间接实现的。

最终路径模拟图如图6-1所示:

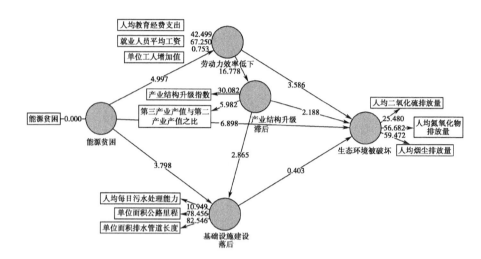

图 6-1 能源贫困的环境效应路径模拟图

6.4 本章小结

本章建立结构方程模型对能源贫困的环境效应进行了实证分析。其结果表明,能源贫困不仅直接对生态环境造成影响,也会通过降低劳动力效率和阻碍区域产业结构升级而间接地造成污染物排放量的增加。因此,出台相应的劳动力医疗保障与教育保障措施并且提供相应的就业补贴,能够有效切断劳动力效率低下路径,使劳动力免受能源贫困之扰,从而投入到生产建设工作当中。通过财政政策进行产业结构升级,可以提高产品的附加值,降低各类污染物的排放,同时也能够获得相应的基础设施建设资金,为污染物的末端治理准备相应设备,从而彻底切断能源贫困造成生态环境被破坏的路径,最终对当地的生态环境保护产生积极作用。

第七章

中国包容性绿色发展的现实背景与综合评价

包容性绿色发展是一种新时代的经济增长模式,这种增长模式符合可持续发展理念与绿色协调理念,并且能够实现推动经济增长、保障民生福利以及保护资源环境的有机融合。因此,对中国包容性绿色发展进行理论分析与综合评价是非常有必要的。本章将从理论上分析包容性绿色发展的进程及必要性,探究实现中国包容性绿色发展应注意的问题。进一步地,构建中国包容性绿色发展的综合评价指标体系及综合评价模型,定量分析中国包容性绿色发展的现状,为后文的实证研究提供必要的理论支撑和经验数据。

7.1 中国包容性绿色发展的现实背景

7.1.1 中国包容性绿色发展的进程及必要性分析

包容性绿色增长的概念在 2012 年"里约+20"峰会上首次被提出,认为可持续发展同时要求绿色增长和包容性增长,许多国家开始将"包容性绿色发展"作为其未来核心发展理念。包容性绿色增长不同于传统的增长模式,它强调绿色、包容性与经济增长之间的平衡。也就是说,包容性绿色增长在重视经济增长的同时,也注重社会公平和资源环境可持续性,致力于改善社会福利和自然环境。包容性绿色增长的成果将直接影响经济、社会和自然三大系统的协调发展。尤其在资源丰富的地区，包容性绿色增长方式将帮助解决社会不平等和环境污染等问题。总而言之，包容性绿色发展是推动经济互济、政治协商、文化互融、安全互惠以及生态共建，实现人与人、人与自然、人与社会和解的必由之路。

尽管中国在解决经济发展和资源环境问题方面起点较晚，但正在这一领域不断努力，特别是中央政府对绿色经济发展的探索。2003年，中央政府提出了"科学发展观"的概念，这标志着中国对绿色发展概念正式探索的开始。2005年，中国提出了"建设资源节约型和环境友好型社会"，将资源和环境纳入其经济发展战略。2007年，中国提出了"生态文明建设"的目标。2012年，生态文明建设被纳入"五位一体"总布局，提出将全面推进经济建设、政治建设、文化建设、社会建设和生态文明建设。"十二五"规划指出："坚持把建设资源节约型、环境友好型社会作为加快转变经济发展方式的重要着力点。"促进经济社会发展与人口资源环境相协调，走可持续发展之路。党的第十九次全国代表大会的报告显示，中国经济已从快速增长阶段转向高质量发展阶段。这说明我国未来经济发展的重点不仅要提高全要素生产率，而且要在五大发展理念的指导下，提高绿色增长效率，促进绿色经济发展，建立和完善绿色低碳循环发展的经济体系，实现经济社会的包容性绿色发展。这些绿色发展的理念和战略是相互一致的，其核心目标是实现绿色经济转型，促进中国实现包容性绿色发展。

现阶段，党的十九大报告已明确指出，我国经济社会发展已进入到一个新时代，社会主要矛盾已经发生变化，我国经济已由高速增长阶段转向高质量发展阶段。过去高消耗、高污染的粗放型经济增长方式在满足我国人民的迫切发展需求的同时，也带来了发展不充分不平衡、民生福利缺失、生态环境恶化等一系列经济、社会和生态问题。这一系列问题的根源在于传统增长方式的"绿色化"缺失和"包容性"不强。在此背景下，为了不断协调人民日益增长的美好生活需要和不平衡不充分的发展之间的矛盾，中央政府在"十二五"规划中提出走"包容性绿色增长"之路的愿景，"十三五"规划又进一步提出了创新、协调、绿色、开放、共享的"五大发展理念"。中国包容性绿色发展是将绿色增长与包容性增长相结合，协调中国经济、社会和自然三大系统的发展，在保障经济持续增长的同时，注重社会的包容性和生态环境质量的提高，以此满足人民群众对美好生活向往的需求，为我国高质量发展指明方向。综上所述,中国包容性绿色发展具有极其重大的必要性。

7.1.2　实现中国包容性绿色发展应注意的问题

其一,世界环境与发展委员会提出可持续发展的概念,其目标是在不损害子孙后代满足其自身需要的能力的情况下满足目前的需要。然而,这种可持续发展的概念缺乏可操作性,这是由发展过程中经济和生态环境之间关系的未知性导致的。2005年,联合国亚洲及太平洋经济社会委员会提出了"绿色发展"的概念,这为可持续发展提供了一个更灵活和可运作的经济环境。因此,实现中国包容性绿色发展,必须解决社会所面临的生态和环境问题。在社会层面,生态和环境保护最终目标的重点是人类的生存和发展。保护背后的规范理想是关于自然环境的生存,特别是关于资源的浪费、环境污染和生物多样性的损失。包容性绿色发展的理论与以GDP或社会福利为主导的经济增长理论不同,包容性绿色发展更有利于经济、环境、包容性、均衡性和可持续性。在世界范围内,包容性绿色发展是为阻止自然环境退化而最被广泛接受的解决方案。因此,对于中国来说,保护环境并不一定要以牺牲经济增长为代价,这两者并不是分开的。经济增长甚至可以改善自然环境,为全球绿色增长提供更高层次的支持。例如,经济增长可以通过改善健康状况来提高劳动力生产率,并通过补贴来提高能源和环境效率。此外,经济增长可以加快绿色基础设施建设或技术创新。

其二,全球金融危机严重影响了世界经济,包容性绿色发展已成为各国重要的经济发展战略。然而,发达国家和发展中国家在绿色经济的发展方面面临着完全不同的问题。发达国家可以关注基于可持续的绿色增长,而对于发展中国家来说,贫困和不平等等问题需要利用经济发展来解决,与此同时,发展中国家还需要避免无限制的经济发展所造成的不必要的社会和环境负担。中国是全世界经济体量最大的发展中国家。虽然中国的发展在改革开放后40余年的时间里取得了举世瞩目的成就,但其目前仍然面临着区域不平衡、可持续有待继续增强等现实问题。对于中国的包容性绿色发展战略来说,其在实现绿色发展的同时仍然应当注重解决贫困与不平等问题。中国之前采取了"先污染,后治理"的经济发展模式,现阶段这种模式所带来的后续问题也不断地开始显现。这看似正确的发展模式也导致学者们对如何解决这些国家的经济增长和环境问题产生了不同的看法。在全球经济危机背景下,环境政策实施成本的降低为采取更严格的环境政策提供了机会。在金融危机背景下,虽然政府面临着居民失业加剧和经济萧条的困扰,但经济衰退期间大量工业部门破产有利于减少能源消耗和降低环境污染水平,从一定程度上提振了决策者对环境治理的信心。也就是说,经济增长、环境治理、解决贫困与不平等问题在中国是可以实现有机融合的。中国实现包容性绿色发展应当既注重解决环境问题,又注重解决贫困与不平等问题。

总而言之,包容性绿色发展是一种从不同角度关注环境和经济之间关系的概念,这一概念的提出为推动中国广泛讨论经济发展与环境保护的协同推进创建了新的互动平台。从严格的理论定义上说,包容性绿色发展并不是一个完全的新概念。它在绿色发展和经济增长相关理论的基础上,强调了经济、环境和社会三个体系的完全协调发展。第五届亚洲及太平洋环境与发展部长会议建议,包容性绿色发展旨在减少经济体系的碳强度、环境污染和资源浪费,包容性绿色发展应包括社会包容性发展。包容性绿色发展在树立文化价值观方面也发挥了积极作用,即公民与自然的和谐相处。中国的包容性绿色发展可以用一个包含经济、社会、能源和环境等维度的发展模式来描述,这种发展模式不仅考虑了传统绿色经济增长概念中的资源和环境问题,还考虑了中国发展中的社会问题。实现包容性绿色发展是迈向经济高质量发展的必由之路。

7.2 中国包容性绿色发展的综合评价

7.2.1 中国包容性绿色发展水平评价指标体系构建

党的十九大报告指出:"我国社会主要矛盾已经转化为人民日益增长的美好生活需要和不平衡不充分的发展之间的矛盾。"在稳定经济增长的同时改善民生环境、保障生态健康,是适应我国社会主要矛盾变化的重要战略。一方面,包容性绿色发展兼顾经济、民生与生态环境,在评价指标选取的过程中不能只关注两两关系,而是需要三者协调并举;另一方面,包容性绿色发展是实现可持续绿色发展,协调经济、社会和自然三大系统发展的重要路径,是政府制定经济政策的根本方向,也是贯彻高质量发展理念的重要举措。考虑到包容性绿色发展水平是包含经济、民生、资源环境的综合测度,所以本书在徐盈之、邹芳(2015)提出的包容性增长水平指标体系的基础上加入"绿色化"特质,同时借鉴吴武林和周小亮(2019)、周小亮和吴武林(2018)的分析思路,遵循科学性、全面性、准确性、可代表性等原则,基于包容性绿色发展的概念、内涵与特征,尝试从经济增长、民生福利和生态环境三个维度构建能够客观准确地反映中国包容性绿色发展的评价指标体系,以期能够更加客观全面地衡量中国经济的包容性与可持续性增长,如表7-1所示。

表7-1 包容性绿色发展综合评价指标体系

准则层	要素层	指标层	属性
经济增长	经济增长速度	人均GDP增长率	正向
		GDP增长率	正向
	经济增长质量	第三产业增加值占GDP比重	正向
		地方财政收入	正向
		城乡人均可支配收入比	负向
		进出口总值占GDP比重	正向
民生福利	就业	从业人员平均工资	正向
		城镇登记失业率	负向
	教育	教育经费投入强度	正向
		每万人拥有的教育资源	正向
	医疗	每千人口卫生技术人员数	正向
		每千人口医疗卫生机构床位数	正向
	社会保障	城镇职工基本养老保险参保人数	正向
		城镇职工基本医疗保险参保人数	正向
	基础设施	城市燃气普及率	正向
		公路与铁路交通资源	正向
生态环境	生态资源禀赋	人均水资源量	正向
		自然保护区面积比重	正向
		森林覆盖率	正向
		耕地保有量	正向
		城市人均公共绿地面积	正向
	生态环境质量	生活垃圾无害化处理率	正向
		固体废物综合利用率	正向
		废水排放量	负向
		二氧化硫排放量	负向

经济增长是包容性绿色发展的前提,发展才是硬道理。多年来,政府积极的财政政策是以强大的经济实力为支撑的。同时,民生福利的保障、生态环境的治理离不开充足的资金支持。经济增长维度包括经济增长速度和经济增长质量两个层面,分别涵盖了经济增长的"量"与经济发展的"质"。其中,经济增长速度主要还是通过 GDP 的增长率来衡量,三级指标包括人均 GDP 增长率和 GDP 增长率;经济增长质量强调经济发展的产业结构和分配制度是否完善与健全,因此本书尝试从产业结构、城乡差距、贸易顺逆差以及地方财政四个层面切入,对应使用第三产业增加值占 GDP 比重、城乡人均可支配收入比、进出口总值占 GDP 比重和地方财政收入四个指标表征经济增长质量。

民生福利是包容性绿色发展的价值取向和根本目的。发展就是为了人民,民生福利得到保障才是包容性绿色发展的本质。民生福利维度从就业、教育、医疗、社会保障和基础设施五个领域去构建评价指标体系。工作是居民生活的收入来源,是居民基本生活的保障,本书通过城镇登记失业率和从业人员平均工资来反映就业水平;教育是影响人的身心发展的社会实践活动,是实现自我价值的体现,本书使用教育经费投入强度和每万人拥有的教育资源来表征教育水平;医疗是居民健康的兜底保障,本书通过每千人口卫生技术人员数和每千人口医疗卫生机构床位数来反映该地区的医疗水平;社会保障是满足公民基本生活水平的需要,通过再分配形式实现,本质是追求公平,本书通过城镇职工基本养老保险参保人数、城镇职工基本医疗保险参保人数来反映社会保障水平;基础设施是为社会生产和居民生活提供公共服务的工程设施,是社会赖以生存发展的一般物质条件,本书使用城市燃气普及率和公路与铁路交通资源来反映基础设施建设水平。

"绿水青山就是金山银山",生态文明理念日益深入人心,生态环境的保护与治理是包容性绿色发展的核心要义。我国绝不能再走"先发展,后治理"的老路,必须时刻注意人与自然的关系,保障经济可持续发展。本书尝试从生态资源禀赋和生态环境质量两个维度来构建生态环境的评价指标体系,其中,生态资源禀赋在一定时期内能够给经济发展提供巨大的推动力,同时也反映了社会生产和居民生活环境质量。本书采用人均水资源量、自然保护区面积比重、森林覆盖率、耕地保有量和城市人均公共绿地面积五个指标来表征生态资源禀赋;生态环境质量从绿色消费与绿色生产两个方面构建指标体系,绿色消费通过生活垃圾无害化处理率来度量;绿色生产用固体废物综合利用率、二氧化硫排放量与废水排放量三个指标来反映。

7.2.2 测度方法与数据来源

(1) 研究方法

本书尝试使用因子分析法对包容性绿色发展水平进行测度分析。因子分析是研究如何以最少的信息丢失将众多原始变量浓缩成几个因子变量,以及如何使因子变量具有较强的可解释性的一种多元统计分析方法。它消除了多重共线性,具有更高的可解释性与清晰度。因此,本书参考刘照德等(2019)介绍的因子分析法对包容性绿色发展水平进行测度。

设 p 维可观测随机向量 $\boldsymbol{X} = (X_1, \cdots, X_p)'$,$E(x) = \mu$,$\mathrm{Cov}(X) = \sum$

记公因子随机向量: $\boldsymbol{L} = (f_1, \cdots, f_m)'$

特殊因子随机向量: $\boldsymbol{\varepsilon} = (\varepsilon_1, \cdots, \varepsilon_p)'$

要求: $\boldsymbol{X} - \mu = \boldsymbol{L}f + \boldsymbol{\varepsilon}$

其中:$\boldsymbol{L} = (l_{ij})_{p \times m}$ 称为因子载荷矩阵,l_{ij} 称为变量 X_i 在公因子 f_j 上的载荷,求 $\boldsymbol{L}$、f,使:

$$E(f) = 0, \mathrm{Cov}(f) = I_m, E(\varepsilon) = 0, \mathrm{Cov}(\varepsilon, f) = 0,$$

$$\mathrm{Cov}(\varepsilon) = \mathrm{diag}(\varphi_1^2, \cdots, \varphi_p^2)(\mathrm{diag}\ 为对角阵)$$

称此为传统正交因子分析模型。

运用 SPSS 软件,因子分析综合评价应用步骤如下:

① 变量的标准化;

② 用变量的相关系数矩阵,判断变量能否降维;

③ 初始因子载荷矩阵估计;

④ 因子个数确定;

⑤ 因子载荷矩阵的旋转:常用方差最大化正交旋转;

⑥ 因子的命名;

⑦ 因子得分,SPSS 软件计算时默认为常用的 Thomson 回归法;

⑧ 综合因子得分与排序;

⑨ 评价。

因子分析综合得分是标准化后的,故各省份包容性绿色发展测算值的标准差为 1,均值是 0。各省份的包容性绿色发展水平测度值为正值,表明该年该省份的包容性绿色发展水平高于平均值;反之,如果为负值,则表明该年该省份的包容性绿色发展水平低于平均值。

(2) 数据来源

本书选取了 2004—2017 年中国 30 个省区市(除西藏、港澳台地区)为研究样本。包容性绿色发展指标体系涉及的相关数据来自各省区市统计年鉴、《中国统计年鉴》、《中国科技统计年鉴》、《中国人口和就业统计年鉴》、《中国劳动统计年鉴》以及《中国环境统计年鉴》。某些统计指标部分年份的数据缺失,本书采用均值法进行补齐。

7.2.3 包容性绿色发展水平的测度结果分析

从经济区划来看,如图 7-1 所示,三大地区包容性绿色发展水平变化整体上属于上升趋势,且呈现出"东部＞中部＞西部"的分布形态。

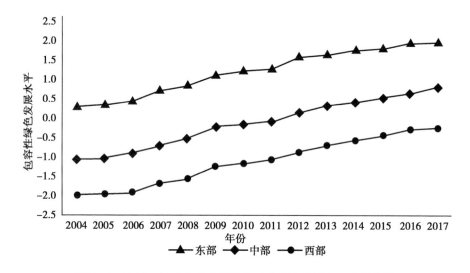

图 7-1　2004—2017 年东中西部包容性绿色发展水平变化趋势

数据来源:基于 2004—2017 年《中国统计年鉴》《中国科技统计年鉴》等计算整理得到。

显然,经济水平是包容性绿色发展的前提与保障。东部地区一直是经济发达地区,拥有高水平的交通、教育、医疗等社会基础设施,在民生福利的保障与生态环境的改善上有雄厚的经济实力与完善的政策支持,自然在推动包容性绿色发展上更具有优势。西部地区不仅经济发展水平落后,在民生环境与生态环境维度也有着很大的进步空间,包容性绿色发展任重而道远。整体上看,东、中、西部区域发展梯级格局明显,由东到西呈现递减趋势。包容性绿色发展水平排名前十的省份中,8个(广东、北京、海南、浙江、上海、福建、江苏、天津)来自东部地区,仅有江西来自中部地区,重庆来自西部地区。东部地区平均包容性绿色发展水平显著高于全国平均水平,而中部地区和西部地区的平均水平皆低于全国平均水平。这主要是因为东中西部经济发展、地理区位以及资源禀赋的差异。东部沿海地区具有优越的区位条件,经济发展基础雄厚,高质量的人力资本充裕,应重视民生保障与改善工作,全面推进民生领域的现代治理体系建设,不断引导金融资本参与生态环境保护。而中西部地区经济相对落后,基础设施建设不到位,对煤炭等非清洁能源的依赖较强,可持续发展理念的普及率还有待提高。我国包容性绿色发展的梯级格局因此而生。

具体来看,表7-2报告了中国30个省区市的包容性绿色发展平均水平及其排名。高于全国平均水平的有15个省份,包括广东、北京、海南、浙江、上海、福建、江苏、天津、江西、重庆、山东、安徽、湖北、湖南和广西。其中,有9个省份属于东部地区,4个省份属于中部地区,其余2个省份属于西部地区。全国包容性绿色发展水平最高的是广东,说明广东作为华南地区的政治、军事、经济、文化和科教中心,不仅经济实力雄厚,而且经济发展也最具包容性与绿色性。广东既是全国经济大省,同时也是资源能源消耗和污染物排放大省。近年来,广东在保持经济高速增长的同时,全面实施大病医保、促进普惠性学前教育扩学位提质量、设立地方生态保护补偿专项资金、实施环保实绩考核制度以及发布"生态环境指数"等措施,在改善居民生活以及实践绿色发展理念方面走在了全国前列。位居其后的是北京。作为我国政治中心、文化中心、国际交往中心与科技创新中心,北京在经济发展、改善民生、治理环境上一直起着引领与示范作用。之后是海南、浙江、上海、福建和江苏,无一例外都是东南沿海省份。东南沿海省份凭借其良好的区位条件、优越的政策支持与雄厚的科教资源,虹吸了全国优秀人才,形成了"孔雀东南飞"的局面。江西作为经济欠发达地区,面临着既要做大经济总量又要转变经济发展方式,既要壮大财政实力又要改善民生,既要推进工业化进程又要保护好生态环境的多重压力。但江西明确自身发展优势,聚焦重点区域,不断创新实践模式。江西省信丰县脐橙产业、吉安革命老区建设取得突出成效,是中西部地区包容性绿色发展的样板。包容性绿色发展水平位于后五位的是贵州、青海、甘肃、新疆和内蒙古,基本为欠发达地区。这些地区尽管自然资源丰富,但经济发展水平较低,这一定程度上与其不利的区位条件和国家前期非均衡的发展战略有关。内蒙古为西部欠发达省份,其在脱贫攻坚和污染防治领域的任务艰巨。多年来,内蒙古产业发展较多依赖资源开发,工业产品大多处于产业链和价值链中低端,高端供给不足。同时,内蒙古还存在草原生态环境脆弱、农牧业循环发展不足、环境污染系统治理不完善等生态困境。因此,内蒙古在包容性绿色发展领域还有较大的进步空间。

表7-2 2004—2017年30个省区市包容性绿色发展平均水平

地区	平均包容性绿色发展水平	平均包容性绿色发展水平排名	地区	平均包容性绿色发展水平	平均包容性绿色发展水平排名
广东	2.287	1	辽宁	−0.009	16
北京	2.159	2	吉林	−0.229	17
海南	2.150	3	河南	−0.194	18
浙江	2.071	4	河北	−0.469	19
上海	1.698	5	陕西	−0.568	20
福建	1.569	6	云南	−0.632	21
江苏	1.251	7	黑龙江	−0.645	22
天津	0.968	8	四川	−0.776	23
江西	0.686	9	宁夏	−0.918	24
重庆	0.604	10	山西	−0.949	25
山东	0.357	11	贵州	−1.016	26
安徽	0.328	12	青海	−1.547	27
湖北	0.296	13	甘肃	−1.523	28
湖南	0.291	14	新疆	−2.311	29
广西	0.305	15	内蒙古	−2.976	30

注:表中平均包容性绿色发展水平排序为正序,排名为1表示包容性绿色发展水平最高。
数据来源:基于2004—2017年《中国统计年鉴》《中国科技统计年鉴》等计算整理得到。

7.3 本章小结

本章首先从包容性绿色发展的概念内涵入手,将中国包容性绿色发展与中国经济发展的特点相结合,分析了包容性绿色发展的概念起源、在中国的发展历程以及中国实现包容性绿色发展的必要性。其次,本章探讨了中国实现包容性绿色发展应注意的问题,认为生态和环境保护最终目标的重点是人类的生存和发展,中国必须解决社会所面临的生态和环境问题,同时还应当既注重解决环境问题,又注重解决贫困与不平等问题。最后,本章构建了中国包容性绿色发展水平的评价指标体系及评价模型,从经济增长、民生福利和生态环境三个维度构建能够客观准确地反映中国包容性绿色发展的评价指标体系,以准确评价中国包容性绿色发展的水平及现状。研究发现,中国包容性绿色发展水平整体上呈现上升的趋势,而上升的幅度没有明显变动。中国包容性绿色发展水平存在较大的区域异质性,东、中、西部区域发展梯级格局明显,由东到西呈现递减趋势。具体来看,包容性绿色发展水平排名前十的省份中,8个(广东、北京、海南、浙江、上海、福建、江苏、天津)来自东部地区,仅有江西来自中部地区,重庆来自西部地区。大多数东部地区省份的包容性绿色发展水平显著高于全国平均水平,而大多数中部地区和西部地区省份的包容性绿色发展水平低于全国平均水平。这表明,中国在进一步推进包容性绿色发展的进程中,应当注重不同地理区域之间的禀赋差异与资源差异,争取推动全国各个区域整体迈入高质量的包容性绿色发展行列。上述研究的理论与数据结论也为后文的实证研究提供了必要的理论支撑和经验数据。

第八章

双重环境规制、能源贫困与包容性绿色发展

本章将实证分析双重环境规制、能源贫困与包容性绿色发展的关系,探究能源贫困对包容性绿色发展的作用,正式环境规制与包容性绿色发展的关系,非正式环境规制与包容性绿色发展的关系,并进行区域异质性分析。考虑到三者之间可能存在更多的影响机制,如双重环境规制对能源贫困与包容性绿色发展的关系是否产生调节作用和其传导路径是怎样的,故本章进一步探讨了双重环境规制对能源贫困与包容性绿色发展的调节作用,以及调节作用的中介传导路径。

8.1 中国双重环境规制强度的综合评价

8.1.1 正式环境规制的测度结果分析

(1) 研究方法与数据来源

由于市场调节机制不完善与企业环保意识淡薄,我国绿色转型进程缓慢,因此需要合理有效的正式环境规制政策给企业施加成本压力,迫使其减少排污、降低污染,以此推动企业绿色转型。对正式环境规制的度量并没有统一标准,主要有以下几种:① 通过废水排放达标率、二氧化硫去除率、烟尘

去除率等指标加权算出规制强度;② 以废水、废气以及固体废弃物等污染物的排放密度来测度规制强度;③ 通过各地区颁布的环境政策数量来衡量正式环境规制强度;④ 使用工业污染治理投资完成额与工业产值的增长之比来衡量规制成本,以此测算正式规制强度。综合各种指标的优缺点,本书借鉴沈能等(2012)的方法测算正式环境规制强度,具体的计算公式如下:

$$Cost_{it} = \frac{Investment_{it}}{Value_{it}} \qquad (8-1)$$

其中,i 代表地区,t 代表年份。$Cost_{it}$ 表示单位工业产值污染治理成本,$Investment_{it}$ 表示工业污染治理投资完成额,$Value_{it}$ 表示工业增加值。

$$ER_{it} = \frac{Cost_{it}}{Industrial_{it}} \qquad (8-2)$$

其中,ER_{it}、$Industrial_{it}$ 分别表示 i 省份 t 时期正式环境规制强度、工业行业增加值占 GDP 的比重。

正式环境规制数据来自历年《中国统计年鉴》《中国环境年鉴》以及《中国环境统计年鉴》。

(2)正式环境规制强度分析

表 8-1 报告了中国 30 个省区市 2004—2017 年的平均正式规制强度与其排名。可以看出,宁夏是中国正式环境规制强度最大的地区,其后是山西、甘肃、贵州、海南与新疆,以上除山西和海南外,其余均为西部欠发达地区。中西部地区工业污染治理投资完成总额低于东部地区,考虑到东部地区的工业增加值远高于中西部地区,中西部地区单位工业产值污染治理成本更大,意味着中西部地区承受着更高的治污压力。此外,中西部地区多年来工业污染治理投资额处于波动状态,不仅没有上升趋势,有的省份还不断下降,变化幅度较大。正式环境规制强度较小的省份反而大多是东部经济强省,如广东、浙江、江苏等,上述地区拥有完备的基础配套设施、优质的人才与技术储备、有效的市场运行机制,企业绿色转型有良好的工业基础支撑。出于政府管制要求或维持企业自身良好形象的考虑,企业会积极地加大污染治理投资,推动生态创新,增强自身市场竞争力。尽管该地区环境监督最为严苛,但当地单位工业产值污染治理成本更小,企业所承受的治污压力也小。

表 8-1　2004—2017 年 30 个省区市平均正式环境规制强度

地区	正式环境规制强度	正式环境规制排名	地区	正式环境规制强度	正式环境规制排名
宁夏	2.18	1	上海	0.64	16
山西	1.53	2	黑龙江	0.62	17
甘肃	1.52	3	湖北	0.62	18
贵州	1.22	4	青海	0.60	19
海南	1.16	5	四川	0.58	20
新疆	1.01	6	湖南	0.54	21
内蒙古	0.97	7	河北	0.53	22
北京	0.94	8	河南	0.48	23
云南	0.90	9	安徽	0.47	24
广西	0.73	10	浙江	0.45	25
山东	0.72	11	吉林	0.41	26
陕西	0.69	12	江苏	0.38	27
福建	0.69	13	重庆	0.36	28
辽宁	0.69	14	江西	0.35	29
天津	0.66	15	广东	0.32	30

数据来源：基于 2005—2018 年《中国统计年鉴》《中国环境统计年鉴》等计算整理得到。

8.1.2　非正式环境规制的测度结果分析

（1）研究方法与数据来源

以往对非正式环境规制的研究，通常是通过信访数量、污染事件的媒体曝光率来表征，但这些数据难以获得，且存在很多局限性。因此，本书参照 Wheeler and Pargal(1999)等的测量方法，运用因子分析法，将人均收入、人口密度、受教育程度和年龄结构四项指标合并成一个指标，以此来反映各地区非正式环境规制的强度。① 人均收入。收入水平高的居民对环境质量的要求也高。② 受教育水平。居民受教育水平越高，参与环境治理的积极性也越高。③ 人口密度。人口密度越高，该地区参与环境保护活动的居民也就越多。④ 年龄结构。相比中老年人，年轻人更加注重环保问题。

非正式环境规制涉及的四个指标数据均来自历年《中国统计年鉴》，因子分析法在包容性绿色发展综合评价部分已作详细介绍,在此不再赘述。

(2) 非正式环境规制强度分析

表8-2报告了中国30个省区市2004—2017年的平均非正式规制强度与排名。可以看出,上海市是非正式环境规制强度最大的地区,其后是北京、天津、辽宁、江苏与浙江。以上地区人均收入高、受教育水平高、人口密度大、年龄结构合理,表明该地区公众参与环境保护与治理的积极性更高,与预期保持一致。排名靠后的为宁夏、云南、青海、贵州、甘肃,以上省份非正式环境规制强度低也在意料之中。随着城镇化进程的加快,西部地区困于较低的经济发展水平与匮乏的教育资源,劳动力持续向东部发达地区外流,进一步加剧了人才与资金的流失,同时导致了老龄化问题,非正式环境规制和公众影响力偏弱。

表8-2 2004—2017年30个省区市平均非正式环境规制强度

地区	非正式环境规制强度	非正式环境规制排名	地区	非正式环境规制强度	非正式环境规制排名
上海	2.06	1	湖南	−0.1	16
北京	1.48	2	河北	−0.11	17
天津	0.93	3	重庆	−0.16	18
辽宁	0.39	4	河南	−0.23	19
江苏	0.38	5	海南	−0.27	20
浙江	0.37	6	安徽	−0.32	21
广东	0.15	7	四川	−0.34	22
吉林	0.14	8	江西	−0.39	23
黑龙江	0.1	9	新疆	−0.39	24
山东	0.09	10	广西	−0.44	25
湖北	0.02	11	宁夏	−0.48	26
内蒙古	0.02	12	云南	−0.65	27
山西	−0.04	13	青海	−0.68	28
陕西	−0.06	14	贵州	−0.81	29
福建	−0.08	15	甘肃	−0.95	30

数据来源:基于2005—2018年《中国统计年鉴》计算整理得到。

8.2 双重环境规制、能源贫困与包容性绿色发展的关系分析

8.2.1 模型构建

为检验双重环境规制、能源贫困与包容性绿色发展的影响效应,本书采用2004年至2017年我国省级面板数据,以包容性绿色发展为被解释变量,以能源贫困、正式环境规制和非正式环境规制为解释变量,构建如式(8-3)、(8-4)的面板数据模型,计量模型如下:

$$GIG_{it} = \beta_0 + \beta_1 EP_{it} + \beta_2 ER_{it} + \beta_3 ER_{it}^2 + \alpha Ctrls_{it} + \varepsilon_{it} \quad (8-3)$$

$$GIG_{it} = \beta_0 + \beta_1 EP_{it} + \beta_2 IER_{it} + \beta_3 IER_{it}^2 + \alpha Ctrls_{it} + \varepsilon_{it} \quad (8-4)$$

其中,$Ctrls_{it}$为控制变量集合;i代表地区,t代表年份;GIG_{it}为被解释变量,代表包容性绿色发展;EP_{it}为核心解释变量,代表能源贫困水平;ER_{it}为解释变量,代表正式环境规制强度;IER_{it}为解释变量,代表非正式环境规制强度;控制变量包括民营化水平($Priv$)、外贸依存度(Fid)以及基础设施建设($Infra$);ε_{it}为残差项。

8.2.2 变量说明与数据来源

(1)被解释变量:包容性绿色发展(GIG_{it}),采用上文构建的包容性绿色发展综合评价指标体系,运用因子分析法测算所得结果。

(2)解释变量:① 能源贫困水平(EP_{it}),采用第三章构建的能源贫困评价指标体系,运用熵值法测算所得结果;② 正式环境规制强度(ER_{it}),采用上文测定结果;③ 非正式环境规制强度(IER_{it}),采用上文测定结果。

(3)控制变量:

① 民营化水平($Priv$),采用私营和个体从业人员占全部产业从业人员比例来表征民营化水平。现阶段,不断深入的市场化改革推动着民营化的发展。一方面,民营企业作为市场最活跃的因子,对完善国民经济结构、解决就业问题、激发市场活力和维护社会稳定等发挥着重要作用;另一方面,由于企业规模与资金受限,民营企业的风险承受能力有限,在经济大环境波动下,容易出现资金周转困难并造成经济发展的不稳定性。因此,现阶段民营化水平

是否能推动包容性绿色发展还有待检验。

② 外贸依存度(Fid),使用外商直接投资占全省区市GDP比重来反映。一方面,好的外贸环境能够吸引外商投资,并且带来先进的技术溢出效应,推动经济发展;另一方面,根据"污染避难所假说",发达国家将污染大的产业转移到欠发达国家与地区,外资的引进可能伴随着污染的引进。此外,外商在投资传统的制造企业时过分注重投资回报,往往会忽略对生态环境的保护,外商投资对包容性绿色发展的促进作用有限。因此,外贸依存度对包容性绿色发展的影响效应还有待检验。

③ 基础设施建设($Infra$),用人均长途光缆线路长度来表征。一方面,基础设施的建设有助于改善地区的交通状况。公共交通的推广能推动节能减排,有利于包容性绿色发展。另一方面,地方政府往往拥有不受限制的决策权,这些行政干预可能导致资源的配置与市场的调节作用脱节,进而带来资源错配、产能过剩等问题,这都会对包容性绿色发展带来负面影响。因此,现阶段的基础设施建设对包容性绿色发展的影响效应还有待检验。

本书选取了2004年至2017年中国30个省区市(除西藏、港澳台地区)为研究样本。包容性绿色发展指标体系、能源贫困指标体系和正式环境规制以及控制变量所涉及的相关数据来自各省区市统计年鉴、《中国统计年鉴》、《中国能源统计年鉴》、《中国农业统计资料》、《中国农村统计年鉴》以及《中国环境统计年鉴》。主要变量的描述性统计如表8-3所示。

表8-3　变量的描述性统计

变量	样本量	均值	标准差	最小值	最大值
GIG	450	0.000	1.480	−4.237	3.969
EP	450	49.803	9.037	27.701	74.469
ER	450	0.764	0.624	0.104	4.795
IER	450	0.000	0.692	−1.392	2.852
$Priv$	450	0.267	0.163	0.045	0.979
Fid	450	2.417	1.872	0.041	9.142
$Infra$	450	0.083	0.085	0.0004	0.466

数据来源:基于2005—2018年《中国统计年鉴》《中国环境统计年鉴》等计算整理得到。

8.2.3 双重环境规制、能源贫困对包容性绿色发展影响的实证分析

本章首先实证检验了能源贫困与包容性绿色发展的关系,其次分析了双重环境规制对包容性绿色发展的影响效应,最后对实证结果进行了稳健性检验。考虑到不同估计方法的效率差异与研究对象个体效应的存在,本章采用混合效应模型和固定效应模型对参数进行估计,并汇报了随机效应模型的估计结果,以作比较。

(1) 能源贫困对包容性绿色发展影响的实证结果分析

表 8-4 中,模型(1)和模型(2)不考虑双重环境规制,仅考虑能源贫困与包容性绿色增长的关系。其中,模型(1)为仅含核心解释变量的估计结果,能源贫困对包容性绿色发展的回归系数 $\beta_1=-0.138(p<0.01)$,显著为负,与预期完全一致。模型(2)是纳入了民营化水平、外贸依存度和基础设施建设三个控制变量的估计结果。其中,能源贫困对包容性绿色发展的回归系数 $\beta_1=-0.054(p<0.01)$,估计系数符号保持不变,且估计系数绝对值下降,表明控制变量选取的有效性。

表 8-4 的模型(4)和表 8-5 的模型(4)分别考虑了正式环境规制与非正式环境规制的作用,能源贫困对包容性绿色发展的回归系数分别为 -0.049 和 -0.017,估计系数为负,且二者也都在 1% 的显著性水平下显著。以上实证结果均表明能源贫困抑制了包容性绿色发展。因此,假设 12 得到验证。能源贫困一是减少了劳动供给,降低经济收入,降低了经济发展速度;二是侵占了孩童受教育时间,降低受教育水平,不利于民生福利改善;三是破坏森林植被,排放温室气体,增加生态环境风险。这也表明,降低能源贫困水平对包容性绿色发展有着显著的正向促进作用。能源减贫有助于促进经济发展、改善民生福利、降低生态环境风险,进而推动我国包容性绿色发展。

另外,根据表 8-4 中模型(2)的实证结果可知:① 民营化水平($Priv$)的回归系数为 $2.245(p<0.01)$,显著为正。这表明现阶段民营化水平的提升有助于推动包容性绿色发展,我国积极推动市场化改革已显示出一定的成效。民营企业作为我国混合制经济体系中最具有活力的因子之一,其稳定发展必将推动经济增长与提高民生福利,以此促进我国的包容性绿色发展。值得注意的是,2020 年新冠疫情肆虐,中国民营经济走过一段冰火淬炼的历程。疫情重创下的民营企业更应借此机遇积极推动自身智能化转型,创新人才储备、增加研发收入,在内循环为主的双循环格局中迎来更大发展,以有力

支撑我国包容性绿色发展。② 外贸依存度（Fid）的回归系数为 0.031（$p<0.1$），具有显著的正向调节效应。良好的外贸环境能够吸引外商投资，优化企业融资结构，并且具有先进技术溢出效应。在《中华人民共和国外商投资法》2020 年 1 月 1 日开始实施一年多以来，我国利用外资在新冠疫情挑战下逆势增长 4.5%，引资规模和全球占比创历史新高，成为全球最大外资流入国。2020 年，全年新设外商投资企业 5.1 万户。随着上述外商投资法的落实，我国外资准入更自由、投资活动更便利、服务体系更健全、权益保护更有效、市场竞争更公平。良好的外贸环境是我国包容性绿色发展的重要保障。③ 基础设施建设（Infra）的回归系数为 -1.869（$p<0.01$），显著为负。这表明基础设施建设水平的提高反而会抑制包容性绿色发展，这可能是因为地方政府存在一些过度的行政干预，导致资源的配置与市场的调节作用脱节，进而带来资源错配、产能过剩等问题。同时，城镇基础设施的建设往往伴随着空气污染与噪声污染，也会对周围的生态环境造成影响，这都会给包容性绿色发展带来负面影响。

表 8-4 基准回归结果：正式环境规制、能源贫困与包容性绿色发展

变量	OLS	FE			RE		
	模型(1)	模型(2)	模型(3)	模型(4)	模型(5)	模型(6)	模型(7)
EP	-0.138^{***} (−31.01)	-0.054^{***} (−11.10)		-0.049^{***} (−9.71)	-0.059^{***} (−11.84)		-0.054^{***} (−10.47)
ER			-0.389^{***} (−4.86)	-0.161^{**} (−2.12)		-0.406^{***} (−4.79)	-0.162^{**} (−2.02)
ER^2			0.072^{***} (2.94)	0.024 (1.06)		0.075^{***} (2.97)	0.025 (1.08)
$Priv$		2.245^{***} (9.31)	3.478^{***} (14.92)	2.328^{***} (9.63)	2.242^{***} (9.08)	3.511^{***} (14.55)	2.321^{***} (9.38)
Fid		0.031^{*} (1.69)	0.0477^{**} (2.33)	0.029 (1.57)	0.036^{*} (1.92)	0.049^{**} (2.40)	0.033^{*} (1.77)
$Infra$		-1.869^{***} (−6.08)	-3.007^{***} (−9.65)	-1.844^{***} (−6.03)	-1.463^{***} (−4.59)	-2.790^{***} (−8.61)	-1.453^{***} (−4.58)
常数项	6.98^{***} (30.55)	2.233^{***} (7.86)	-0.513^{***} (−4.65)	2.103^{***} (7.32)	2.438^{***} (7.68)	-0.550 (−2.72)	2.308^{***} (7.21)
N	450	450	450	450	450	450	450

注：***、**、* 分别表示在 1%、5% 和 10% 的水平下显著。
数据来源：基于 2005—2018 年《中国统计年鉴》《中国环境统计年鉴》等计算整理得到。

(2) 双重环境规制对包容性绿色发展影响的实证结果分析

① 正式环境规制对包容性绿色发展作用的检验。表 8-4 中模型(3)的结果显示,正式环境规制对包容性绿色发展的回归系数为 $\beta_2=-0.389(p<0.01)$,显著为负;而正式环境规制平方项对包容性绿色发展的回归系数为 $\beta_3=0.072(p<0.01)$,显著为正,表明正式环境规制与包容性绿色发展之间具有"U 型"关系,假设 13 前半部分得到验证。这是因为环境规制对企业绿色创新始终有正向的"绿色创新补偿"效应和负向的"遵循成本"效应。在正式环境规制较弱的初期,企业通常会选择缴纳排污费,增加企业非生产的费用支出,并不会考虑绿色转型。此时,企业的"遵循成本"效应大于"绿色创新补偿"效应。然而随着正式环境规制强度的加大,企业开始选择优化资源配置,推动绿色转型,增强自身核心竞争力,"绿色创新补偿"效应逐渐超过"遵循成本"效应,从而体现出对包容性绿色发展的推动作用。

对模型(3)进一步分析可得,"U 型"曲线的拐点为 $ER=2.701$,而样本面临的环境规制的均值为 0.764,小于"U 型"曲线的拐点,说明现阶段正式环境规制对包容性绿色发展的影响还位于"U 型"曲线的左侧下降阶段,即对包容性绿色发展存在一定程度的抑制作用。这可能是因为现阶段中国经济正处于经济转型的阵痛期,在正式环境规制下,企业"遵循成本"效应大于"绿色创新补偿"效应,企业前期的创新产出还处于起步积累阶段,创新回报并不能补偿企业的研发投入。值得注意的是,表 8-4 的模型(4)显示的是同时纳入能源贫困与正式环境规制两个解释变量的回归结果。将能源贫困纳入考虑后,正式环境规制对包容性绿色发展的回归系数为 $\beta_2=-0.161(p<0.05)$,显著为负;而正式环境规制平方项对包容性绿色发展的回归系数为 $\beta_3=0.024(p>0.1)$,为正但不显著,表明在能源贫困与正式环境规制的同时作用下,正式环境规制对包容性绿色发展并不存在显著的"U 型"关系,因此,需要对正式环境规制、能源贫困和包容性绿色发展的影响效应进行深入分析。

② 非正式环境规制对包容性绿色发展作用的检验。表 8-5 中模型(3)的结果显示,非正式环境规制对包容性绿色发展的回归系数为 $\beta_2=1.503(p<0.01)$,而非正式环境规制平方项对包容性绿色发展的回归系数为 $\beta_3=-0.145(p<0.01)$,二次项的系数显著为负,表明非正式环境规制与包容性绿色发展之间具有"倒 U 型"关系,假设 13 的后半部分得到验证。这是因为在非正式环境规制的初期,规制强度较弱,公众环保意识对环境治理具有积

极的贡献。向政府和媒体投诉、曝光对企业有着一定的压力,推动了企业的节能减排与绿色转型。然而,公众往往仅局限于自身利益的诉求,缺乏全局考虑。非正式环境规制强度的进一步加大,会对企业造成极大的舆论压力,损害企业的社会信誉与形象,这将不利于企业的绿色转型发展,也制约了包容性绿色发展。因此,非正式环境规制对包容性绿色发展的影响表现为低规制强度下的促进作用与高规制强度下的抑制作用,导致包容性绿色发展先上升后下降,呈现"倒 U 型"关系。

对模型(3)进一步分析可得,"倒 U 型"曲线的拐点为 $IER=5.183$,而样本面临的环境规制的平均水平小于曲线的拐点,说明现阶段中国非正式环境规制强度对包容性绿色发展的影响位于"倒 U 型"曲线的上升阶段。显然,现阶段公众的环保意识与环境监督作用尚处于萌芽阶段,适度的非正式环境规制将推进我国的包容性绿色发展。表 8-5 的模型(4)是同时纳入能源贫困与非正式环境规制两个解释变量的回归结果。非正式环境规制对包容性绿色发展的回归系数为 $\beta_2=1.340(p<0.01)$,显著为正;而非正式环境规制平方项对包容性绿色发展的回归系数为 $\beta_3=-0.140(p<0.01)$,显著为负,表明在能源贫困与非正式环境规制的同时作用下,非正式环境规制对包容性绿色发展依旧存在显著的"倒 U 型"关系。

表 8-5 基准回归结果:非正式环境规制、能源贫困与包容性绿色发展

变量	OLS		FE			RE		
	模型(1)	模型(2)	模型(3)	模型(4)	模型(5)	模型(6)	模型(7)	
EP	−0.104*** (−28.34)	−0.054*** (−11.10)		−0.017*** (−4.01)	−0.059*** (−11.84)		−0.022*** (−5.00)	
IER			1.503*** (21.23)	1.340*** (16.68)		1.482*** (20.11)	1.264*** (15.05)	
IER^2			−0.145*** (−5.92)	−0.140*** (−5.84)		−0.153*** (−5.70)	−0.149*** (−5.55)	
$Priv$		2.245*** (9.31)	0.725*** (3.26)	0.642*** (2.93)	2.242*** (9.08)	0.766*** (3.34)	0.709*** (3.08)	
Fid		0.031* (1.69)	0.033** (2.32)	0.027 (1.96)	0.036* (1.92)	0.027* (1.90)	0.022 (1.57)	
$Infra$		−1.869*** (−6.08)	−0.790*** (−3.25)	−0.598** (−2.46)	−1.463*** (−4.59)	−0.691*** (−2.74)	−0.416 (−1.61)	

(续表)

变量	OLS	FE			RE		
	模型(1)	模型(2)	模型(3)	模型(4)	模型(5)	模型(6)	模型(7)
常数项	5.278*** (28.58)	2.233*** (7.86)	−0.128 (−1.67)	0.749*** (3.24)	2.438*** (7.68)	−0.134 (−0.71)	0.990*** (3.60)
N	450	450	450	450	450	450	450

注：***、**、*分别表示在1%、5%和10%的水平下显著。

数据来源：基于2005—2018年《中国统计年鉴》《中国环境统计年鉴》等计算整理得到。

(3) 稳健性检验

本章构建了双重环境规制、能源贫困和包容性绿色发展的关系模型，并以2004年至2017年我国30个省份为样本进行了计量检验。为确保模型结果的稳健性和可靠性，尝试做了以下稳健性检验：将核心解释变量能源贫困(EP)分解成用能水平(EL)、用能结构(ES)与用能能力(EC)，在个体固定效应模型的基础上引入时间固定效应模型，并以用能水平(EL)、用能结构(ES)与用能能力(EC)三者分别作为被解释变量对模型进行重新估计。与能源贫困指标相同，用能水平、用能结构和用能能力也为负向指标，分值越高表明其贫困水平越高。

检验结果如表8-6所示，模型(1)的用能水平(EL)、模型(2)的用能结构(ES)对包容性绿色发展的回归系数都显著为负，这表明提高用能水平、改善用能结构对包容性绿色发展具有显著的促进作用，这与上文结论保持一致。值得注意的是，模型(3)中用能能力(EC)的回归系数显著为正，可能是使用现代清洁能源的成本高于使用传统煤炭的成本，会增大居民燃料支出在可支配收入中的比例，且能源消费量的提高意味着温室气体排放的增多，一定程度上增加了环境资源风险，对包容性绿色发展存在抑制作用。从正式环境规制角度来看，模型(4)、模型(5)和模型(6)中，正式环境规制对包容性绿色发展的回归系数都显著为负，而正式环境规制平方项对包容性绿色发展的回归系数都为正，证实了正式环境规制与包容性绿色发展之间存在"U型"关系。从非正式环境规制角度来看，模型(7)、模型(8)和模型(9)中，非正式环境规制对包容性绿色发展的回归系数都在1%的水平下显著为正，而非正式环境规制平方项对包容性绿色发展的回归系数在1%的水平下显著为负，也进一步验证了非正式环境规制与包容性绿色发展之间存在"倒U型"关系。

表 8-6 稳健性检验结果

变量	能源贫困			正式环境规制			非正式环境规制		
	模型(1)	模型(2)	模型(3)	模型(4)	模型(5)	模型(6)	模型(7)	模型(8)	模型(9)
EL	−0.012*** (−3.50)			−0.044*** (−17.96)			−0.021*** (−6.82)		
ES		−0.005*** (−2.90)			−0.004** (−2.49)			−0.002*** (−3.47)	
EC			0.012*** (3.10)			0.011*** (3.16)			0.009** (2.36)
ER				−0.171*** (−2.78)	−0.407*** (−4.93)	−0.364* (−4.71)			
ER^2				0.030* (1.64)	0.075 (3.04)	0.0675* (2.85)			
IER							1.046*** (11.03)	1.499*** (21.20)	1.579*** (20.36)
IER^2							−0.101*** (−4.24)	−0.150*** (−6.08)	−0.160*** (−6.36)
控制变量	有	有	有	有	有	有	有	有	有
固定个体	是	是	是	是	是	是	是	是	是
固定年份	是	是	是	是	是	是	是	是	是
N	450	450	450	450	450	450	450	450	450

注：***、**、*分别表示在1%、5%和10%的水平下显著。

数据来源：基于2005—2018年《中国环境统计年鉴》《中国统计年鉴》等计算整理得到。

8.2.4 区域异质性实证结果分析

考虑到我国幅员辽阔、气候不一,各地能源禀赋、居民用能习惯以及政府环境规制政策也不尽相同,存在着较大的地区差异。因而,本节尝试按照东、中、西部三大经济区进行划分,对能源贫困以及双重环境规制对包容性绿色发展的影响进行异质性分析。本节采用固定效应模型和随机效应模型进行参数估计,根据 Hausman 检验结果,最终选择固定效应模型的参数估计结果。

(1) 东部地区实证检验

表 8-7 实证检验了东部地区能源贫困以及双重环境规制对包容性绿色发展的影响效应。模型(1)、模型(2)分别是不考虑控制变量以及纳入控制变量的回归结果。其中,能源贫困对包容性绿色发展的回归系数均显著为负,表明东部地区与全国全样本保持一致,能源贫困不利于包容性绿色发展。纳入控制变量的回归结果中,相较于中部地区与西部地区,东部地区估计系数绝对值最大,表明在东部地区,能源贫困对包容性绿色发展的影响效应最大。模型(3)、模型(4)中,正式环境规制对包容性绿色发展的回归系数都显著为负,而正式环境规制平方项对包容性绿色发展的回归系数均为正,证实了东部地区正式环境规制与包容性绿色发展之间也存在"U 型"关系。模型(5)、模型(6)中,非正式环境规制对包容性绿色发展的回归系数都显著为正,而非正式环境规制平方项对包容性绿色发展的回归系数均为负,证实了东部地区非正式环境规制与包容性绿色发展之间也存在"倒 U 型"关系。因此,东部地区能源贫困以及双重环境规制对包容性绿色发展的影响效应与全国全样本是最接近的。

表 8-7 东部地区实证检验结果

变量	能源贫困		正式环境规制		非正式环境规制	
	模型(1)	模型(2)	模型(3)	模型(4)	模型(5)	模型(6)
EP	−0.099*** (−15.73)	−0.056*** (−6.55)		−0.050*** (−5.72)		0.009 (0.96)
ER			−0.815*** (−3.50)	−0.587** (−2.74)		
ER^2			0.268*** (2.77)	0.216** (2.46)		

(续表)

变量	能源贫困		正式环境规制		非正式环境规制	
	模型(1)	模型(2)	模型(3)	模型(4)	模型(5)	模型(6)
IER					1.714*** (12.77)	1.839*** (9.84)
IER^2					−0.185*** (−4.39)	−0.186*** (−4.41)
$Priv$		1.225*** (3.65)	2.445*** (7.17)	1.469*** (4.18)	0.008 (0.03)	−0.039** (−0.13)
Fid		−0.041* (−1.74)	−0.048*** (−1.89)	−0.035 (−1.54)	−0.026*** (−1.45)	−0.027 (−1.51)
$Infra$		−1.435*** (−3.58)	−2.271*** (−5.64)	−1.388*** (−3.52)	−0.374*** (−1.14)	−0.415 (−1.25)
常数项	5.601*** (19.91)	3.563*** (8.14)	1.109*** (5.66)	3.437*** (7.75)	0.656*** (4.75)	0.204 (0.41)
N	450	450	450	450	450	450

注：***、**、*分别表示在1%、5%和10%的水平下显著。
数据来源：基于2005—2018年《中国统计年鉴》《中国环境统计年鉴》等计算整理得到。

(2) 中部地区实证检验

表8-8实证检验了中部地区能源贫困以及双重环境规制对包容性绿色发展的影响效应。模型(1)、模型(2)中,能源贫困对包容性绿色发展的回归系数都显著为负,表明中部地区的能源贫困不利于包容性绿色发展。模型(3)中,正式环境规制的平方项对包容性绿色发展的回归系数不显著,表明中部地区正式环境规制与包容性绿色发展不存在"U型"关系。故补充模型(4)只对正式环境规制一次项回归,回归结果在5%的水平下显著为负,说明中部地区正式环境规制对包容性绿色发展有抑制作用。这可能是因为中部地区经济发展水平较低,企业人才和资金储备比较薄弱,正式环境规制提高了企业排污成本,挤占企业创新资金,限制企业生产规模,从而降低了企业的经济收益。同时,困于当地落后的经济水平和匮乏的教科资源,绿色转型带来的收益并不能补偿企业的研发投入,导致正式环境规制对包容性绿色发展始终具有抑制作用。模型(6)中,非正式环境规制平方项对包容性绿色发展的回归系数不显著,表明中部地区非正式环境规制与包容性绿色发展不存在"倒U型"关系。补充模型(7)只对非正式环境规制一次项回归,回归结果在1%

表 8-8　中部地区实证检验结果

变量	能源贫困			正式环境规制			非正式环境规制	
	模型(1)	模型(2)	模型(3)	模型(4)	模型(5)	模型(6)	模型(7)	模型(8)
EP	−0.111*** (−14.28)	−0.044*** (−5.98)		−0.166** (−2.09)	−0.037*** (−3.86)			−0.034*** (−4.52)
ER			0.056 (0.31)		−0.051 (−0.58)			
ER^2			−0.109 (−1.33)					
IER						1.018*** (6.74)	1.006*** (6.93)	0.847*** (5.77)
IER^2						−0.083 (−0.56)		
$Priv$		3.464*** (7.58)	3.871*** (8.67)	3.828*** (8.55)	3.520*** (7.69)	2.055*** (4.49)	2.126*** (4.75)	2.222*** (4.81)
Fid		0.270* (5.84)	0.291*** (5.47)	0.304*** (−5.79)	0.277*** (5.54)	0.196*** (4.38)	0.222*** (4.93)	0.262*** (5.94)
$Infra$		−1.987*** (−2.87)	−3.949*** (−5.16)	−3.760*** (−4.96)	−2.266*** (−3.14)	−2.115*** (−3.02)	−2.034*** (−2.87)	−0.312 (−0.40)
常数项	5.858*** (13.77)	1.148** (2.27)	−1.19*** (−4.88)	−1.159*** (−4.78)	0.756 (1.30)	−0.686*** (−3.02)	−0.778*** (−3.54)	0.789 (1.64)
N	450	450	450	450	450	450	450	450

注：***、**、* 分别表示在 1%、5% 和 10% 的水平下显著。
数据来源：基于 2005—2018 年《中国统计年鉴》《中国环境统计年鉴》等计算整理得到。

的水平下显著为负,表明中部地区非正式环境规制对包容性绿色发展始终起促进作用。这是因为中部地区居民环保意识较弱,给予企业的压力较小。居民积极参与环境保护与生态治理,对环境治理具有积极的贡献,有利于包容性绿色发展。因此,中部地区能源贫困对包容性绿色发展的影响效应与预期一致。但是不同于全国全样本,正式环境规制与非正式环境规制对包容性绿色发展的影响都是线性的。

(3)西部地区实证检验

表8-9实证检验了西部地区能源贫困以及双重环境规制对包容性绿色发展的影响效应。模型(1)、模型(2)中,能源贫困对包容性绿色发展的回归系数都显著为负,表明西部地区能源贫困不利于包容性绿色发展。模型(3)、模型(4)中,正式环境规制一次项以及正式环境规制平方项对包容性绿色发展的回归系数都不显著,说明西部地区正式环境规制与包容性绿色发展不存在任何显著关系。这可能是因为西部地区工业化进程缓慢,区域市场发展不协调,更需要政府财政与政策支持。同时,正式环境规制体系并不完善,对企业排污的监管体系也不健全,企业绿色转型压力并不迫切,绿色转型对生态环境和经济水平的影响并不显著。模型(5)、模型(6)中,非正式环境规制对包容性绿色发展的回归系数都显著为正,表明西部地区非正式环境规制对包容性绿色发展具有促进作用,其原因可能与中部地区类似。因此,西部地区能源贫困对包容性绿色发展的影响效应与全样本相同,非正式环境规制对包容性绿色发展是正向影响,而正式环境规制与包容性绿色发展并无显著关系。

表8-9 西部地区实证检验结果

变量	能源贫困		正式环境规制		非正式环境规制	
	模型(1)	模型(2)	模型(3)	模型(4)	模型(5)	模型(6)
EP	-0.093*** (-16.33)	-0.041*** (-5.33)				-0.025** (-4.31)
ER			-0.043 (-0.82)	-0.148 (1.23)		
ER^2				0.027 (0.97)		
IER					1.735*** (9.84)	1.332*** (10.51)
IER^2						0.249 (1.64)

(续表)

变量	能源贫困		正式环境规制		非正式环境规制	
	模型(1)	模型(2)	模型(3)	模型(4)	模型(5)	模型(6)
$Priv$		3.543*** (7.74)	4.800*** (11.22)	4.720*** (10.83)	1.376*** (3.12)	1.222** (3.00)
Fid		0.020 (0.44)	0.086** (1.75)	0.076 (1.52)	0.122*** (3.49)	0.079** (2.27)
$Infra$		−1.906** (−2.52)	−3.555*** (−4.71)	−3.548*** (−4.70)	0.264 (0.40)	1.205* (1.89)
常数项	3.93*** (12.66)	0.482 (1.01)	−1.904*** (−11.50)	−1.817*** (−9.63)	−0.910*** (−6.24)	0.402 (1.12)
N	450	450	450	450	450	450

注：***、**、* 分别表示在1%、5%和10%的水平下显著。
数据来源：基于2005—2018年《中国统计年鉴》《中国环境统计年鉴》等计算整理得到。

8.2.5 进一步的分析：能源贫困对包容性绿色发展的非线性影响效应

上文对双重环境规制的调节效应和中介效应进行了详细的分析。那么在不同的正式环境规制与非正式环境规制强度作用下，能源贫困对包容性绿色发展的影响是如何变化的？为此，本书采用Hansen提出的面板门槛回归模型，以正式环境规制与非正式环境规制作为门槛变量，分别检验正式环境规制与非正式环境规制调节下，能源贫困对包容性绿色发展的影响效应。同时，参考江心英等（2019）的做法，将正式环境规制与非正式环境规制的交叉项作为门槛变量，建立以下三个模型，进一步分析双重环境规制作用下，能源贫困与包容性绿色发展的非线性关系。

$$GIG_{it} = \alpha_0 + \alpha_1 EP_{it} \times I(ER_{it} \leqslant \gamma_1) + \alpha_2 EP_{it} \times I(\gamma_1 < ER_{it} \leqslant \gamma_2)$$
$$+ \cdots + \alpha_n EP_{it} \times I(\gamma_{n-1} < ER_{it} \leqslant \gamma_n) + \alpha_{n+1} EP_{it} \times I(ER_{it} > \gamma_n)$$
$$+ \sum \theta_m Ctrls_{it} + \eta_i + \mu_t + \varepsilon_{it}$$

(8-5)

$$GIG_{it} = \beta_0 + \beta_1 EP_{it} \times I(IER_{it} \leqslant \gamma_1) + \beta_2 EP_{it} \times I(\gamma_1 < IER_{it} \leqslant \gamma_2)$$
$$+ \cdots + \beta_n EP_{it} \times I(\gamma_{n-1} < IER_{it} \leqslant \gamma_n) + \beta_{n+1} EP_{it} \times I(IER_{it} > \gamma_n)$$
$$+ \sum \theta_m Ctrls_{it} + \eta_i + \mu_t + \varepsilon_{it}$$

(8-6)

$$GIG_{it} = e_0 + e_1 EP_{it} \times I(CossER_{it} \leqslant \gamma_1) + e_2 EP_{it} \times I(\gamma_1 < CossER_{it}$$
$$\leqslant \gamma_2) + \cdots + e_n EP_{it} \times I(\gamma_{n-1} < CossER_{it} \leqslant \gamma_n) + e_{n+1} EP_{it}$$
$$\times I(CossER_{it} > \gamma_n) + \sum \theta_m Ctrls_{it} + \eta_i + \mu_t + \varepsilon_{it}$$

(8-7)

其中,i 代表地区,t 代表年份;GIG_{it} 表示包容性绿色发展,EP_{it} 表示能源贫困,ER_{it}、IER_{it}、$CossER_{it}$ 分别表示正式环境规制、非正式环境规制与双重环境规制;$Ctrls_{it}$ 代表控制变量,η_i、μ_t 分别反映个体固定效应和时间固定效应,ε_{it} 为随机扰动项。

表 8-10 为双重环境规制的门槛检验结果。可以看出,正式环境规制、非正式环境规制和双重环境规制都存在显著的门槛效应。其中,以正式环境规制作为门槛变量时,单一门槛的 F 值通过了 10% 的显著性检验,双重门槛的 F 值通过了 10% 的显著性检验,即随着正式环境规制强度的变化,能源贫困对包容性绿色发展具有双重门槛效应。以非正式环境作为门槛变量时,单一门槛、双重门槛和三重门槛的 F 值均通过了 1% 的显著性检验,表明随着非正式环境规制强度的变化,能源贫困对包容性绿色发展具有三重门槛效应。最后,以双重环境规制作为门槛变量时,单一门槛、双重门槛和三重门槛的 F 值均通过了 1% 的显著性检验,说明随着双重环境规制强度的变化,能源贫困对包容性绿色发展具有三重门槛效应。

表 8-10 双重环境规制门槛检验结果

门槛变量	门槛顺序	门槛值	F 值	P 值	95% 置信区间	BS 次数
正式环境规制	单一门槛	0.446	8.777*	0.053	[0.270, 1.777]	300
	双重门槛	1.686	6.658*	0.060	[0.179, 1.777]	300
非正式环境规制	单一门槛	−0.545	133.092***	0.000	[−0.573, −0.471]	300
	双重门槛	−0.174	67.205***	0.000	[−0.199, −0.171]	300
	三重门槛	0.238	39.417***	0.007	[0.214, 0.235]	300
双重环境规制	单一门槛	−0.195	126.589***	0.000	[−0.213, −0.162]	300
	双重门槛	−0.096	58.815***	0.000	[−0.199, −0.009]	300
	三重门槛	0.046	21.389***	0.000	[−0.018, 0.054]	300

注:***、**、* 分别表示在 1%、5% 和 10% 的水平下显著。
数据来源:基于 2005—2018 年《中国统计年鉴》《中国环境统计年鉴》等计算整理得到。

表 8-11 为环境规制下,能源减贫对包容性绿色发展的门槛回归结果。在

不同环境规制强度下,能源减贫对包容性绿色发展的影响存在显著的差异。

当正式环境规制强度小于等于 0.446 时,能源贫困对包容性绿色发展的回归系数为 -0.047;当正式环境规制强度大于 0.446 且小于等于 1.686 时,能源贫困对包容性绿色发展的回归系数为 -0.050;当正式环境规制强度大于 1.686 时,能源贫困对包容性绿色发展的回归系数为 -0.053。表明在不同的正式环境规制强度下,能源贫困对包容性绿色发展有显著的抑制作用,且随着正式环境规制强度的上升,能源贫困对包容性绿色发展的负向作用逐渐加强。

当非正式环境规制强度小于等于 -0.545 时,能源贫困对包容性绿色发展的回归系数为 -0.049;当非正式环境规制强度大于 -0.545 且小于等于 -0.174 时,能源贫困对包容性绿色发展的回归系数为 -0.044;当非正式环境规制强度大于 -0.174 且小于等于 0.238 时,能源贫困对包容性绿色发展的回归系数为 -0.036;当非正式环境规制强度大于 0.238 时,能源贫困对包容性绿色发展的回归系数为 -0.028。说明考虑非正式环境规制时,能源贫困对包容性绿色发展始终有负向的影响效应,但是随着非正式环境规制强度的增大,能源贫困对包容性绿色发展的抑制作用会有所减弱。

当双重环境规制强度小于等于 -0.193 时,能源贫困对包容性绿色发展的回归系数为 -0.048;当双重环境规制强度大于 -0.193 且小于等于 -0.017 时,能源贫困对包容性绿色发展的回归系数为 -0.042;当双重环境规制强度大于 -0.017 且小于等于 0.046 时,能源贫困对包容性绿色发展的回归系数为 -0.037;当双重环境规制强度大于 0.046 时,能源贫困对包容性绿色发展的回归系数为 -0.033。以上表明,在正式环境规制和非正式环境规制的共同作用下,随着环境规制强度的上升,能源贫困对包容性绿色发展的抑制作用逐渐减弱。

表 8-11 双重环境规制门槛回归结果

门槛变量	模型(1) 正式环境规制 ER	模型(2) 非正式环境规制 IER	模型(3) 双重环境规制 CossER
常数项	2.021*** (7.06)	1.701*** (7.28)	1.789*** (7.35)
$EP \cdot I(ER \leqslant 0.446)$	-0.047*** (-9.36)		

(续表)

门槛变量	模型(1) 正式环境规制 ER	模型(2) 非正式环境规制 IER	模型(3) 双重环境规制 CossER
$EP \cdot I(0.446 < ER \leqslant 1.686)$	-0.050^{***} (-10.19)		
$EP \cdot I(ER > 1.686)$	-0.053^{***} (-10.83)		
$EP \cdot I(IER \leqslant -0.545)$		-0.049^{***} (-12.51)	
$EP \cdot I(-0.545 < IER \leqslant -0.174)$		-0.044^{***} (-10.86)	
$EP \cdot I(-0.174 < IER \leqslant 0.238)$		-0.036^{***} (-8.61)	
$EP \cdot I(IER > 0.238)$		-0.028^{***} (-6.61)	
$EP \cdot I(CossER \leqslant -0.193)$			-0.048^{***} (-11.74)
$EP \cdot I(-0.193 < CossER \leqslant -0.017)$			-0.042^{***} (-9.69)
$EP \cdot I(-0.017 < CossER \leqslant 0.046)$			-0.037^{***} (-8.20)
$EP \cdot I(CossER > 0.046)$			-0.033^{***} (-7.75)
控制变量	有	有	有
N	450	450	450
F统计量	229.67^{***}	340.83^{***}	315.63^{***}

注：***、**、* 分别表示在1％、5％和10％的水平下显著。
数据来源：基于2005—2018年《中国统计年鉴》《中国环境统计年鉴》等计算整理得到。

8.3 双重环境规制、能源贫困与包容性绿色发展的调节效应检验

8.3.1 模型构建

调节变量和中介变量在实证检验中被广泛使用。温忠麟等(2012)从研究目的、关联概念、典型模型、变量的位置和功能、效应的估计和检验方法等角度,对调节变量和中介变量、调节效应和中介效应以及相应的模型做了系统的比较。不过,大多数研究学者的研究模型要么是调节模型,要么是中介模型。也就是说,模型中除了自变量和因变量外,只涉及一种第三变量。事实上,实际问题研究中,可能同时包含调节变量和中介变量。如本书在研究能源贫困与包容性绿色发展的关系中,双重环境规制是调节变量,可能存在一个中介变量,双重环境规制影响该中介变量,且中介变量影响包容性绿色发展,说明该模型是同时存在中介效应和调节效应的混合模型。

(1) 调节效应的定义

如果变量 Y 与变量 X 的关系是变量 M 的函数,称 M 为调节变量。就是说,Y 与 X 的关系受到第三个变量 M 的影响。这种有调节变量的模型一般可以用图 8-1 示意它影响因变量和自变量之间关系的方向(正或负)和强弱。

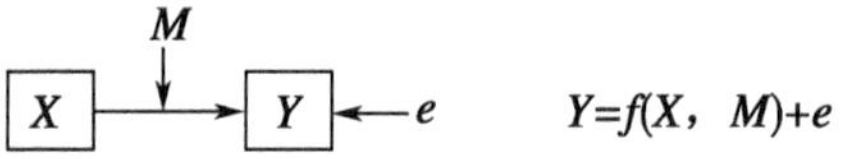

图 8-1 简单调节效应传导示意图

本书主要考虑最简单常用的调节模型,即假设 Y 与 X 有如下关系:

$$Y = aX + bM + cXM + e_1 \qquad (8-8)$$

可以把上式重新写成:

$$Y = bM + (a + cM)X + e_1 \qquad (8-9)$$

对于固定的 M,这是 Y 对 X 的直线回归。Y 与 X 的关系由回归系数 $(a+cM)$ 来刻画,系数 c 衡量了调节效应的大小。

(2) 中介效应的定义

考虑自变量 X 对因变量 Y 的影响,如果 X 通过影响变量 M 来影响 Y,则称 M 为中介变量,如图 8-2 所示。中介效应主要揭示了变量间的内部传导机制。

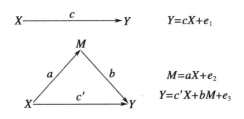

图 8-2 简单中介效应传导示意图

本节介绍最简单常用的中介模型,即假设 Y 与 X 有如下关系:

$$Y = cX + e_1 \tag{8-10}$$

$$M = aX + e_2 \tag{8-11}$$

$$Y = c'X + bM + e_3 \tag{8-12}$$

X 为核心解释变量,M 为中介变量,Y 为被解释变量,c 表示 X 对 Y 的总效应,a 为 X 对中介变量 M 的效应,b 为中介变量 M 对 Y 的效应,ab 为核心解释变量 X 通过中介变量 M 对 Y 产生的效应,c' 为控制了中介变量以后 X 对 Y 的直接效应,e_1,e_2,e_3 为误差项。

(3) 有中介的调节效应

如果一个模型同时包含调节变量和中介变量,这些变量出现在模型中的位置不同会产生不同的模型,分别是有中介的调节变量模型、有调节的中介变量模型和混合模型。根据上一节的实证结果,本节采用有中介的调节变量模型检验双重环境规制对能源贫困与包容性绿色发展的调节效应及其中介传导机制。

有中介的调节效应显著意味着:

① 做 Y 对 X、U 和 $U*X$ 的回归,$U*X$ 的系数显著(这一步说明 U 对 Y 与 X 关系的调节效应显著);

② 做 W 对 X、U 和 $U*X$ 的回归,$U*X$ 的系数显著;

③ 做 Y 对 X、U、$U*X$ 和 W 的回归,W 的系数显著。

如果在第③步中,$U*X$ 的系数不显著,则 U 的调节效应完全通过中介变量 W 起作用。从上面分析步骤可知,检验有中介的调节效应时,先要检验调节效应,然后检验中介效应。

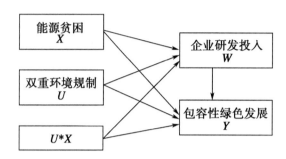

图 8-3 有中介的调节效应示意图

基于第二章的机理分析,本书认为双重环境规制对能源贫困与包容性绿色发展具有调节作用,同时双重环境规制的调节作用通过改变企业科研投入这一途径来影响包容性绿色发展。因此,本节建立如式(8-13)、(8-14)、(8-15)的有中介的调节效应模型:

$$GIG_{it} = \beta_0 + \beta_1 EP_{it} + \beta_2 ER_{it} + \beta_3 EP_{it} \times ER_{it} + \alpha Ctrls_{it} + \varepsilon_{it}$$
(8-13)

$$RD_{it} = \beta_0 + \beta_1 EP_{it} + \beta_2 ER_{it} + \beta_3 EP_{it} \times ER_{it} + \alpha Ctrls_{it} + \varepsilon_{it}$$
(8-14)

$$GIG_{it} = \beta_0 + \beta_1 EP_{it} + \beta_2 ER_{it} + \beta_3 EP_{it} \times ER_{it} + \beta_4 RD_{it} + \alpha Ctrls_{it} + \varepsilon_{it}$$
(8-15)

其中,ER_{it} 为调节变量,代表正式环境规制强度;RD_{it} 为中介变量,代表企业研发资金投入;$EP_{it} \times ER_{it}$ 为调节效应项。其他变量已在之前作了详细论述,此处不再赘述。非正式环境规制(IER_{it})、能源贫困与包容性绿色发展间也为类似的检验模型,在此不再重复列举。

8.3.2 变量说明与数据来源

(1)被解释变量:包容性绿色发展(GIG)。

(2)解释变量:能源贫困(EP)。

(3)调节变量:① 正式环境规制(ER);② 非正式环境规制(IER)。

(4)中介变量:企业研发资金投入(RD),采用各地区工业企业研发投入经费内部支出来表征。

(5) 控制变量：① 民营化水平($Priv$)，采用私营和个体从业人员占全部产业从业人员比例表征；② 外贸依存度(Fid)，使用外商直接投资占全省区市GDP比重来表示；③ 基础设施建设($Infra$)，用人均长途光缆线路长度来表示。

本书选取2004年至2017年中国30个省区市(除西藏、港澳台地区)为研究样本。中介变量企业研发投入数据来自《中国科技统计年鉴》，其他变量已在之前作了详细讲述，此处不再说明。

8.3.3 双重环境规制的调节效应及其传导机制实证分析

(1) 调节效应的实证检验

表8-12实证检验了双重环境规制对能源贫困与包容性绿色发展关系的调节效应。从正式环境规制的调节效应来看，模型(2)中能源贫困与正式环境规制的交互项回归系数是0.014，在10%水平下显著为正，表明正式环境规制在能源贫困与包容性绿色发展关系中是正向的调节作用，假设14前半部分得到验证。由于能源贫困对包容性绿色发展是负向的作用，因此正式环境规制正向调节主效应的负向关系，即正式环境规制弱化了能源贫困对包容性绿色发展的抑制作用，从而对促进包容性绿色发展是积极的。政府通过强制公权力推进能源扶贫政策的实施，主导建设新能源基础设施，推广清洁能源，改善能源贫困水平，以此推动包容性绿色发展。尽管之前的实证结果表明，现阶段正式环境规制对包容性绿色发展的直接影响正处于"U型"曲线左侧的下降阶段，但其调节作用却有利于包容性绿色发展，故现阶段仍需加大正式环境规制强度，推动包容性绿色发展越过"U型"曲线拐点。

从非正式环境规制的调节效应来看，模型(4)的能源贫困与包容性绿色发展的主效应显著为负，而能源贫困与非正式环境规制的交互项回归系数是0.012，在1%水平下显著为正，同样是正向调节主效应的负向关系，即非正式环境规制的正向调节作用改善了能源贫困与包容性绿色发展的矛盾，假设14后半部分得到验证。合理的公众监督能促进企业节能减排、绿色转型。非正式环境规制通过协商谈判、媒体曝光等措施，促使企业革新传统技术，降低污染排放。同时，考虑到之前的实证结果是现阶段非正式环境规制对包容性绿色发展的直接影响正处于"倒U型"曲线左侧的上升阶段，因此需合理控制非正式环境规制强度，保持其对包容性绿色发展的促进作用。

从双重环境规制的调节效应来看，模型(6)是同时考虑正式环境规制与非正式环境规制的实证检验。回归结果中,能源贫困的主效应依旧为负,而能源贫困与正式环境规制以及非正式环境规制的交互项回归系数分别为 0.005($p<0.05$)和 0.015($p<0.01$),都显著为正,表明正式环境规制和非正式环境规制都起正向的调节作用,降低了能源贫困对包容性绿色发展的抑制作用,与前文分析保持一致。进一步对比调节系数,非正式环境规制的调节系数大于正式环境规制的调节系数,说明现阶段非正式环境规制的调节效应更大,有一定的政策参考意义。

表 8-12 调节效应的实证检验:双重环境规制、能源贫困与包容性绿色发展

变量	正式环境规制		非正式环境规制		双重环境规制	
	模型(1)	模型(2)	模型(3)	模型(4)	模型(5)	模型(6)
EP	−0.051*** (−10.18)	−0.056*** (−8.33)	−0.017*** (−4.17)	−0.021*** (−4.84)	−0.016*** (−3.60)	−0.021*** (−4.19)
ER	−0.091** (−2.48)	−0.964*** (−2.28)			−0.040 (−1.38)	−0.305** (−2.07)
IER			0.581** (2.43)	0.701*** (2.90)	1.347*** (15.42)	0.515*** (3.39)
ER×EP		0.014* (1.91)				0.005** (2.00)
IER×EP				0.012*** (3.01)		0.015*** (6.49)
Priv	2.305*** (9.57)	2.319*** (9.60)	0.680*** (3.14)	0.667*** (3.10)	0.409* (1.79)	0.722*** (3.24)
Fid	0.029 (1.56)	0.033* (1.79)	0.018 (1.28)	0.021 (1.52)	0.020 (1.36)	0.012 (0.89)
Infra	−1.836*** (−6.00)	−1.810*** (−5.84)	−0.764** (−3.11)	−0.610* (−2.44)	−0.560** (−2.15)	−0.610** (−2.44)
常数项	2.136*** (7.48)	2.426*** (6.93)	0.789*** (3.45)	0.932*** (4.00)	0.763*** (3.09)	0.957*** (3.70)
N	450	450	450	450	450	450

注:***、**、*分别表示在 1%、5%和 10%的水平下显著。
数据来源:基于 2005—2018 年《中国统计年鉴》《中国环境统计年鉴》等计算整理得到。

(2) 调节效应的中介传导机制检验

研究结果表明,双重环境规制显著调节了能源贫困与包容性绿色发展的关系。那么,双重环境规制的调节效应的传导途径是怎样的呢？理论分析发现,双重环境规制对包容性绿色发展的作用,虽然表现为直接和间接两方面,但间接效应亦是通过影响企业研发资金投入,进一步影响企业创新产出,从而影响包容性绿色发展。因此,本节将企业研发资金投入(RD)作为中介变量来检验调节效应的传导机制。

首先,对模型(8-13)作基准回归,检验双重环境规制对能源贫困与包容性绿色发展关系的调节作用。此部分已在前文详细论述,此处仅重点分析模型(8-14)、模型(8-15)的回归结果。表8-13报告了调节效应的中介传导机制的实证结果。模型(1)和模型(2)验证了正式环境规制调节能源贫困与包容性绿色发展关系的传导路径。由模型(1)可知,正式环境规制与能源贫困的交互项对企业研发投入有显著正向影响,$\beta=0.376$($p<0.01$),意味着正式环境规制会促使企业加大研发投入,加快自身绿色转型。同时,模型(2)表明企业研发投入正向影响包容性绿色发展,且正式环境规制和能源贫困交互项的回归系数0.003要小于基准模型中的回归系数0.014。由此可见,企业的研发投入在正式环境规制调节效应中对包容性绿色发展存在正向的中介效应。

同理,模型(3)和模型(4)验证了非正式环境规制调节能源贫困与包容性绿色发展关系的传导路径。由模型(3)可知,非正式环境规制与能源贫困的交互项对企业研发投入有显著正向影响,$\beta=0.544$($p<0.01$),表明企业面临适度的公众压力同样会提高研发投入。同时,模型(4)中企业研发投入正向影响包容性绿色发展,且非正式环境规制和能源贫困交互项的回归系数0.018要大于基准模型中的回归系数0.012,表明企业研发投入在非正式环境规制调节效应中对包容性绿色发展也存在正向的中介效应。

模型(5)和模型(6)验证了正式环境规制与非正式环境规制调节能源贫困与包容性绿色发展关系的传导路径。由模型(5)可知,正式环境规制、非正式环境规制各自与能源贫困的交互项对企业研发投入都有显著的正向影响。模型(6)中企业研发投入对包容性绿色发展估计系数为正,且正式环境规制、非正式环境规制各自与能源贫困交互项的估计系数与预期保持一致,表明企业研发投入介入了正式环境规制与非正式环境规制的调节效应,且为正向的中介效应。

表 8-13　调节效应的中介传导机制检验：双重环境规制、能源贫困与包容性绿色发展

变量	正式环境规制		非正式环境规制		双重环境规制	
	RD	GIG	RD	GIG	RD	GIG
	模型(1)	模型(2)	模型(3)	模型(4)	模型(5)	模型(6)
RD		0.003** (2.31)		0.006*** (6.12)		0.006*** (5.90)
EP	0.085 (0.42)	−0.055*** (−9.29)	0.299 (1.55)	−0.018*** (−4.44)	0.029 (0.13)	−0.021*** (−4.41)
ER	−18.80*** (−2.82)	−0.293 (−1.49)			−16.050** (−2.46)	0.200 (−1.41)
IER			25.498*** (3.81)	0.379*** (2.59)	23.218*** (3.45)	0.363** (2.46)
$ER \times EP$	0.376*** (3.04)	0.003*** (8.16)			0.305** (2.52)	0.003 (1.32)
$IER \times EP$			0.544*** (5.23)	0.018*** (8.06)	0.509*** (4.83)	0.018*** (7.99)
$Priv$	55.201*** (6.56)	2.115*** (8.16)	48.382*** (4.95)	0.330 (1.52)	51.262*** (5.20)	0.386* (1.75)
Fid	−1.781*** (−2.76)	0.027 (1.47)	−1.608** (−2.55)	0.021 (1.58)	−1.487** (−2.36)	0.022 (1.63)
$Infra$	−133.527*** (−6.03)	−1.200*** (−3.19)	−137.527*** (−6.03)	0.255 (0.90)	−134.121*** (−12.11)	0.267 (0.95)
常数项	17.408 (1.58)	2.278 (7.04)	17.408 (1.58)	0.699 (3.12)	19.501* (1.70)	0.829** (3.33)
N	450	450	450	450	450	450

注：***、**、*分别表示在1%、5%和10%的水平下显著。
数据来源：基于2005—2018年《中国统计年鉴》《中国环境统计年鉴》等计算整理得到。

8.4　本章小结

本章首先构建了双重环境规制、能源贫困和包容性绿色发展的实证模型，分别探讨了能源贫困、正式环境规制和非正式环境规制对包容性绿色发展的影响，同时考察了东、中、西部的区域异质性。然后构建了有中介的调节效应的实证模型，分析了双重环境规制在能源贫困与包容性绿色发展关系中

的调节效应,并检验了调节效应的传导路径。主要研究结论如下:第一,从全样本来看,能源贫困对包容性绿色发展有着显著的抑制作用,正式环境规制与包容性绿色发展之间存在"U型"关系,非正式环境规制与包容性绿色发展之间存在"倒U型"关系。第二,从区域异质性的实证结果来看,东部、中部和西部地区的能源贫困对包容性绿色发展都有着显著的负向影响,然而双重环境规制对包容性绿色发展的影响有着较大差异。具体而言,东部地区与全样本保持一致;中部地区正式环境规制对包容性绿色发展始终是抑制作用,非正式环境规制对包容性绿色发展始终是促进作用;西部地区正式环境规制与包容性绿色发展无显著关系,而非正式环境规制有利于包容性绿色发展。第三,进一步分析了不同环境规制强度下能源贫困对包容性绿色发展的非线性影响效应。具体而言,随着正式环境规制强度的增大,能源贫困对包容性绿色发展的负向作用逐渐加强;而随着非正式环境规制强度的增大,能源贫困对包容性绿色发展的抑制作用会减弱。第四,正式环境规制在能源贫困与包容性绿色发展关系中起正向的调节作用,非正式环境规制在能源贫困与包容性绿色发展关系中也起正向的调节作用。第五,企业研发投入在双重环境规制对包容性发展的调节效应中发挥了中介作用。具体而言,企业的研发投入在正式环境规制调节效应中对包容性绿色发展存在正向的中介效应,正式环境规制会促使企业加大研发投入,加快自身绿色转型;企业研发投入在非正式环境规制调节效应中对包容性绿色发展也存在正向的中介效应,企业面临适度的公众压力同样会提高研发投入。

第九章

技术进步、能源贫困与包容性绿色发展

本章分为两个部分进行研究,第一部分为技术进步、能源贫困与我国包容性绿色发展的静态分析。本章基于基准回归模型,实证检验技术进步与能源贫困对我国包容性绿色发展的影响。并在此基础上,对不同地区与经济发展水平的异质性进行研究,从而为因地制宜地提出政策建议打下基础。同时,本章也将基于技术门槛效应,对能源贫困在包容性绿色发展过程中所扮演的角色构建非线性模型进行分析。第二部分为技术进步、能源贫困与我国包容性绿色发展的动态分析。本章基于面板向量自回归(Panel Vector Autoregression,PVAR)模型,根据广义矩(Generalized Method of Moments,GMM)估计、脉冲响应分析以及方差分解分析对技术进步、能源贫困与我国包容性绿色发展的动态关系进行识别与检验。

9.1 中国技术进步的测度与现状分析

9.1.1 研究方法与指标选取

科学技术日益渗透到经济建设、社会发展以及人类进步的各个领域,成为生产力中最活跃的因素,科学技术是第一生产力。本书采用数据包络分析(Data Envelopment Analysis,DEA)的曼奎斯特生产率指数(Malmquist Productivity Index)方法对技术进步进行测度。DEA 是一种利用线性规划技术尽可能地包络"投入—产出"向量来测量决策单元(Decision Making Unit,DMU)效率的方法。在此基础上,本书进一步将曼奎斯特生产率指数分解为技术效率(EFF)和技术进步(TECH)两部分,计算公式如下:

$$M(x^{t+1},y^{t+1},x^t,y^t) = (EFF)(TECH)$$

$$\left[\frac{D^{t+1}(x^{t+1},y^{t+1})}{D^t(x^t,y^t)}\right]\left[\frac{D^t(x^t,y^t)}{D^{t+1}(x^t,y^t)} \times \frac{D^t(x^{t+1},y^{t+1})}{D^{t+1}(x^{t+1},y^{t+1})}\right]^{\frac{1}{2}} \quad (9-1)$$

其中,(x^{t+1},y^{t+1})和(x^t,y^t)表示$(t+1)$期和t期的投入和产出;$D^t(x^t,y^t)$和$D^{t+1}(x^t,y^t)$分别表示以t期的技术为参照时,t期和$(t+1)$期决策单元的距离函数。利用DEA方法计算Malmquist Productivity指数时需要考虑投入和产出变量,本书使用GDP表示总产出。投入变量中的劳动投入用各省份就业人员人数来表示,当年资本投入指标以固定资本形成总额衡量。固定资本形成总额的计算公式参照单豪杰(2008)的永续盘存法,具体公式如下:

$$K_{it} = I_{it}/P_{it} + (1-\delta)K_{i,t-1} \quad (9-2)$$

其中,K_{it}、I_{it}以及P_{it}分别表示第i个省份第t年的资本存量、固定资本形成总额和投资价格指数;δ为资产折旧率,统一取值10.96%。技术进步($TECH$)由式(9-1)中的$\left[\frac{D^t(x^t,y^t)}{D^{t+1}(x^t,y^t)} \times \frac{D^t(x^{t+1},y^{t+1})}{D^{t+1}(x^{t+1},y^{t+1})}\right]^{\frac{1}{2}}$部分表示,是指使生产在原有的投入基础上增加产出的任何新的知识、技能及发明创造,可以用来反映生产技术的创新程度。

9.1.2 技术进步的测度结果分析

从全国层面来看,我国技术进步水平总体呈现波动趋势。虽然由2004年的0.9353上升至2017年的1.0110,总体增幅约为7%,但还存在大幅度上升的空间。2009年,我国的技术进步水平出现了较大幅度的下跌,主要可能是受全球金融危机的影响。对此,我国出台了4万亿救市计划。但粗放式的投资方式使得大量的资金迅速涌入基础设施建设、房地产等领域,而忽视了技术创新的发展。2012年,我国技术进步水平经历又一次大幅下跌,这可能是因为欧债危机的持续发酵,钓鱼岛争端愈演愈烈,政治、经济等多方面的因素对我国科学技术的蓬勃发展产生一定影响。但是近年来,随着我国综合实力的增强以及对创新型国家建设的重视,技术进步水平开始逐步增长。

从区域层面来看,三大区域的技术进步水平波动与全国基本一致,但各区域之间存在不平衡。东部地区的技术进步水平略高于全国平均水平,而中西部地区的技术进步水平处于全国平均水平之下。这主要是因为东部地区经济基础良好,市场化程度较高,市场主体实施技术创新的主动性较强,大量高技术人才和资金的集聚也为技术进步提供了优质投入要素,知识的溢出效应和创新经验的积累也为科技的发展创造了良好的环境,而创新的空间报酬递增效应进一步吸引了优质的人才和资本,形成了创新的累积循环效应。中西部地区由于经济基础薄弱,粗放式的发展方式短时间内难以根本转变,科技创新的环境基础较差,难以形成规模效应,技术创新的经济效益和环境效益仍存在进一步提升的空间。但是,从图9-1可以看出,三大区域的差距正在飞速缩小。在国家对中西部地区创新政策的扶持以及长江经济带建设、"一带一路"建设的发展下,中西部地区创新投入快速增长,各项创新基础设施建设逐渐完善,创新步伐明显加快,技术进步水平提升的后发优势逐渐显现。

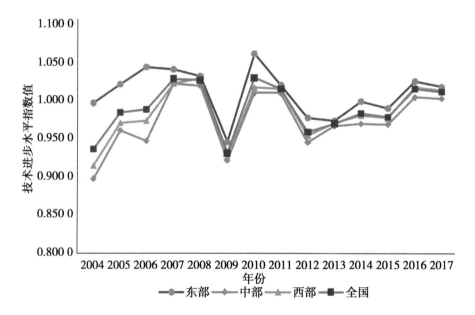

图9-1　2004—2017年东、中、西部及全国技术进步水平变化趋势

数据来源:基于2005—2018年《中国统计年鉴》《中国环境统计年鉴》等计算整理得到。

9.2 技术进步、能源贫困对包容性绿色发展的影响分析

9.2.1 模型构建

为了验证技术进步、能源贫困对我国包容性绿色发展的影响,本书采用 2004—2017 年我国省级面板数据,以包容性绿色发展为被解释变量,以技术进步和能源贫困为核心解释变量,构建如式(9-3)所示的回归模型:

$$GIG_{it} = \alpha_0 + \alpha_1 EP_{it} + \alpha_2 TECH_{it} + \alpha_3 Ctrls_{it} + \varepsilon_{it} \quad (9-3)$$

其中,i 表示地区;t 表示年份;GIG_{it} 为我国各省份包容性绿色发展水平;$TECH_{it}$ 为各省份的技术进步水平;EP_{it} 表示能源贫困水平;$Ctrls_{it}$ 是一系列的外生控制变量,ε_{it} 为随机扰动项。本书选取的控制变量包括外商直接投资水平(FDI_{it})、产业结构(INS_{it})和人口密度(DEN_{it})。

9.2.2 变量说明与数据来源

(1) 被解释变量:包容性绿色发展水平(GIG),采用第八章构建的我国包容性绿色发展水平综合评价指标体系,运用因子分析法测算所得结果。

(2) 核心解释变量:技术进步水平($TECH$),如上分解曼奎斯特生产率指数测算得到。能源贫困(EP)使用第四章测算的中国区域能源贫困综合评价指数表征的地区能源贫困水平,可以进一步分解为用能水平(EL)、用能结构(ES)以及用能能力(EC)三个维度。

(3) 控制变量:① 外商直接投资水平(FDI)。外商直接投资是一把双刃剑,一方面,外商直接投资能带来先进的管理经验以及充足的资金,带动当地产业的创新发展。但是另一方面,发达地区有将劳动密集型以及高污染高能耗企业向发展中地区转移的倾向,不利于当地的产业结构转型升级,影响其可持续发展的能力。② 产业结构(INS),有资本与能源密集特征属性的工业(尤其是重化工业)是能源消耗以及污染排放的主力,而以知识和技术为主要特征的高新技术产业具有较少的能源需求与污染排放。本书以第二产业增加值占 GDP 比重衡量产业结构。③ 人口密度(DEN)。人力资源已经成为企业和经济发展最重要的资源。人口密集的地区易产生集聚效应,形成更加高效现代化的生产生活方式。本书借鉴范小敏、徐盈之(2019)的做法,以

常住人口占城市辖区面积的比重来衡量人口密度。

本书选取2004—2017年中国30个省区市(除西藏、港澳台地区)为研究样本,所用数据主要来源于历年《中国统计年鉴》《中国人口和就业统计年鉴》《中国科技统计年鉴》以及国家统计局数据库、Wind数据库等。主要变量的描述性统计如表9-1所示。

表9-1 变量的描述性统计

变量类型	变量	样本数	均值	标准差	最小值	最大值
被解释变量	GIG	450	0.0740	1.4800	−4.2380	3.9690
核心解释变量	EP	450	49.8030	9.0370	27.7020	74.4700
	EL	450	69.0272	14.2057	24.0346	95.8972
	ES	450	20.2904	14.8821	1.2430	76.3696
	EC	450	58.9108	7.0441	39.6891	80.1875
	TECH	450	0.9910	0.0470	0.8410	1.2380
控制变量	FDI	450	2.4180	1.8720	0.8600	9.1420
	INS	450	0.3900	0.0860	0.1180	0.5620
	DEN	450	0.0440	0.0650	0.0010	0.4100

数据来源:历年各省市统计年鉴、历年《中国统计年鉴》《中国能源统计年鉴》《中国环境统计年鉴》《中国农村统计年鉴》以及《中国农业统计资料》。

9.2.3 技术进步、能源贫困对包容性绿色发展影响的实证结果分析

(1) 全样本结果分析

本书首先使用Stata 15.0软件实证检验技术进步与能源贫困对我国包容性绿色发展的直接影响效应。根据表9-2,其中,模型(1)和模型(2)为仅包含能源贫困这一核心解释变量的估计结果,模型(3)、(4)为同时考虑技术进步与能源贫困的估计结果。依据Hausman检验结果,均选择固定效应模型进行分析。

首先,从模型(1)可以看出,能源贫困对包容性绿色发展产生显著的抑制作用,估计系数的结果为−0.1031,且在1%的水平下显著。模型(3)说明在加入技术进步这一核心解释变量后,能源贫困对包容性绿色发展依旧呈现出显著的抑制作用,估计结果依然稳健。换言之,能源贫困程度越低,我国包容性绿色发展越好。同时,技术进步对我国包容性绿色发展具有正向的促进作

用,估计系数的结果为1.4133,在1%的水平下显著,这表明随着技术的不断发展,我国社会的"包容性"与"绿色化"发展也不断推进。实证结果证实了假设15和假设16。

表9-2 能源贫困和技术进步对我国包容性绿色发展影响的基准回归分析

变量	模型(1)	模型(2)	模型(3)	模型(4)
EP	−0.1031*** (−26.58)	−1.033*** (−27.66)	−0.1017*** (−26.21)	−0.1022*** (−27.49)
TECH			1.4133*** (2.93)	1.4180*** (2.97)
FDI	0.0043 (0.20)	0.0173 (0.81)	−0.0014 (−0.07)	0.0110 (0.52)
INS	−1.9749*** (−4.63)	−1.8785*** (−4.59)	−2.0605*** (−4.87)	−1.9944*** (−4.90)
DEN	1.0217 (0.38)	1.9355 (1.18)	0.2292 (0.09)	2.2687 (1.38)
常数项	6.0146*** (18.68)	5.8234*** (19.61)	4.5318*** (7.58)	4.4100** (7.88)
N	450	450	450	450
模型选择	FE	RE	FE	RE

注:***、**、*分别表示在1%、5%和10%的水平下显著。
数据来源:基于2005—2018年《中国统计年鉴》《中国环境统计年鉴》等计算整理得到。

在控制变量中,外商直接投资水平(FDI)对我国包容性绿色发展的作用方向并不确定,在部分模型中呈现正相关,在部分模型中呈现负相关,且均未通过显著性检验。随着我国改革开放的不断深化,外商直接投资的规模和金额在不断扩大。外资企业将先进的管理理念和生产技术渗透至当地企业,大大提高了当地的科技水平,为当地发展提供动力。外商的进入使得国内市场的竞争加剧,企业不得不加大研发投入,开发具有独特竞争优势的产品以应对外资的冲击。可以说,外商直接投资为当地企业的发展创造了良性的竞争环境,促进了当地的发展。但是,也有一些外资企业仅仅享受了我国的优惠政策而对促进当地经济发展毫无助益。除此以外,这些外资企业利用当地资源,转嫁产业污染,破坏生态环境,大大增加了当地的环境治理成本。因此,现阶段外商直接投资对我国包容性绿色发展的作用并不确定,需要通过进一步的验证。产业结构(INS)在所有模型中都对我国包容性绿色发展产生显著的抑制作用。在全球经济格局深度调整的阶段,产业领域的竞争愈发激烈。调整改造传统产业,改善第二产业环境风险突出、隐患较大的问题,牢牢抓住产业升级绿色发展这一根本,深入推进信息化与工业化深度融合,着力培育战略性新兴产业,是促进我国经济社会健康可持续发展,增强我国国际竞争力的强有力途径。因此,现阶段,优化升级产业结构,以第三产业的发展作为国民经济的主导对我国包容性绿色发展具有积极作用。人口密度(DEN)与我国包容性绿色发展在所有模型中均呈现显著的正相关,这说明较大的人口密度将助推我国包容性绿色发展。由于服务业的不可贸易性,人口密度对服务业发展的重要性不可忽视。人口分布密集的地区,服务业发展相对较好,服务业对经济增长的贡献率接近60%。此外,人口密度较大的地区一般在人口质量方面也具有相对优势,绿色发展理念更加普及。

(2) 异质性结果分析

为了分析不同区域和不同经济发展阶段的差异性,本章对能源贫困以及技术进步对我国包容性绿色发展的影响进行了异质性分析。具体而言,本章首先按照地理位置将全样本分为沿海地区和内陆地区进行地理区域异质性分析,然后以样本中各个省份人均 GDP 的高低为依据,将全样本平均分成发达经济、发展中经济以及落后经济三个经济发展阶段,进行经济发展阶段异质性分析。依据 Hausman 检验结果选择固定效应或者随机效应模型进行分组估计,结果如表 9-3 所示。

从地理区域来看,能源贫困对我国包容性绿色发展的影响不具有显著的异质性。无论沿海还是内陆地区,能源贫困水平越高,我国包容性绿色发展的程度就越低。科学技术是第一生产力。在沿海和内陆地区,科技创新水平的提高都将促进我国包容性绿色发展,在沿海地区这种促进作用并不显著,但在内陆地区呈现出显著的正向关系,且从回归系数的值可以看出内陆地区技术进步对我国包容性绿色发展的影响作用比沿海地区大。虽然沿海地区在科创环境、人力资本以及资金支出等方面都具有一定的优势,在诸多科技领域处于领先地位,但当前面临着核心技术依赖性强、自主创新能力难以实现重大突破等瓶颈。相较而言,内陆地区的科技发展存在较大的进步空间。因此,加大对内陆地区的研发投入,加强科技成果的转化速度,能较大幅度地改善该地区的包容性绿色发展水平。

表9-3 异质性分析估计结果

变量	地理区域异质性		经济发展阶段异质性		
	沿海地区	内陆地区	发达经济	发展中经济	落后经济
	模型(1)	模型(2)	模型(3)	模型(4)	模型(5)
EP	−0.099 7*** (−14.70)	−0.098 0*** (−20.33)	−0.097 0*** (−13.08)	−0.077 3*** (9.16)	−0.088 2*** (−12.89)
$TECH$	0.802 1 (0.98)	1.787 5*** (3.04)	0.306 6 (0.43)	1.512 3* (1.72)	2.518 8*** (2.96)
FDI	−0.021 3 (−0.74)	0.049 5 (1.28)	−0.056 2* (−1.94)	0.094 5* (1.68)	0.070 6 (1.41)
INS	−1.838 3** (−2.33)	−2.002 4*** (−4.28)	−1.008 3 (−1.20)	−1.622 7** (−2.56)	−1.427 1** (−2.01)
DEN	0.233 6 (0.14)	13.360 0*** (3.06)	1.161 6 (0.38)	268.099 3*** (5.28)	308.124 8*** (4.44)
常数项	5.594 6*** (6.33)	3.228 3*** (4.40)	5.414 1*** (5.65)	−2.862 8* (−1.76)	−4.856 8** (−2.35)
N	154	266	150	150	150
模型选择	RE	RE	FE	FE	FE

注：***、**、*分别表示在1%、5%和10%的水平下显著。
数据来源：基于2005—2018年《中国统计年鉴》《中国环境统计年鉴》等计算整理得到。

基于不同经济发展阶段来看，能源贫困对我国包容性绿色发展都具有显著的负向影响，且作用效果相近。发达经济地区技术进步对我国包容性绿色发展的回归系数为正但并不显著，发展中经济地区以及落后经济地区技术进步对我国包容性绿色发展的回归系数为正且通过了10%的显著性检验，且回归系数的值表明技术进步的影响效应从大到小依次为落后经济地区、发展中经济地区和发达经济地区。总体而言，能源贫困对我国包容性绿色发展的抑制作用受地理区域以及经济发展水平高低的影响较小，但是技术进步的影响效应存在明显的异质性。

无论是从地理区域还是经济发展阶段来看，技术进步均促进了我国的包容性绿色发展，而能源贫困则对我国包容性绿色发展具有抑制作用，这一结论与基准回归结果一致。

（3）稳健性检验

我国包容性绿色发展不仅受到当期能源贫困的影响，同时与过去的能源贫困水平密切相关,因而能源贫困对我国包容性绿色发展的作用可能具有滞后性。为了反映这一特点,同时也基于稳健性检验的考虑,本书首先将能源贫困滞后一期(L.EP)作为解释变量重新构建计量模型进行检验;其次,将技术进步指标替换为专利申请受理量(ZLSQ)并采用固定效应模型进行回归估计以验证上述结果的稳健性;最后,采用全面FGLS模型以消除组内自相关、组间异方差或同期相关的影响。

表9-4 稳健性检验结果

变量	模型(1)	模型(2)	模型(3)
L.EP	−0.0985*** (−23.52)		
EP		−0.0318*** (−7.53)	−0.0752*** (−18.15)
ln ZLSQ		0.5345*** (21.77)	
TECH	1.00301** (2.02)		0.6525** (2.42)
FDI	0.0107 (0.47)	0.0083 (0.55)	0.0341*** (2.70)
INS	−1.7140*** (−4.09)	−1.0134 (−3.44)	−1.0569*** (−5.37)
DEN	1.2554 (0.41)	2.1722*** (1.19)	4.1802*** (6.55)
常数项	4.7421*** (7.82)	2.6378*** (9.79)	3.3733*** (9.37)
N	450	450	450
模型选择	FE	FE	FGLS

注:***、**、*分别表示在1%、5%和10%的水平下显著。
数据来源:基于2005—2018年《中国统计年鉴》《中国环境统计年鉴》等计算整理得到。

表9-4为稳健性检验结果。从检验结果可以看到,将能源贫困滞后一期作为解释变量,其对我国包容性绿色发展的回归系数显著为负,这表明考虑滞后性以后,能源贫困对我国包容性绿色发展依旧具有显著的负向影响。此时,技术进步的回归系数在5%的显著性水平下通过检验,技术进步能显著推动我国包容性绿色发展。替换技术进步指标后,能源减贫以及专利申请受

理量对我国包容性绿色发展均具有显著的积极影响。采用全面 FGLS 模型，得到的结果与上文类似，这表明以上实证结果是稳健的。

9.2.4 进一步的分析：能源贫困对包容性绿色发展影响的技术门槛效应

实证结果表明，技术进步与能源减贫能够有力地促进我国包容性绿色发展。那么，在不同的技术进步水平下，能源贫困及其各维度对我国包容性绿色发展的影响是否存在异质性？为验证这一假说，本章建立面板门槛模型对能源贫困与包容性绿色发展水平之间潜在的非线性关系进行探讨，模型如式（9-4）所示：

$$GIG_{it} = \theta_1 EP_{it} \cdot I(TECH_{it} \leqslant \omega_1) + \theta_2 EP_{it} \cdot I(\omega_1 < TECH_{it} \leqslant \omega_2)$$
$$+ \theta_3 EP_{it} \cdot I(TECH_{it} > \omega_2) + \Sigma \theta_m Ctrls + c_i + \varepsilon_{it}$$

$$(9-4)$$

上式为门槛模型的基本形式。其中，$I(\cdot)$ 是示性函数，若括号内的条件为真，则其赋值为 1，反之则赋值为 0；c_i 是常数项；$Ctrls$ 表示控制变量；ω_1、ω_2、ω_3 为门槛值，满足 $\omega_1 < \omega_2 < \omega_3$。Hansen 指出，面板门槛模型的检验有两个步骤：

① 检验门槛效应是否显著。以单一门槛为例，其原假设为：$H_0: \beta_1 = \beta_2$，即模型仅存在线性关系；备择假设为：$H_1: \beta_1 \neq \beta_2$，即模型存在门槛效应。

② 检验门槛估计量是否等于真实值。原假设为：$H_0: \hat{\gamma} = \gamma_0$，备择假设为：$H_1: \hat{\gamma} \neq \gamma_0$。

本章使用技术进步（$TECH$）作为门槛变量，使用模型（9-4）对参数进行估计，表 9-5 为技术进步的门槛检验结果。从总体来看，能源贫困对我国包容性绿色发展的影响具有双重门槛效应。从能源贫困的各个维度来看，以用能水平（EL）作为核心变量时，双重门槛的 F 值通过了 10% 的显著性检验，因而用能水平对包容性绿色发展的影响也具有双重门槛效应；以用能结构（ES）作为核心变量时，单一门槛、双重门槛的 F 值均不显著，因而用能结构对我国包容性绿色发展的影响不具有门槛效应；以用能能力（EC）作为核心变量时，单一门槛的 F 值在 1% 的显著性水平下显著，双重门槛的 F 值通过了 5% 的显著性检验。总体来看，能源贫困、用能能力以及用能水平对我国包容性绿色发展的影响具有双重门槛效应，而用能结构对我国包容性绿色发展不具有非线性作用。

表 9-5 技术进步的门槛检验结果

门槛变量	核心变量	门槛顺序	F 值	P 值	95%的置信区间	BS 次数
技术进步	能源贫困	单一门槛	15.858***	0.000	[0.954, 0.961]	300
		双重门槛	3.541*	0.067	[0.932, 1.046]	300
	用能水平	单一门槛	2.762	0.303	[0.932, 0.962]	300
		双重门槛	3.911*	0.096	[0.895, 1.003]	300
	用能结构	单一门槛	24.947	0.103	[0.958, 0.960]	300
		双重门槛	10.740	0.563	[0.962, 1.011]	300
	用能能力	单一门槛	34.611***	0.000	[0.958, 0.960]	300
		双重门槛	36.763**	0.023	[1.006, 1.015]	300

注：***、**、*分别表示在1%、5%和10%的水平下显著。
数据来源：基于2005—2018年《中国统计年鉴》《中国环境统计年鉴》等计算整理得到。

表 9-6 给出了能源贫困对包容性绿色发展水平非线性影响的门槛估计结果。由表 9-6 的参数估计结果可知，在不同的技术进步水平下，能源贫困对我国包容性绿色发展的影响存在显著差异，具体表现在：当技术进步水平小于等于 0.960 时，能源贫困对我国包容性绿色发展的估计系数为 －0.099 7，且在 1%的显著性水平下显著；当技术进步水平大于 0.960 且小于等于 1.014 时，能源贫困对我国包容性绿色发展的估计系数为 －0.095 3，且通过 1%的显著性检验，可能原因在于技术的进步使得用能设备得到升级，居民能够更加便捷地获得能源、更加高效地利用能源，因而在此阶段，能源贫困对我国包容性绿色发展的抑制作用减弱；当技术进步水平大于 1.014 时，能源贫困对我国包容性绿色发展的估计系数为 －0.097 1，在 1%的显著性水平下显著。可见，随着技术进步水平越过双重门槛，能源贫困对我国包容性绿色发展的消极影响逐渐增强。这是因为随着技术的进一步发展，各领域科技创新加快，生产效率进一步提高，全社会的生产能力得到较大跃升，能源贫困引致的劳动力不足、劳动力效率低下对经济与环境的影响也将得到一定的扩大。此时，能源贫困对我国包容性绿色发展的消极影响逐渐增强。将用能水平和用能能力作为核心变量得到的门槛回归结果与上文非常类似，其对我国包容性绿色发展的抑制作用经历了先减弱后增强的过程。用能结构对我国包容性绿色发展的影响并不具有门槛效应，且从回归结果来看，不论技术进步水平如何变化，用能结构的改善对我国包容性绿色发展均具有促进作

用。能源既是经济社会发展的基础原料,也是生态环境的关键影响因素。能源结构由煤炭为主向多元化转变有助于培育清洁能源产业新的增长点,缓解能源供需矛盾、减少温室气体排放,进而不断推动我国的包容性绿色发展。

表 9-6 门槛模型参数估计结果

变量	能源贫困	用能水平	用能结构	用能能力
$EP \cdot I(TECH \leqslant 0.960)$	−0.099 7*** (−24.70)			
$EP \cdot I(0.960 < TECH \leqslant 1.014)$	−0.095 3*** (−21.89)			
$EP \cdot I(TECH > 1.014)$	−0.097 1*** (−23.90)			
$EL \cdot I(TECH \leqslant 0.960)$		−0.056 3*** (−35.54)		
$EL \cdot I(0.960 < TECH \leqslant 1.013)$		−0.054 1*** (−27.01)		
$EL \cdot I(TECH > 1.013)$		−0.055 8*** (−33.54)		
$ES \cdot I(TECH \leqslant 0.960)$			−0.027 5*** (−5.66)	
$ES \cdot I(0.960 < TECH \leqslant 1.014)$			−0.006 6 (−1.45)	
$ES \cdot I(TECH > 1.014)$			−0.015 7*** (−3.43)	
$EC \cdot I(TECH \leqslant 0.960)$				−0.074 3*** (−11.33)
$EC \cdot I(0.960 < TECH \leqslant 1.011)$				−0.065 8*** (−9.73)
$EC \cdot I(TECH > 1.011)$				−0.072 3*** (−10.98)
控制变量	控制	控制	控制	控制
常数项	5.551 1*** (16.05)	3.638 2*** (17.95)	0.179 2 0.43	3.045 1*** (6.60)
R^2	0.688 9	0.809 9	0.227 1	0.440 9

注:***、**、* 分别表示在1%、5%和10%的水平下显著。
数据来源:基于2005—2018年《中国统计年鉴》《中国环境统计年鉴》等计算整理得到。

9.3 技术进步、能源贫困与包容性绿色发展互动关系研究

9.3.1 模型设定

Sims(1980)首次提出使用向量自回归(VAR)模型来分析多个变量之间的动态关系。该模型假定模型中的变量全部为内生变量,分析了内生变量与其滞后项之间的动态关系(程海燕 等,2012)。由于该模型将所有分析变量都设为内生变量,因此可以规避各个变量的内生性、外生性和因果关系等问题。但该模型对变量长度有数据要求,使得实际操作有所局限。Holtz-Eakin 等(1988)不断拓展,构建 PVAR 模型分析面板数据的内生变量之间的互动关系,其研究的是面板数据的向量自回归模型,即将所有的变量统一视为内生变量,分析各个变量及其滞后项之间的关系。PVAR 模型继承了 VAR 模型的优点,将研究变量视为内生变量,并将每一个内生变量作为系统中所有内生变量滞后值的函数,提供丰富的结构从而捕获数据的更多特征。此外,PVAR 模型允许数据中存在个体效应与异方差性。由于大量截面数据的存在,模型允许滞后系数随时间变化,放松了数据的时间平稳性要求。PVAR 模型利用面板数据既能够有效解决个体异质性问题,又能够充分考虑个体和时间效应。

PVAR 模型一般表现为:

$$Y_{i,t} = \alpha_0 + \Sigma_{j=1}^{n}\alpha_j Y_{i,t-j} + \beta_i + \gamma_t + \varepsilon_{i,t} \qquad (9-5)$$

其中,i 表示不同地区,t 表示不同年份,j 表示滞后阶数,Y 表示包容性绿色发展水平(GIG)、技术进步水平($TECH$)以及能源贫困水平(EP)三个内生变量,β_i 表示个体固定效应,γ_t 表示时间效应,ε 为随机扰动项。

9.3.2 数据来源

本部分实证研究数据包括 30 个省区市(除西藏、港澳台地区)2004—2017 年的技术进步水平($TECH$)、能源贫困水平(EP)以及包容性绿色发展水平(GIG),共计 450 个样本观测值。数据来源于《中国统计年鉴》《中国农村统计年鉴》《中国城市统计年鉴》《中国能源统计年鉴》以及《中国环境统计年鉴》等。

9.3.3 回归结果及分析

(1) 数据的平稳性检验

为确保回归模型的有效性,避免在后续回归过程中对参数进行估计时可能出现"伪回归"现象,进而导致面板回归中参数估计结果与实际结果出现偏差,最终影响结果的准确性,本节首先对各指标变量进行面板数据的单位根检验,避免"伪回归"的出现。本书使用的面板单位根检验方法是 LLC 检验,该检验方法的原假设是允许各截面有相同的单位根,以个体效应为外生变量,检验结果如表9-7所示。LLC 方法的原假设为面板数据存在单位根,即面板数据不平稳。备择假设都为面板数据不存在单位根,即面板数据具有平稳性。当检验结果接受原假设时,证明面板数据不具有平稳性;当检验结果拒绝原假设时,证明面板数据具有平稳性。

表9-7 单位根检验结果

变量	统计量	P 值
TECH	$-8.0e+13$	0.000 0
EP	$-1.4e+13$	0.000 0
GIG	$-7.1e+12$	0.000 0

从检验结果来看,在1%的显著性水平下,技术进步水平($TECH$)、能源贫困水平(EP)以及包容性绿色发展水平(GIG)三个变量都拒绝原假设,表明这三个指标都不存在单位根,即这三个变量具有平稳性,可以进行 PVAR 模型分析。

(2) 模型滞后期的选择

在确定所需指标的平稳性之后,需要确定 PVAR 模型公式中滞后阶数 P 的最佳取值,再进行模型回归分析。本节参考 Shao 等(2008)的做法,采用 AIC 信息准则、BIC 信息准则和 $HQIC$ 信息准则来确定模型的最优滞后阶数。表9-8统计了滞后阶数为1到5期时各信息准则的运行结果,可以看出,AIC 信息准则下最优滞后阶数为4阶,BIC 信息准则下最优滞后阶数为1阶,$HQIC$ 信息准则下最优滞后阶数也为4阶。因此,根据结果显示,选择滞后4阶为本节 PVAR 模型的最佳滞后期。

表 9-8 PVAR 模型滞后阶数的选择

阶数	AIC	BIC	HQIC
1	0.982 9	1.989 7*	1.382 0
2	0.839 0	2.004 8	1.302 5
3	0.736 5	2.292 1	1.359 1
4	0.691 5*	2.038 4	1.228 8*
5	0.867 4	2.666 7	1.589 9

注：***、**、*分别表示在 1%、5% 和 10% 的水平下显著。

(3) PVAR 模型的广义矩(GMM)分析

在确定模型的滞后阶数以后，用 Stata 15.0 软件分析技术进步、能源贫困以及包容性绿色发展的相互关系，具体结果如表 9-9 所示：

表 9-9 PVAR 模型估计结果

解释变量	被解释变量					
	GIG		EP		TECH	
	系数值	Z 值	系数值	Z 值	系数值	Z 值
L1. h_GIG	0.622 8	5.16***	−1.764 1	−1.19*	−0.021 0	−0.77
L1. h_EP	−0.005 8	−0.67	0.760 6	5.60***	0.003 1	1.03*
L1. h_TECH	0.299 5	1.19*	1.159 2	0.24	0.239 9	2.47**
L2. h_GIG	0.026 3	0.27	0.435 9	0.36	0.036 6	1.82*
L2. h_EP	−0.004 0	−2.43***	0.139 2	2.16***	0.007 7	0.44
L2. h_TECH	0.387 9	1.12*	−2.325 3	−0.57	0.132 5	1.08**
L3. h_GIG	0.124 4	1.74*	−1.288 3	−1.20*	0.007 6	1.03
L3. h_EP	−0.001 5	−1.26*	0.459 8	0.56	0.000 7	0.61
L3. h_TECH	0.257 3	0.97	5.858 0	1.65	0.101 5	1.04*
L4. h_GIG	0.016 2	0.14	−0.141 3	−0.12	0.011 2	0.64
L4. h_EP	−0.001 7	−0.43	0.006 3	0.01	0.007 2	0.79
L4. h_TECH	0.470 5	0.26	6.012 7	1.98*	0.037 3	0.61

注：***、**、*分别表示在 1%、5% 和 10% 的水平下显著。
数据来源：基于 2005—2018 年《中国统计年鉴》《中国环境统计年鉴》等计算整理得到。

第一，当包容性绿色发展水平(GIG)作为被解释变量时，能源贫困(EP)均呈现显著的负相关，表明能源贫困水平的提升对我国包容性绿色发展存在显著的抑制作用；技术进步($TECH$)在滞后1、2期均在10%的水平下显著，在滞后3、4期没有通过显著性检验，但其回归系数在滞后4期中均为正，这表明在长期内，技术进步对我国包容性绿色发展产生促进作用。这一结论与之前的实证结果一致，进一步证明了假设15和假设16。

第二，当能源贫困(EP)作为被解释变量时，包容性绿色发展(GIG)仅在滞后2期系数为正且不显著，其余滞后期系数皆显著为负，说明短期内，包容性绿色发展反而强化了能源贫困；但从长期来看，包容性绿色发展有助于实现能源减贫，假设18得到证实。主要原因可能是我国经济、社会以及环境发展存在着区域差异，包容性绿色发展理念初期"一刀切"的刚性政策反而制约了各地能源的长期健康发展，加剧了能源贫困。但是从长期来看，各地根据发展的实际情况因地制宜，在偏远地区推行"新能源扶贫"工作，通过推广光伏发电、太阳能设备、秸秆发电等新能源，让贫困家庭用得起、用得上现代能源服务，解决他们的生活和生产用电问题，有助于实现能源减贫。技术进步($TECH$)的回归系数在滞后2期时为负，且未通过显著性检验，在滞后1、3、4期时系数均为正。这说明从短期来看，技术进步能有效缓解能源贫困；但长期而言，技术进步并不是破解能源困境的有效途径，这一结果与假设17存在一定的矛盾。一方面，技术进步促使成本降低，为电力设备的普及创造了有利环境，提升了清洁能源发电的竞争力，也拓宽了其可开发范围，加快了能源结构的转型升级，提高了能源设备的利用效率。因此，在短期内，技术进步能有效地缓解能源贫困。但是长期来看，技术进步反而促进了能源贫困。其中的可能原因是技术创新的后劲不足，未能实现革命性创新，用能结构不合理、用能能力较低的能源发展情况无法得到根本性改变。因此，我国需要加大科技创新投入力度，在重点领域和关键技术方面实现突破式进展，以科技创新塑造发展新优势。

第三，当技术进步($TECH$)作为被解释变量时，包容性绿色发展在滞后1期的系数为负，但并未通过显著性检验，在滞后2、3、4期时系数显著为正。这说明从短期来看，包容性绿色发展对技术进步有一定的抑制作用；但长期而言，包容性绿色发展将显著地促进技术发展，这可能是因为我国对"包容性"与"绿色化"发展的时代需求为技术创新提供了充足动力。能源贫困在滞后4期的系数均为正，说明能源贫困有助于促进技术的发展。能源直接关系经济安全,关系生态环境保护以及人民生活质量。从技术进步的需求诱因出发,对高效清洁能源消费需求的增加将导致其对技术进步的需求度相应增加。假设19和假设20得到验证。

(4)脉冲响应分析

脉冲响应分析方法能够在其他变量不变的情况下,模拟一个变量对另一个变量标准化冲击的动态响应路径。本书通过500次蒙特卡洛模拟得到技术进步、能源贫困以及包容性绿色发展脉冲响应图,其结果如图9-2所示。其中,中间曲线表示IFR点估计值,上下两侧曲线表示95%的置信区间的边界。

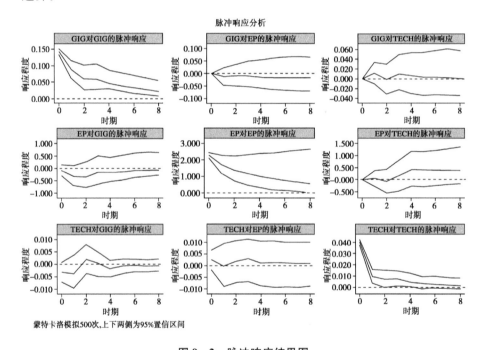

图9-2 脉冲响应结果图

第一,对于包容性绿色发展(GIG),在受到自身冲击时,在当期会达到正向最大值,随后逐渐收敛于0;在受到能源贫困(EP)的冲击时,会迅速产生负向反应并于第2期前达到峰值,随后影响作用逐渐减小但仍保持负向反应;在受到技术进步(TECH)的冲击时,包容性绿色发展水平会在第2期达到最大值,但随后影响作用不断减弱。

第二,对于能源贫困(EP),在受到自身冲击时,会在当期达到正向最大值,随后保持正向反应并逐渐收敛于0。在受到包容性绿色发展的冲击时,在当期会迅速产生负向作用,并在接下来的时期保持相对稳定的负向影响。在受到技术进步(TECH)的冲击时,会在第1期迅速达到最小值,但在第3期时又达到峰值。随后反应逐渐减小且趋于平稳,但仍保持正向影响。

第三,对于技术进步(TECH),在受到自身冲击时,会在当期达到正向的最大值,随后影响效应迅速下降但仍保持正向影响。在受到包容性绿色发展(GIG)的冲击时,会马上产生正向的反应,并于前2期内达到峰值,随后保持相对稳定的正向影响。在受到能源贫困(EP)的冲击时,会在前4期达到峰值,随后保持相对稳定但效果较强的正向作用。

(5)方差分析

通过测算模型中内生变量产生冲击的随机扰动性作用程度,方差分解能够深入分析内生变量变化过程中各结构冲击的贡献力度。本书在脉冲响应的基础上进行8期的方差分解,分析技术进步、能源贫困与我国包容性绿色发展间的相互作用,结果如表9-10所示。

表9-10 方差分解分析结果

变量	s	GIG	EP	TECH
GIG	1	1.000	0.000	0.000
EP	1	0.242	0.758	0.000
TECH	1	0.268	0.599	0.133
GIG	2	0.958	0.023	0.019
EP	2	0.181	0.800	0.020
TECH	2	0.523	0.409	0.069
GIG	3	0.771	0.180	0.049
EP	3	0.280	0.682	0.038
TECH	3	0.435	0.509	0.056
GIG	4	0.492	0.477	0.031
EP	4	0.279	0.680	0.041
TECH	4	0.481	0.457	0.061
GIG	5	0.337	0.633	0.030
EP	5	0.327	0.635	0.038
TECH	5	0.445	0.488	0.067

（续表）

变量	s	GIG	EP	TECH
GIG	6	0.320	0.648	0.032
EP	6	0.348	0.615	0.037
TECH	6	0.462	0.474	0.065
GIG	7	0.331	0.637	0.032
EP	7	0.337	0.627	0.036
TECH	7	0.484	0.454	0.062
GIG	8	0.346	0.625	0.029
EP	8	0.328	0.639	0.034
TECH	8	0.482	0.456	0.062

数据来源：基于2005—2018年《中国统计年鉴》《中国环境统计年鉴》等计算整理得到。

冲击发生后，就前3期来看，包容性绿色发展（GIG）的变化以受自身影响为主。技术进步与能源贫困对包容性绿色发展（GIG）的贡献率基本呈现稳定态势。从前2期来看，能源贫困（EP）的变化受自身的影响最大，受技术进步（TECH）的影响也较大，但基本不受包容性绿色发展（GIG）的影响。第3期以后，包容性绿色发展（GIG）对能源贫困（EP）的贡献率略有增长且趋于稳定。从长期来看，能源贫困（EP）与包容性绿色发展（GIG）对技术进步的影响程度未发现明显差异，且影响程度均不显著。

9.4 本章小结

本章首先构建了技术进步与能源贫困对我国包容性绿色发展影响的实证模型，然后考虑到不同区域和不同经济发展阶段的差异性，分别探讨了沿海、内陆以及发达经济、发展中经济以及落后经济地区技术进步与能源贫困对我国包容性绿色发展的影响效应；其次以技术进步为门槛，探究了能源贫困及其各个维度与我国包容性绿色发展的非线性关系。进一步地，选取了中国30个省份的面板数据构建面板向量自回归（PVAR）模型，使用广义矩（GMM）估计、脉冲响应以及方差分解等方法，针对技术进步、能源贫困与包容性绿色发展三个变量间的动态关系分别进行分析。主要得出以下研究结论：第一，技术进步能显著促进我国包容性绿色发展，而能源贫困对我国包容性绿色发展具有抑制作用,因此,加快技术创新步伐,推动能源减贫是实现我国经济高速可持续发展的有效途径;第二,从异质性来看,能源贫困对我国包容性绿色发展的抑制作用受地理区域以及经济发展水平高低的影响较小,但是技术进步的影响效应存在明显的异质性;第三,从非线性关系来看,在不同的技术进步水平下,能源贫困及其各个维度对我国包容性绿色发展的影响存在显著差异;第四,从长期来看,技术进步与能源减贫均对我国包容性绿色发展产生促进作用。从短期来看,包容性绿色发展强化了能源贫困,而技术进步能有效缓解能源贫困,但从长期来看却恰恰相反,包容性绿色发展有助于实现能源减贫,但技术进步对能源贫困产生了一定促进作用。能源贫困与包容性绿色发展均对技术进步具有一定的诱导性作用,能够促进科学技术的创新发展。

第十章

推动能源减贫实现包容性绿色发展的对策建议

在新的历史起点,打赢能源脱贫攻坚战,全面落实创新驱动发展战略,实现包容性绿色发展,是我国努力奋斗的目标。能源减贫与包容性绿色发展问题直接关乎到人民幸福与否,其长期以来都符合我国支持民生、发展民生的目标。因此,本书最终要将落脚点放在如何通过能源减贫实现我国的包容性绿色发展以及环境保护与经济增长的"双赢"进而提升人民群众的幸福感上。对推动能源减贫实现包容性绿色发展提出具有针对性和落地性的政策建议,是本书研究的最终目标。本章将首先总结归纳主要研究结论;其次,进行推动能源减贫实现包容性绿色发展的机制设计和典型案例分析;最后,提出具体可行的政策建议,以期为优化我国能源减贫实现包容性绿色发展补充一定的理论与实践依据。

10.1 主要结论

本书首先通过对国内外学者的既往研究成果进行回顾,厘清了能源贫困、包容性绿色发展、环境规制、技术进步等概念的发展历史、当代内涵、测度方式及其成因和影响,发现了以往文献研究中还未曾涉及的部分与中国现阶段发展背景下亟须完善的研究缺口,并且明确了我国在高质量发展的新阶段推动能源减贫实现包容性绿色发展的重要性及战略地位。在此基础上,本书解决了以下问题:第一,探讨了能源贫困产生经济与环境效应的机理,分析了双重环境规制、技术进步、能源减贫与包容性绿色发展之间的关系;第二,建立了我国区域能源贫困水平综合评价指标体系,对我国各区域的能源贫困状况进行了测算与评价,并探讨了我国区域能源贫困的时空演变格局及其影响因素;第三,利用中介效应模型与动态面板模型,实证检验了能源贫困给我国经济社会发展所带来的重要负面影响,同时使用面板门槛模型,分析了不同收入情境下,能源贫困带来的经济效应异质性;第四,构建结构方程模型,探讨了能源贫困对我国生态环境产生影响的路径机制,为切断能源贫困对生态环境影响的路径打下了理论基础;第五,利用面板模型实证检验了我国能源贫困、双重环境规制对包容性绿色发展的影响效应,尝试按照东、中、西部三大经济区划分,对能源贫困以及双重环境规制对包容性绿色发展的影响作了区域异质性分析,实证分析了不同环境规制强度下能源贫困对包容性绿色发展的非线性影响效应,并利用调节效应模型和中介效应模型实证检验了双重环境规制在能源贫困与包容性绿色发展关系中的调节作用,明晰了调节作用的中介传导路径;第六,利用面板数据的基准回归实证检验了技术进步与能源贫困对我国包容性绿色发展的影响效应,进行了技术进步与能源贫困对包容性绿色发展影响的异质性分析,运用面板门槛模型,以技术进步为门槛变量,考察了不同门槛值下能源贫困及其各维度对包容性绿色发展的非线性关系,并运用PVAR模型对技术进步、能源贫困以及包容性绿色发展等相关变量间的动态关系分别进行分析。综观全书,得到的主要研究结论如下所示:

(1) 我国能源贫困平均水平在2004—2017年之间实现了大幅度下降。其中,东部地区的能源贫困程度最低,而西部地区的能源贫困程度最高。从能源贫困年均降幅来看,降幅最快的依旧是能源贫困水平低的东部,而中西部地区不仅有着较高的能源贫困水平,年均降幅也远远落后于东部地区,差距也越来越大。从不同流域的角度来看,长江流域的能源贫困程度显著低于黄河流域。黄河流域虽然拥有相当储量的煤炭等化石能源,但也因此造成了对传统生物质能以及化石能源的依赖,能源消费结构与能源清洁度较长江流域更不合理和更低。从时间变化角度来看,2004年,我国能源贫困最为严重的地区集中在我国北方和东北方,并且此时我国大部分地区都处于中度能源贫困的区间内。而截至2017年底,沿长江省份基本完全实现了能源减贫。

其中,四川省能源减贫效果最为明显。从子指标特征分析结果来看,用能水平较高的多为直辖市,如北京、上海和天津等,反映出直辖市居民拥有较高的能源消费水平,当地城市建设也具备了相对较好的能源供给能力。而用能结构最为优化的地区是海南省。东部和中部地区能源结构整体相近,而西部地区则大幅落后于东部和中部地区。其症结在于,西部地区充分的化石能源储备造成了其对于传统化石能源的依赖,导致用能结构不够优化。用能能力方面,东、中、西部三大经济区域基本相同,反映出我国近年来"家电下乡"工程取得的阶段性成果,各地居民都能够拥有类似的基本用能设备。

(2) 能源贫困对我国经济发展存在显著为负的影响,且此种负面影响存在部分中介机制,即部分影响是通过就业人口的减少实现的。能源贫困的地区,居民劳动力效率低下,这就使得一部分劳动力需要专门从事家庭日常的能源采集工作,从而挤占了其工作时间。同时,整个区域的劳动力人口数量也趋于下降,最终不利于为当地产业发展提供充足的劳动力生产要素,从而阻碍了经济发展。而我国地域辽阔,各地区居民的能源使用习惯也不尽相同,这导致了能源贫困对经济发展的影响在地域之间存在异质性。就东部地区而言,由于东部地区尤其是东部农村地区基础设施建设较好,其居民有更多的收入用于现代化的能源消费,所以当地的能源贫困无法对经济发展造成显著的负面影响;中部地区的能源贫困能够对经济发展产生显著影响,但是其中介效应不显著,其原因在于中部地区能够以较低成本享受到来自西部地区充足的能源供给,造成了其贫困家庭为生活所需能源所付出的劳动时间成本较低,因而能源贫困无法在此类地区通过减少就业人口实现对经济发展的负向影响;而西部地区的结论与全国性样本一致,就业人口在能源贫困影响经济发展的机制中扮演了重要的中介变量角色。

(3) 能源贫困对我国经济发展的影响程度与当地居民收入有关。本书使用面板门槛模型对此进行了验证。随着居民收入水平的提高,居民的用能选择显著增多,并且用能设备也更加先进,这些都使得能源贫困对经济发展的影响随着居民收入提高而逐渐减弱。具体表现为,当人均 GDP 在 19 244 元以下时,能源贫困对经济发展水平的影响系数的绝对值最大,为 0.168;而当人均 GDP 越过 19 244 元的门槛,且在 19 244 元与 42 192 元之间时,能源贫困对经济发展的影响系数的绝对值下降到了 0.151;当人均 GDP 越过 73 276 元的门槛之后,能源贫困对经济发展的影响系数的绝对值有了大幅度下降,为 0.133。这足以表明,居民在收入水平提高的情况下,能够更高效地利用能源,也能够支付得起更多的现代化清洁能源,所以能源贫困对经济发展的负面影响逐渐减轻。

(4)能源贫困会对我国生态环境造成破坏;同时,这种效应既存在直接影响,也存在通过降低劳动力效率与阻碍产业结构升级两条路径实现的间接效应,即通过"能源贫困—劳动力效率低下—产业结构升级滞后—生态环境被破坏"这样的方式实现。能源贫困显著降低了劳动力效率。低质量的能源供应使得劳动力无法集中精力于各类生产活动,也无法为高级化的产业结构输送人才、提供支持,当地的产业结构被锁定在了低端部分,从而需要付出大量生态与环境资源的代价进行生产,破坏了生态环境。同时,产品的低端化侵蚀了本可用于生态环境治理的资金,使得污染物排放量进一步增加。

(5)能源贫困对包容性绿色发展的回归系数始终为负,能源贫困抑制了包容性绿色发展,这也说明降低能源贫困水平的举措始终是促进经济发展、改善民生福利、降低生态环境风险、实现我国包容性绿色发展的重要推动力。区域层面,东部地区经济发达,居民收入水平高,且东部地区能源供给体系完善,农村地区基础设施建设较好,能源贫困水平自然低于中西部地区。西部地区丰富的化石能源储备造成了其对资源禀赋的依赖,导致用能结构不够优化。同时,西部地区复杂的地形与脆弱的生态环境也在一定程度上限制了能源工程大规模建设。

(6)正式环境规制与包容性绿色发展之间存在"U型"关系。现阶段,其强度未达到"U型"曲线拐点,未能促进包容性绿色发展,但在能源贫困与包容性绿色发展关系中是正向的调节作用。非正式环境规制与包容性绿色发展之间存在"倒U型"关系。现阶段,其强度也尚未达到"倒U型"曲线拐点,能够促进包容性绿色发展,且调节作用也是正向的。从区域异质性检验结果来看,西部地区企业的治污成本与压力较高,承受着较高的正式环境规制强度,而面临的非正式环境规制压力较小。东部地区因经济发达、工业体系完备、人口素质高,企业的治污成本与压力较小,承受着较低的正式环境规制与较高的非正式环境规制。同时,双重环境规制对包容性绿色发展的影响有着较大差异。东部地区双重环境规制与包容性绿色发展的关系与全样本实证结果保持一致。中部地区正式环境规制对包容性绿色发展始终起抑制作用,非正式环境规制对包容性绿色发展始终起促进作用。西部地区正式环境规制与包容性绿色发展无显著性关系,而非正式环境规制有利于包容性绿色发展。因此,各区域环境规制政策需因地制宜,合理制定。进一步分析可知,在不同环境规制强度下,能源贫困对包容性绿色发展的影响效应存在差异。其中,随着正式环境规制强度的增大,能源贫困对包容性绿色发展的负向作用逐渐加强;而随着非正式环境规制强度的增大,能源贫困对包容性绿色发展的抑制作用会减弱。此外,企业研发投入在正式环境规制与非正式环境规制对包容性绿色发展的调节作用中发挥了中介作用,且中介效应都为正。具体而言,政府运用行政法规、经济手段等正式环境规制能驱使企业加大研发资金投入,推动企业绿色创新,提高企业产出水平,抵消环境规制带来的成本,促进企业绿色转型,有利于包容性绿色发展;公众参与的非正式环境规制通过协商谈判、媒体曝光等措施,能够促使企业革新传统技术,优化用能结构,降低污染排放。

(7)技术进步是促进我国包容性绿色发展的重要因素之一,能源贫困对我国包容性绿色发展存在负面影响。外商直接投资究竟是为我国带来了先进的生产技术与创新的管理模式,还是激烈的市场竞争与无度的环境污染还需进一步验证,其对我国包容性绿色发展的作用方向并不确定。通过实证检验可以发现,产业结构的优化升级与人口密度的提升能够显著促进我国包容性绿色发展。此外,异质性检验结果显示,能源贫困对我国包容性绿色发展的抑制作用受地理区域以及经济发展水平高低的影响较小,但是技术进步的影响效应存在明显的地区与经济发展水平差异。进一步地,在不同的技术进步水平下,能源贫困对我国包容性绿色发展的影响存在显著差异,能源贫困对我国包容性绿色发展的影响存在显著的双重门槛效应。在跨越第一个门槛值后,能源贫困对我国包容性绿色发展的抑制作用减弱;但跨越第二个门槛值后,能源贫困对我国包容性绿色发展的消极影响逐渐增强。从能源贫困的各个维度来看,当用能水平和用能能力作为核心变量时得到的门槛回归结果与能源贫困非常类似,它们对我国包容性绿色发展的抑制作用经历了先减弱后增强的过程,而用能结构对我国包容性绿色发展的影响并不具有门槛效应。另外,技术进步、能源贫困以及包容性绿色发展之间存在着动态关系。首先,技术进步与能源减贫均能有效地实现我国包容性绿色发展;其次,包容性绿色发展对能源贫困具有长期的缓解作用,技术进步在短期能缓解能源贫困,而从较长时间来看对能源贫困产生了一定促进作用;最后,就长期而言,包容性绿色发展与能源贫困对技术进步具有引致需求,将显著促进技术的发展。

10.2 机制设计

10.2.1 协调机制

能源减贫与包容性绿色发展是复杂的社会活动,涉及多个要素的集合。为保证各项政策的落实和有序进行,必须加强部门上下的协作,加强部门之间的高效衔接与良好合作。因此,一是提高部门之间的协调意识。大力提倡政府部门由上至下的协调制度,部门各司其职,依据自身职责所在,协商解决工作中存在的问题,遵循意愿进行协调与分工。二是加强部门间的沟通。若事情涉及其他部门的职责范围,需要主管领导牵头召开协调会议,邀请协办部门共同参加,共同沟通与决策相关问题。三是规范部门间协调管理。协调管理机制应当由国家权威机关总管和各级政府协管,杜绝因分层管理而导致的机构臃肿、政出多门,并制定一致的协调配合制度,为建立良好、高效的协调配合机制奠定基础。

10.2.2 监督机制

推动能源减贫实现包容性绿色发展过程中存在成本共担风险、推进失败风险,加之实际发展过程中存在不同区域利益群体,为了避免利益群体之间产生冲突,政府需要加强监督机制的建立。一方面,建设专门的监督网站。逐步建立和完善政府网站的监督服务功能,系统地对信息资源进行开发整合,构建庞大的数据库平台,不断加强资源的互联互通,并打造功能齐全、满足个性化的电子监督平台,做到各类监督工作的公开、透明、民主与公正。另一方面,大力推动政府信息公开建设。树立科学、有效的政府信息公开观念,不断完善政府信息公开水平,加强政府信息公开法律制度建设,制定一部科学、完善、可操作性强的信息公开法,规定政府信息公开的范围以及工作制度。

10.2.3 保障机制

保障机制主要体现为政府的推动作用,是实现我国能源减贫与包容性绿色发展的重要支撑。换言之,推动能源减贫实现我国包容性绿色发展离不开强有力的外部支持,特别是政府制度、人才、技术支撑方面的保障。在制度方面,由政府出面制定各种优惠政策,完善合作体系,推进科研领域"放管服"改革,实施创新驱动发展战略,推动大众创业、万众创新,落实"三去一降一补"任务,培育新动能,增强发展内生动力。在技术支撑方面,加大对清洁能源和可再生能源的科研投资,以低碳技术的应用、创新和扩散为重点,逐步提高能源利用效率。在人才保障方面,加快高端人才政策与国际接轨,并与国外同行企业的技术人员进行洽谈,通过提供优厚的福利待遇来吸引人才;发挥政府主导作用,加大人力资本的投资,培养中高端人才,重点解决中青年科技杰出人才的住房问题,减少企业的用人成本;加强对传统教育的投入,增加教育经费的支出比重,重点关注基础教育领域,以从整体上改善人力资本结构。

10.2.4 合作机制

推动能源减贫实现包容性绿色发展离不开多个主体的合作,需要建立政府主导、部门联动的合作机制。政府作为推动能源减贫实现包容性绿色发展的主体,在推动能源减贫实现包容性绿色发展的过程中,应当充分发挥引导职能,起到引导和政策支撑的作用。企业、高校和科研院所是推动能源减贫实现包容性绿色发展顺利推进的技术主体。其中,企业的发展离不开高校的科研支持以及科研院所的技术支撑,而高校和科研院所的发展也离不开企业的资金支持和成果转化。因此,政府需要对三者的合作进行引导。政府对信贷、财政和税收方面进行改革,有助于加强产学研协同研究的资金支撑。政府对教育体制进行改革,优化高等教育培育人才的发展模式,可以为培养产学研人才奠定基础。政府也可以以科技政策助力创新体制改革,为形成产学研协作模式提供技术支撑。

10.3 推动我国能源减贫实现包容性绿色发展的典型案例

能源减贫有利于实现环境保护与经济发展的高效结合,符合包容性绿色发展的目标和要求,因此成为我国大力尝试和推行的重要措施——以能源减贫的方式实现包容性绿色发展。本节将对推动我国能源减贫实现包容性绿色发展的典型案例进行简要分析。

10.3.1 光伏减贫实现包容性绿色发展

2014年末,国家能源局和国务院扶贫办提出光伏扶贫的新策略和方向,借助光伏扶贫发电项目以实现当地的包容性绿色发展。2015年,国务院扶贫办正式将光伏扶贫工作列为"精准扶贫十大工程"之一,提出要充分合理利用部分贫困地区太阳能资源丰富的优势,通过开发太阳能资源实现资源利用,以达到调整能源结构或避免发展失衡的目的。光伏扶贫是实现可持续发展、决胜全面建成小康社会的重要途径之一,也是精准扶贫的重要渠道之一,可以帮助贫困地区实现包容性绿色发展的目标。光伏发电属于清洁能源利用项目,可以促进贫困地区能源结构调整,降低该地区碳排放水平,优化当地居民的生活环境,并在改善生态环境的同时带来一定的经济收入——光伏发电同时产生了生态效益、经济效益与社会效益。湖北省X市在全国率先采取了光伏扶贫的扶贫手段,取得了一定的效果,并在此过程中产生了一些经验,是以能源减贫实现生态环境优化的典型案例,对我国继续开展其他能源减贫项目有着一定的借鉴意义。因此,本书以湖北省X市的光伏减贫实践为案例,阐述能源减贫实现包容性绿色发展的具体成效,并进一步揭示该市能源减贫中存在的问题。

(1) 案例背景

X市自2015年起开始实施能源减贫相关措施。为了增加贫困地区居民的收入并改善生态环境质量,2016年,X市政府出台了《X市光伏扶贫工程实施方案》,提出要在2016—2018年内在全市有发展条件和相关意愿的贫困地区建设光伏扶贫电站,在2020—2025年开始能够为该地提供稳定的收入。光伏扶贫的前提是要建设光伏电站并发展光伏产业。作为一项重要的扶贫工程,政府在其中扮演着重要角色,主要包括政府的顶层设计、资金支持、技术支撑和指导、运行维护等等,产业发展过程中所面临的困难也经常需要政府协调。光伏扶贫过程中产生的收益及补贴,归帮扶对象所有,以推动贫困地区就业增加、收入增长等。在建设光伏发电厂的过程中,政府支持某些村庄基础设施的建设,例如安装光伏能源路灯、装修或建设新的村庄活动室以在屋顶安装光伏板、实现农村电网的升级改造,显著提高了村级公共服务能力。此外,光伏发电厂的建设速度快,产生的收入相对稳定,收入可以精准对接最困难的群众,提高精准扶贫的成效,并且能够积极助力当地的包容性绿色发展。

(2) 方式及成效

在项目建设方面,一是以村级电厂为主。在集中式电厂、村级电厂和家用电厂三种类型中,湖北省扶贫办和湖北省能源局主要推广村级电厂。各区统一招标建设项目的施工、监测和验收程序相对规范,档案基本齐全,总体标准化程度明显高于自主招标建设电站。自主招标建设项目的招标程序落实情况较好,招标材料基本齐全。

在电厂运行维护方面,各区统一招标的光伏扶贫项目建成后,大部分运行维护管理仍在与施工单位签订的合同期限内,专业维护工作由施工单位负责。一般每个光伏电站都有专人负责日常巡检工作,大多数电站都建立了主要设备的日常巡检制度。每个村都为电厂日常巡查人员购买了意外保险和健康保险,并对整个村级电站进行了投保。

在收入分配方面,各区已采取光伏电站收入分配管理办法,发电收入和补贴均可及时分配,实行专户管理。X市各区已对光伏发电厂扶贫收入分配采取管理措施,发电收入和补贴资金可通过专户管理在规定时间内拨付。项目的收入分配方案由村集体研究决定,按照村代表大会讨论程序、市审计程序和村级公共关系工作确定,包括向受益贫困户、公益机构和小型非营利企业进行银行转账。

截至2018年9月底,X市59座光伏扶贫发电厂全部并网投运,已累计发电551.9378万千瓦时,获得发电上网收益550万元,光伏减贫效益开始逐渐显现。X市光伏扶贫项目自2016年启动以来,全市累计建设光伏扶贫发电厂59座,并网总规模5493千瓦,总投资4394万元,共关联78个村、4236户建档立卡贫困户,户均规模1.29千瓦,每年可向每个关联贫困户分配1500元左右的发电收入,为贫困地区带来稳定的收入。X市光伏扶贫在使贫困户获得稳定收入的同时,也积极改善了生态环境的质量,成为当地实现包容性绿色发展的楷模。

(3) 存在问题

第一,在项目建设用地方面,部分扶贫发电厂占用基本耕地和林地。除有发改部门备案证外,大多数电厂缺乏相关农林部门的批准文件,审批程序不完整,电厂占用基本耕地和林地。第二,部分村级电厂施工程序不规范,施工质量不高。一些村级发电厂存在光伏板金属外壳不接地、光伏板间距设计不合理、逆变器外露等问题。部分村级电厂建设缺少监督,存档资料缺少设计方案或可行性报告、施工方案。多数项目缺乏验收环境,只有来自电力公司的资料接收或并网验收,电厂整体施工质量和发电性能未进行现场检查验收,电厂设备安装质量存在隐患。部分村级电厂发电效率不高,2018年部分电厂实际发电量未达到理论发电量的60%,与理论值相差甚远。第三,大多数村级电厂运行维护管理水平较低。目前,大多数村级电厂缺乏运维管理制度或运维管理制度不完善,光伏组件日常运维管理的内容和方法不明确,各方运维管理责任不明确。一些电厂没有专人进行日常维护,严重影响光伏组件的使用寿命和发电效率,这导致实际发电量与理论发电量之间存在很大差距。部分城区没有统一运维的专业公司,当地运维技术力量薄弱,巡护人员缺乏专业培训。村级电厂在质保期内暂时由施工单位提供运行维护服务,但施工单位运行维护责任未落实,运行维护管理质量不高。第四,收入分配管理措施不完善,部分村级扶贫电厂分配制度不规范。一是,X市收入分配管理措施不完善。目前,国务院和湖北省扶贫办分别出台了村级光伏电站收入分配管理办法,对电站所有权、收入分配原则和收入资金监控等方面作出了相关规定。但各地区前期制定的收入分配办法尚未按照国务院和湖北省扶贫办的规定及时修订。二是,一些村庄的收入分配方案不规范。目前,一些村庄的配电方案不规范,存在单个电厂关联贫困户太多和配电不科学、不准确等问题,收益的最终分配是通过简单汇款实现的,违反了光伏扶贫的分配原则。第五,部分村级电厂的安全任务尚未落实。一些地区对光伏发电的安全隐患认识不足,未制定安全管理制度,特别是部分村级电站由村庄自主招标建设,项目建设和后续管理的安全任务不明确。

10.3.2 煤炭减贫实现包容性绿色发展

自20世纪以来,煤炭、石油和天然气等化石燃料的燃烧及植被的大规模破坏导致了碳的大量释放。《2023年排放差距报告》指出,化石燃料燃烧和工业过程中产生的二氧化碳排放是导致二氧化碳总体排放量增加的主要原因,约占目前温室气体的三分之二。中国资源禀赋的特点决定了一次能源消费以煤炭为主,而煤炭消费将产生大量的碳排放。《中共中央国务院关于加快推进生态文明建设的意见》明确强调,"通过节约能源和提高能效,优化能源结构,增加森林、草原、湿地、海洋碳汇等手段,有效控制二氧化碳、甲烷、氢氟碳化物、全氟化碳、六氟化硫等温室气体排放"。在某种程度上,贫困问题也是资源和环境问题,贫困的发生和程度与资源环境状况密切相关。全球气候变化也使贫困地区更容易遭受自然灾害。因此,探索一种能够将减贫和二氧化碳减排结合起来的新的生态文明系统模式,将有助于将减贫任务与五大发展理念有机地结合起来。煤炭减贫或许在某种程度上可以为贫困地区的脱贫攻坚和生态文明建设开辟新的道路,也为实现我国包容性绿色发展奠定重要基石。

(1) 案例背景

贵州喀斯特石漠化区是我国岩溶分布集中、生态环境恶劣、自然灾害频繁、生产力低下的极端贫困地区。日益严重的石漠化现象导致该地区经济落后、生态系统退化，是脱贫攻坚的主战场。贵州省石漠化分布广泛、面积大，石漠化类型多样，具有很高的代表性，且石漠化严重，环境安全形势严峻。2008年，国务院批准实施《岩溶地区石漠化综合治理规划大纲（2006—2015年）》，将贵州55个县纳入全国100个石漠化综合治理试点县范围。

Y市位于贵州省西部，地处长江、珠江上游分水岭，煤炭、矿产等自然资源丰富。丰富的煤炭资源是该市重要的能源支撑和产业支柱，煤炭探明储量达到241.60亿吨，保有储量达到230.19亿吨（占贵州省的28.6%）。该市煤种齐全、煤质优良，素有"西南煤海"和"江南煤都"之称。截至2023年7月底，全市注册煤矿总数为174座，总规模为每年11 172万吨。在50年的资源开发中，Y市向我国其他地区输送了10亿吨原煤，产生了4 000亿千瓦时的能源，为国家能源安全和经济建设作出了卓越的贡献。但由于生产技术落后、开发方式粗放等原因，煤炭资源的开发利用给当地的生态环境和人们的生产生活造成了许多负面影响。

在新时期我国经济发展方式转变、产业结构加速转型的背景下，国民经济的繁荣对能源产业的发展产生了重大影响。贫困地区人民对美好生活的需求日益增长，这对减贫提出了更高的要求。Y市作为我国西南地区典型的煤炭资源型贫困地区，在以煤炭、钢铁为主的传统产业中，受资源、环境、市场容量等因素的制约，环境保护压力大，资源依赖型发展模式难以持续，扶贫任务艰巨，煤炭贫困状况亟待改变，包容性绿色发展的目标亟待完成。

(2) 主要困境

Y市煤炭资源丰富，由于煤炭资源开发的负外部性而表现出煤炭贫困。受矿产资源开发周期和资源产业发展规律的影响，资源开采一般伴随着"兴起—发展—繁荣—衰败—转型—消亡或振兴"的过程。随着资源的开发和枯竭，资源型地区往往面临生态破坏和污染等问题，农民收入不稳定，经济社会难以持续发展。Y市煤炭资源的开发利用受到全国煤炭资源开发和能源利用总体环境的强烈影响。尽管近年来该地区GDP和固定投资有所增长，但增长速度逐年放缓。其中，地区生产总值增速从2012年的16%降至2016年的12%，固定资产投资增速从2013年的37.7%降至2016年的22%。

Y市煤炭资源丰富,但面临着集中贫困和持续贫困的现实。在此背景下,扶贫任务更加艰巨。在石漠化地区,土地是农民生存的基础。由于煤炭等资源的开发利用,地下水位下降,周围植被减少,导致持续的水土流失,加剧了石漠化进程。气候异常会导致自然灾害,直接影响农业生产,并间接加速石漠化。以煤炭为代表的传统能源的开发和使用排放了大量的二氧化碳,碳排放的温室效应引起气候变化,气候变化导致频繁的自然灾害,如洪水、干旱和霜冻等。

Y市依托煤炭资源优势,开展煤炭开采、火力发电和钢铁工业,为国民经济发展作出了重要贡献。然而,煤炭资源的开发普遍缺乏先进的技术和管理理念,"四矿"(矿业、矿山、矿工、矿城)资源开发利用问题突出,占用耕地以及矿尾、矿渣堆放无序,直接导致农村可用耕地减少。而监管不力使得未经处理的工业废水和废气直接排放,导致农业污染、土壤沉降、地下水位下降、酸雨等次生灾害和环境问题。Y市是贵州省受石漠化威胁最严重的地区之一,全市石漠化面积3 765.63 km^2,占全市总面积的38.02%。这些因素给农业生产带来了较多困难:愿意从事农业生产的农民数量逐渐减少,大量农业用地被遗弃,农业减产和减收已成为资源型农村地区的普遍现象。

丰富的自然资源是区域发展的重要物质支撑。煤炭资源开发利用的正外部效应表现为:既能促进区域基础产业的发展,又能促进外向型经济的发展。它促进了区域投资环境和基础设施的改善,有利于农业劳动力的转移和生产条件的改善。然而,当煤炭资源的开发和使用缺乏有效监管时,低效率的开采行为会导致环境污染和生态破坏。

Y市位于中国西南岩溶山地石漠化生态脆弱区,受自然和人类活动的影响,水土流失、滑坡和泥石流灾害频繁发生。在生态环境脆弱、开采粗放、技术水平低、污染严重的情况下,由煤炭资源开发利用中的权利、责任和利益不平等导致的自然灾害和环境问题频发是造成该地贫困的主要原因之一。一方面,由于山区多、丘陵少、平原少、土层薄、石漠化严重、草地退化,该地植被碳储存能力弱;另一方面,该地区农业自然灾害频繁发生,防灾减灾能力薄弱,导致Y市脱贫难、返贫易,脱贫致富任重道远。环境问题也将影响本地居民的健康,疾病会降低人们的劳动收入,增加医疗费用,从而增加生活成本,也增加了矿区的整体社会成本。通常,无论是在农村地区还是城市地区,贫困人口将首先受到生态环境恶化的影响。当贫困群众的生产生活环境和健康受到影响、发展权受到限制、收入增长困难时,全面建成小康社会的进程和质量就会受到影响,包容性绿色发展的目标也就无法实现。

(3) 方式与理念

Y 市坚持以国家和省级层面的政策支持包容性绿色发展。有效的政策导向可以为新经济的发展提供制度保障。关于贵州地区的绿色发展,国家于 2012 年发布第 2 号文件,将贵州确定为长江、珠江上游重要的生态安全屏障,要求贵州继续实施石漠化综合治理等重大生态工程,实现人与自然和谐共生。在区域协调发展的过程中,要求贵州积极推进能源富集地区的可持续发展,积极开发风能、太阳能、生物质能、地热能等新能源,支持 Y 市开展循环经济示范城市建设。

为避免 Y 市走东北地区传统资源型城市"资源开发兴、资源枯竭衰"的老路,贵州省积极响应国家能源发展政策,制定了 Y 市煤炭资源开发利用长远规划和产业布局,邀请了循环经济领域的专家对 Y 市创建国家循环经济城市的实施方案进行初审,由十个省级部门牵头指导 Y 市进一步修改完善国家循环经济示范城市建设方案,以促进二氧化碳排放与 GDP 增长和人民生活质量之间的"双脱钩",走绿色低碳发展道路。实现经济循环发展是建设生态文明、兼顾社会发展与环境保护协调推进的重要途径。贵州省把打造生态文明建设先行区作为大力推进循环经济示范城市、园区、基地和企业建设,加强资源节约管理的重要机遇,从源头上减少污染物排放,增加废物回收利用的可能性,不断扩大循环经济的发展范围。走可持续发展和绿色发展道路,按照"立足煤、做足煤、不唯煤"的发展方式,贫困发生率在"十三五"时期由 23.3% 下降至 0,成功避免了资源型城市"资源开发兴、资源枯竭衰"的老路和弯路。最终,走出了一条典型、高效、创新的独特减贫路线,成功为实现当地包容性绿色发展添砖加瓦。

10.4 推动我国能源减贫实现包容性绿色发展的对策建议

10.4.1 关于推动我国能源减贫的对策建议

(1) 精准施策于能源贫困

通过对中国区域能源贫困水平进行测算可以发现,并非所有经济落后的地区都是能源贫困区,也并非所有能源贫困的地区经济发展水平都落后,二

者并非等价关系。基于此典型事实,可以采取如下具体措施:

第一,建立能源减贫专项工作小组,重新梳理我国能源贫困目前的分布状况。以经济落后地区的居民作为重点调研对象,以能源减贫为抓手,建立能源脱贫与经济增长协同发展机制。能源贫困地区居民需要更多的能源投入,以释放地区的经济增长潜能,两者需要进行区分与不同对待。

第二,能源减贫工作需要统筹各地区发展。我国各地区之间能源贫困程度差距较大,总体上呈现出西部高、东部低及黄河流域高、长江流域低的特征。并且能源是一种典型的具有外部性的产品,一个地区的能源消费与产出会影响到其他地区的消费。所以,能源减贫工作要站在一个统筹全局的角度,协调各地区的能源输送与能源补给问题,避免能源浪费与损耗。

第三,能源减贫事业本质上既需要节流,也需要开源,因此,积极引导与鼓励能源技术革命是从根本上减轻能源贫困的方法。目前的研究涉及风能、页岩气、太阳能等新型清洁能源,大力发展此类新型能源的同时也需要积极铺设天然气、石油管道,逐步构建以清洁能源为核心、传统化石能源为辅助的国家用能结构。

(2)建立劳动力就业保障机制

实证结果表明,能源贫困对经济发展的负面影响部分是通过减少就业人口实现的。那么建立劳动力保障机制,尤其是在农村地区切实保护劳动力就业就尤为重要。具体措施如下:

第一,鼓励非在岗劳动力再就业,并对其进行恰当的就职培训。部分劳动人口选择在家从事能源采集工作实际上是受限于工作技能的缺失。村干部可以牵头对其开展工作技能以及再就业培训,以有效将此部分人口输送到相应的工作岗位。

第二,完善相应法律法规,切实保障妇女儿童的权利。在我国能源贫困地区,家庭中一般会有成员专门从事能源采集活动与各类家务劳动,且大多为妇女儿童,造成了妇女无法参与正常工作、儿童无法参与义务教育的局面。因此,立法保障妇女儿童应有权利,能够保障劳动力人口不会由于能源贫困而流失。

第三,加强农村地区能源普及与基础设施建设。从根本上来看,大量劳动人口处在非就业岗位的原因在于能源采集工作需要占用大量时间,所以在农村地区铺设天然气管道、加强电力传输线路建设,能够减轻能源贫困家庭能源采集工作的负担,也能够使其有更多时间,让原本从事此类采集工作的劳动力加入到工作当中。

第四，加强农村地区现代化能源消费引导工作。进行恰当宣传，对现代化能源进行适当补贴，引导居民尤其是农村地区居民使用现代化能源，自然能够减少其采集传统生物质能的时间，从而释放更多劳动力。

(3) 保障居民收入增长

实证结果表明，能源贫困对经济发展的影响效应受到居民收入的影响，较高的居民收入能够减轻其负面效应。同时，英格兰地区的经验也表明，切实提高居民收入才是能源减贫工作的重中之重，保障居民收入增长与能源减贫两者关系密不可分。具体可实施的策略包括：

首先，对经济落后地区居民进行定向的能源消费补贴，共建能源基金，杜绝因为能源贫困而导致经济落后的恶性循环事件。

其次，协调城乡发展，维持城乡居民收入平衡性，通过政府转移支付对社会财富进行再分配，提高劳动报酬所占比例，防止因社会贫富差距过大而导致社会能源消费结构转型困难。

再次，鼓励与引导村民之间共建能源互帮互助组织，建立闲置能源与用能设备地区性交易平台，加快落实阶梯电价收费政策，在经济落后地区提高基础用电量标准，真正实现能源的有效配置，并且以相对较低的成本让更多居民尤其是农村居民能够使用上新型清洁化能源。

最后，由村干部牵头，建立减贫攻坚小组，定向精准帮扶能源贫困与经济落后家庭，引导居民进行再就业与创业，在保证居民收入增长的同时坚决打赢能源减贫的攻坚战。

(4) 扶持产业向高端化、清洁化发展

由实证结果可知，劳动力效率低和产业结构升级滞后是能源贫困破坏生态环境的重要路径，因此，出台相应的产业扶持政策，切断能源贫困破坏生态环境的路径就尤为重要。具体的措施包括：

第一，对高新技术产业进行科研创新补贴，开辟地区性的产业园区。一方面提高产品附加值，提高企业的创利能力，转变生产模式，减少各类生态资源的投入；另一方面形成产业集群，降低共用基建的成本，搭建各类污染物排放处理设备，减少污染物的排放。

第二，督促相关企业尤其是工业企业落实节能减排标准，对达到标准甚至超额减排的企业可以实行税收减免。以往能源贫困地区的企业缺少相应激励与投入来进行相应基础设施建设、对环境污染物进行末端治理，可以对此类企业进行一定的税收减免,建立专项监督小组,保证企业税金用于减排治污工作当中。

第三,加大科学技术投入,立项相关能源建设工作国家级课题项目,对新能源开发与应用端进行专项突破。最终以更低的成本推进能源基础设施建设工程,为企业降低经营成本负担,并且保持我国在能源使用方面的独立性,减少对外部能源的依赖。

(5)开展详尽的家庭能源调查

纵观先进地区的能源减贫工作,大规模的能源入户调查都扮演了重要的角色,例如美国能源信息署从1980年开始开展居民能源消费调查(Residential Energy Consumption Survey)。此类能源调查能够为能源减贫工作提供及时准确的反馈,从而能够成为日后因地制宜地制定能源减贫战略的重要参考依据。但是大规模的能源调查活动也有一些注意点:

第一,调查内容不限于家庭使用的能源本身,家庭类型、家庭成员组成以及相关情况需要在无涉及隐私的前提下进行统计。能源减贫与保障居民收入增长需要同步进行,两者密不可分。因此,能源使用更多地牵涉到家庭的社会属性。对此类信息的统计有助于理解家庭没有使用现代化清洁能源的缘由,从而更好地助力此类家庭能源减贫与收入增长。

第二,能源调查需要一定程度的铺垫,以消除居民的抵触心理。在开展能源调查前,调查人员可以通过电视广播等媒体进行相应的宣传活动,让广大居民能够积极配合调查工作,做到不抵触、不谎报,保证数据的准确性。

第三,能源调查需要追踪与回访。能源贫困的标准与判断依据时刻在变化。不仅是能源本身,能源的产生方式、运输环节与使用方法都影响能源贫困与否。因此,学习邻国日本的经验,对能源在生产、运输、使用等过程中的各环节进行追踪,有助于在未来更为准确地把握能源贫困水平。同时,能源减贫也不是一朝一夕可以完成的工作,对被调查家庭进行回访对于评价政策效果具有重要意义。

(6)构建清洁低碳、安全高效的能源体系,破解能源贫困难题

中国当前的能源消费结构还不合理,生态环境压力大,且短期内这种趋势的惯性仍然非常大。积极探索能源节约、能源清洁的能源减贫之路,是我国释放经济发展新动能,实现可持续高质量发展的重要战略制高点。因此,本书给出以下建议:

第一,基础设施建设是构建清洁低碳、安全高效能源体系的基础,是推动

能源产业发展的基础。一方面,难以获得充足的现代能源服务以满足日常生产生活需要的农村地区需要着力加强能源基础设施和公共服务能力建设,提高能源普遍服务水平,并加强农村电网改造升级,推进电力联通联网,促进农村电力持续健康发展;另一方面,能源发展质量较好的地区应加强培育新能源市场,加大对清洁能源研发与投入使用的财政投资,不断推动我国清洁能源产业发展。

第二,积极引导与鼓励能源革命,依靠资金保障机制、税收促进机制、产业扶持机制、人才培育机制的支持,不断推动我国清洁能源产业发展,逐步构建以清洁能源为核心、传统化石能源为辅助的国家用能结构。

第三,破解能源贫困难题离不开健全完备的法律法规政策体系,应严格制定能源消费总量和强度"双控"政策,在具体领域和关键地区因地制宜地制定相关指导意见,以法律约束和制度安排保障清洁低碳、安全高效的能源体系建设,实现以安全高效、绿色智能、开发共享为特征的能源高质量发展。

10.4.2 双重环境规制角度促使能源减贫实现包容性绿色发展的对策建议

（1）完善正式环境政策,全面深化能源体制改革

研究结论表明,正式环境规制与包容性绿色发展之间存在"U型"关系。现阶段,其强度未达到"U型"曲线拐点,未能促进包容性绿色发展。但考虑到其在能源贫困与包容性绿色发展关系中是正向的调节作用,且随着正式环境规制强度的加大,能源减贫对包容性绿色发展的助推作用增强。因此,需加大正式环境规制强度,完善环境保护政策,推动包容性绿色发展越过"U型"曲线拐点。具体措施如下:

第一,构建有效竞争的能源市场。一是培育多元能源市场主体,完善能源领域的负面清单制度,扶持培育能源服务新兴市场,推动油气勘查和售电侧改革,积极推动能源领域混合所有制改革,形成多元市场主体共同参与的格局;二是健全开放、竞争、现代化的能源市场体系,积极推进全国统一电力市场和全国碳排放权交易市场建设,完善煤炭长期交易与现货交易市场,推进煤炭、电力、石油和天然气交易平台建设。

第二,创新能源科学管理和优化服务。一是激发市场主体活力,深化能源"放管服"改革,优化冗杂的审批程序,降低能源项目办事时间和成本,降低市场准入门槛,加强和规范事中事后监管;二是引导资源配置方向,制定能源

发展规划、专项规划和行动计划,引导社会主体向能源领域投资,推动市场主体合理有效开发利用能源;三是向综合能源监管转型,严控水、电、气交易、调度服务和市场秩序监管,厘清能源监管关系,提高监管效率。

第三,健全能源法治体系。一是完善能源法律体系,推进能源法规制定与修订,保障能源法律法规执行,坚持法定职责必须为、法无授权不可为;二是推进能源依法治理,将法治贯彻于能源政策制定、实施、监督管理的全过程,全面落实行政执法责任制,形成学法、守法、用法的能源普法新格局。

(2) 推进社会公众参与,构建环境监督治理体系

研究结论表明,非正式环境规制与包容性绿色发展之间存在"倒 U 型"关系。现阶段,其强度未达到"倒 U 型"曲线拐点,能够促进包容性绿色发展。同时,其在能源贫困与包容性绿色发展关系中的调节作用是正向的。因此,需引导公众理性保护环境,保持适度的非正式环境规制强度,完善环境监督治理体系,维持包容性绿色发展在"倒 U 型"曲线左侧的上升趋势。具体措施如下:

第一,构建科学监督机制,完善环境监督治理体系。一是构建有效的信息披露平台,保障公众对环境政策的知情权,提高公众对生态环境事务的参与热情;二是完善政府、企业、公众间的沟通渠道,如推广电视、广播、报纸、网络、手机、微博等媒体,鼓励公众积极参与生态环境治理,培养公众的环保参与意识。企业与政府则应建立并完善公众参与的响应机制,以确保有损生态环境发展的事件得到及时有效的处理。

第二,完善环保组织参与机制。一是鼓励专业人士与专家学者参与环保组织,提高环保组织科学决策水平,让专业力量参与环境治理事业;二是政府部门与环保组织高效对接,发挥环保组织有效整合社会资源的能力,推动环境保护与治理措施有效落地。

第三,优化环保理念的宣传教育机制。一是深入基层社区、学校,通过形式多样的宣传教育,普及环保法律知识,倡导环保的生存方式;二是构建企业和公众直接的沟通渠道,让公众认识到企业能源结构调整与节能减排的渐进性以及绿色创新效用回报的滞后性,以形成企业与公众相互理解、良性互动、共力共为的良好局面;三是健全政府、企业、公众治理环境的合作机制,形成导向清晰、决策科学、执行有力、激励有效、多元参与、良性互动的环境治理体系。

(3) 统筹能源规划布局,优化区域环境规制政策

研究结论表明,三大地区的能源减贫都显著推动了包容性绿色发展。但

双重环境规制与包容性绿色发展的关系,却有着较大的差异。东部地区正式环境规制和包容性绿色发展的"U型"关系与非正式环境规制和包容性绿色发展的"倒U型"关系与全国全样本保持一致;而中部地区正式环境规制对包容性绿色发展始终是抑制作用,非正式环境规制对包容性绿色发展始终是促进作用;西部地区正式环境规制与包容性绿色发展无显著性关系,而非正式环境规制有利于包容性绿色发展。因此,在坚定不移推动能源减贫的基础上,环境规制政策需因地制宜、合理制定。具体措施如下:

第一,规划全国能源开发布局和建设重点,优化能源开发布局。一是空间布局上的统筹,应全局规划,树立"需求引导供应"的观念,实现东、中、西部供需平衡;二是时间上的统筹,考虑到能源基础设施的建设周期较长,需合理协调上游设备制造商的生产与下游施工企业的建设;三是能源品种上的统筹,应平衡煤、电、油气、新能源等各能源品种,大力发展清洁能源的同时,引导传统能源有序退场。

第二,东部地区需加大正式环境规制强度、维持适度非正式环境规制强度。一是政府要完善环境保护政策,适度提升规制强度,优化环境规制组合,多样化环境治理手段,加大对高污染、高能耗和高排放企业的处罚力度;二是引导公众理性保护环境,完善环境监督治理体系,使公众监督力量成为环境与经济协调的保障。

第三,中西部地区应降低正式环境规制强度,加大非正式环境规制强度。一是推动中西部地区工业发展,提高企业经济效益,减缓企业污染治理成本与压力;二是积极推动当地教育事业的发展,提高人口素质,引导公众树立环保意识。

(4)以企业行为优化为抓手,推动能源减贫实现包容性绿色发展

研究结论表明,企业研发投入介入了正式环境规制与非正式环境规制对能源贫困与包容性绿色发展的调节作用,且中介效应为正。因此,推动企业行为优化,提高研发投入,推动绿色技术创新,是推动能源减贫实现包容性绿色发展的有效途径。具体措施如下:

第一,加大政府补助,鼓励企业技术创新。一是鼓励企业加大科技投入,政府对科技型企业按照研发费用给予一定比例的补贴,并对科技企业与积极减排企业给予一定的税收优惠;二是激励企业技术创新,提高企业创新生产方式与管理方式的积极性,以技术进步倒逼产业革新,加快传统产业改组改造和高新技术产业发展。

第二,增强企业社会责任感,自觉落实环境保护政策。一是建立企业社会责任体系,强化企业主体责任,对企业排污行为进行更为有效的控制管理;二是强化企业诚信意识,使其恪守环保信用,将环保责任和要求落实到企业各生产环节,自觉接受社会公众监督。

第三,公示企业环境信用记录,加强企业环境信用体系建设。一是建立企业环境信用档案,以一定形式记录、保存企业环境基础类信用信息和不良类信用信息;二是完善企业环境信用信息公开制度,使其通过政府网站向社会公开,同时鼓励征信机构依法采集企业环境信用信息;三是完善企业环境信用评价制度,保证评价结果客观、公正,并基于信用评分建立环保守信激励、失信惩戒机制。

10.4.3 技术进步角度促使能源减贫实现包容性绿色发展的对策建议

(1) 深化科技体制改革,构筑发展新优势

实证结果表明,技术进步能够显著改善能源贫困,推动包容性绿色发展。但目前,我国技术创新水平仍存在大幅度上升的空间。技术创新体系包含创新主体、创新环境、创新资源、创新基础设施等要素。运行良好的绿色技术创新体系,应当以服务创新主体为核心,在创新资源、创新环境和创新基础设施等方面发力,构建市场导向的技术创新体系。因此,本书给出以下建议:

第一,加强人才、资金和市场要素支持,高效聚集创新资源。一是要完善技术高端人才的培养和引进机制,建立健全技术创新人才的激励机制和评价体系,集中优势资源,促进产学研紧密结合;二是要创新财政补贴制度,实施财政科技投入供给侧结构性改革,创造新的市场价值和社会效益,加大对市场不能有效配置资源的基础性、公益性、共性关键技术研究的支持力度;三是在节能减排等重点领域要继续开展多样化试点,用创新普惠生活,用科技助力强国梦。

第二,建立健全科技发展保障和服务配套体系,夯实创新基础设施。一方面鼓励国内企业迈入产业链高端,破除我国产业循环的痛点和堵点,围绕"以国内大循环为主体、国内国际双循环相互促进的新发展格局",紧抓新基础设施建设发展机遇,推动新技术、新工艺实际应用和产业化,提高我国在全球技术领域的话语权;另一方面要完善创新技术专利快速审查制度,开通绿色通道以简化关键领域技术创新专利申报和使用手续。

第三,建立导向明确、正向激励的科技管理体制和政策体系,营造安心致

研的良好创新环境。一方面要加强知识产权全方位司法保护,规范技术创新的健康发展,建设创新型国家;另一方面要营造良好的社会舆论氛围,加强创新软环境建设,推动形成崇尚创新、勇于创新、激励创新的价值导向,大力弘扬科学家精神,通过使企业从技术创新中获得良好的经济效益,打造反方向约束的硬标准。

(2)推进经济、社会与环境协调共生,实现包容性绿色发展

实证结果表明,目前我国包容性绿色发展水平在东、中、西部呈现梯级下降的趋势,且存在大幅度上升的空间。包容性绿色发展对技术进步与能源减贫具有重要作用,同时也受到外商直接投资、产业结构以及人口密度的影响。因此,本书提出以下建议:

第一,从经济发展的角度注重产业结构调整以及可持续发展,重点提高城乡居民收入,促进资源在城乡之间、省份之间合理流动。从民生福利的角度关注就业机会的平等获得、教育医疗资源的公平配置、社会保障的有效供给和基础设施建设的科学投入,尤其重视对落后地区民生领域的投入,重点帮助贫困群体脱贫致富,消除社会矛盾与贫困代际传递。从资源环境的角度加强污染防治、节约自然资源与推进生态系统修复,高度重视生产与消费方式的绿色转型,支持企业绿色生产,引导居民绿色消费,从而有效降低单位产值、人均能耗和排污水平。

第二,优化对外开放布局,引进优质绿色投资。一方面,要摒弃唯GDP论的发展理念,加快完善外商投资的环境准入负面清单制度,将对外资企业在生态环境上的优惠政策限制在合理范围,避免当地成为外资企业的"污染避难所";另一方面,变"被动吸收"为"主动选择",引导外资企业向高新技术与环保产业流动,充分发挥其绿色技术溢出效应,带动当地经济高质量发展。

第三,加快产业结构升级,集聚高质量人力资本。产业结构要与需求结构、要素结构相协调,各地区要明确自身优势,因地制宜地进行产业结构调整,引导生产要素流向高效率部门,提升生产效率与资源配置效率。一方面坚持严格的安全、质量、能耗等技术标准约束,限制或淘汰不符合有关法律法规、准入条件和有关规定的传统产业;另一方面,未来产业战略导向应顺应产业变革和融合发展趋势,鼓励运用物联网、云计算、人工智能等新一代信息技术改造传统产业,推动新业态、新模式的不断涌现。人力资本是地区核心竞争力的重要组成部分,各地区应构建完善的就业创业服务体系,持续优化社会服务供给,充分保障人力资本供给,强化集聚效应。

总结与展望

　　中央政府在"十二五"规划中提出走"包容性绿色增长"之路的愿景,"十三五"规划又进一步提出了创新、协调、绿色、开放、共享的"五大发展理念"。包容性绿色发展是降低生态环境风险、改善人类福利、促进社会公平正义,实现经济、社会、环境可持续发展"三赢"的重要战略决策,而能源贫困日益成为推进包容性绿色发展的绊脚石。能源贫困作为全球能源体系面对的重要挑战,在世界各国广泛存在,其对经济与环境造成了严重的影响。中国作为世界上最大的发展中国家,与发达国家相比,能源贫困问题更复杂、更具挑战性和多样性。一方面,我国传统资源红利消失殆尽,但能源消耗仍位居全球前列;另一方面,国内能源消费结构落后、能源效率低下、内部能源获取能力差距依然较大。此外,我国能源贫困存在较大的区域差异。与东部地区相比,无论是从能源消费量还是能源消费结构方面来看,能源较为丰富的中西部地区存在的能源贫困问题反而更为严重。能源减贫是遵循生态原理和生态经济规律、实现人与自然协调可持续发展的系统工程,是我国打赢能源脱贫攻坚战的关键举措,有助于引导经济增长的绿色化与包容性转型、突破能源与环境双重约束,也是推进我国包容性绿色发展的重要制高点。

　　本书对我国能源贫困问题进行全面分析,对通过能源减贫实现包容性绿色发展的路径进行深入研究,为完成能源减贫工程进而推动我国包容性绿色发展提供决策依据和有益参考。本书在全面把握能源贫困与包容性绿色发展理论基础的前提下,侧重于从经济、能源、技术和教育等多个方面对我国能源贫困的影响因素及其经济与环境效应进行实证分析,将理论应用于实践,重视理论的实用性。基于此,依据能源贫困关键影响因素的研究结论,从双重环境规制、技术进步的角度实证研究其对能源贫困与包容性绿色发展的影响效应及作用路径。结合效应分析和作用路径的研究结果,设计科学合理地推动能源减贫实现包容性绿色发展的机制,并提出推动能源减贫实现我国包容性绿色发展的政策措施。

本书全面系统地讨论中国的能源贫困问题,并以能源减贫为突破口探索实现包容性绿色发展的重要路径。相关的研究主题在未来仍具有重要的研究价值与现实意义,并且在未来仍存在一些值得进一步深入探讨的问题与方向:

一是关于能源贫困现状的微观调查有待进一步深入。本书对区域能源贫困的评估,主要侧重于宏观层面,对能源贫困问题的微观调查有待日后进一步深入开展。基于微观调查数据的收集有利于更为准确地把握我国能源贫困的现状,能够为能源减贫的经济效应、环境效应以及推动实现包容性绿色发展的路径研究提供更多的微观证据,进而为深层次考察能源贫困问题补充更为丰富的研究成果。在未来,对于能源减贫的研究仍需要更多地聚焦于对局部偏远、农村地区开展深入的家庭访问与调研,更为深刻且广泛的能源调查工作有待进一步落实。

二是能源减贫的相关界定标准在未来有待进一步完善。能源贫困问题需要根据时代变化特征不断改变丰富其概念内涵。目前,我国对于新型能源的研究还处于攻坚阶段。在未来,不仅所使用的能源种类本身是能源贫困与否的标准之一,而且能源所产生的途径和能源使用的方式也会越来越多地参与到能源贫困与否的参考标准当中。这一过程仍需要依赖大量的国民经济统计工作,以及更为严格的能源监督与使用标准。因此,未来的研究也会将能源贫困的概念内涵不断推往新的边界。

三是能源减贫实现包容性绿色发展的传导路径有待进一步拓宽。本书主要从双重环境规制和技术进步两个视角对能源减贫实现包容性绿色发展的传导路径进行分析。能源减贫实现包容性绿色发展的传导路径在未来值得更深层面和更多维度的拓展,如从企业行为层面、产业结构层面以及制度设计层面挖掘更多推动能源减贫实现包容性绿色发展的传导路径,从而不断深入理解实现能源脱贫推动包容性绿色发展的宏微观机制。

参考文献

[1] ABDULLAHI K L, DELGADO-SABORIT J M, HARRISON R M, 2013. Emissions and indoor concentrations of particulate matter and its specific chemical components from cooking: A review[J]. Atmospheric Environment, 71: 260-294.

[2] ACEMOGLU D, 2002. Directed technical change[J]. The Review of Economic Studies, 69(4): 781-809.

[3] ACEMOGLU D, ROBINSON J A, 2012. Why nations fail: Origins of power, poverty and property[M]. Manhattan: Crown Publishing.

[4] ADELMAN I, 1975. Development economics: A reassessment of goals[J]. The American Economic Review, 65(2): 302-309.

[5] AHMED A, GASPARATOS A, 2020. Multi-dimensional energy poverty patterns around industrial crop projects in Ghana: Enhancing the energy poverty alleviation potential of rural development strategies[J]. Energy Policy, 137: 111123.

[6] ALBAGOURY S H, 2016. Inclusive green growth in Africa: Ethiopia case study[R]. Germany: University Library of Munich.

[7] ALI I, SON H H, 2007. Measuring inclusive growth[J]. Asian Development Review, 24(1): 11-31.

[8] ANAND R, MISHRA S, PEIRIS S, 2013. Inclusive growth: Measurement and determinants[J]. International Monetary Fund.

[9] AOYAGI C, GANELLI G, 2015. Asia's quest for inclusive growth revisited[J]. Journal of Asian Economics, 40: 29-46.

[10] APERGIS N, JEBLI M B, YOUSSEF S B, 2018. Does renewable energy consumption and health expenditure decrease carbon dioxide emissions? Evidence for sub-

Saharan Africa countries[J]. Renewable Energy, 127: 1011-1016.

[11] ARROW K J, 1962. The economic implications of learning by doing[J]. The Review of Economic Studies, 29(3): 155-173.

[12] BARNES D F, KHANDKER S R, SAMAD H A, 2011. Energy poverty in rural Bangladesh[J]. Energy Policy, 39(2): 894-904.

[13] BARRO R J, 1990. Government spending in a simple model of endogeneous growth[J]. Journal of Political Economy, 98(5, Part 2): S103-S125.

[14] BERMAN E, BUI L T M, 2001. Environmental regulation and productivity: Evidence from oil refineries[J]. Review of Economics and Statistics, 83(3): 498-510.

[15] BLOCK J, HU B, LEOPOLD A, 2015. Inclusive green growth and sustainable finance through ecotax: A system dynamics model[J]. Germany: International Conference of the System Dynamics Society.

[16] BOARDMAN B, 2013. Fixing fuel poverty: Challenges and solutions[M]. [S. l.]: Routledge.

[17] BONATZ N, GUO R, WU W H, et al., 2019. A comparative study of the interlinkages between energy poverty and low carbon development in China and Germany by developing an energy poverty index[J]. Energy and Buildings, 183: 817-831.

[18] BOULDING K E, JARRETT H, 1966. Essays from the sixth resources for the future forum on environmental quality in a growing economy[C]. Baltimore: Johns Hopkins University Press.

[19] BOUMA J, BERKHOUT E, 2015. Inclusive green growth[R]. Netherlands: PBL Netherlands Environmental Assessment Agency.

[20] BOUZAROVSKI S, PETROVA S, 2015. A global perspective on domestic energy deprivation: Overcoming the energy poverty-fuel poverty binary[J]. Energy Research & Social Science(10): 31-40.

[21] BRADSHAW J, HUTTON S, 1983. Social policy options and fuel poverty[J]. Journal of Economic Psychology, 3(3-4): 249-266.

[22] BURKE P J, DUNDAS G, 2015. Female labor force participation and household dependence on biomass energy: Evidence from national longitudinal data[J]. World Development, 67: 424-437.

[23] CAI X, ZHU B Z, ZHANG H J, et al., 2020. Can direct environmental regulation promote green technology innovation in heavily polluting industries? Evidence from Chinese listed companies[J]. Science of the Total Environment, 746: 140810.

[24] CHAKRAVARTY S, TAVONI M, 2013. Energy poverty alleviation and climate change mitigation: Is there a trade off? [J]. Energy Economics, 40: S67-S73.

[25] DEFRIES R, PANDEY D, 2010. Urbanization, the energy ladder and forest transitions in India's emerging economy[J]. Land Use Policy, 27(2): 130-138.

[26] DIMOVA R, WOLFF F C, 2011. Do downward private transfers enhance maternal labor supply? Evidence from around Europe [J]. Journal of Population Economics, 24(3): 911-933.

[27] DINKELMAN T, 2011. The effects of rural electrification on employment: New evidence from South Africa[J]. American Economic Review, 101(7): 3078-3108.

[28] DOGAN E, SEKER F, 2016. Determinants of CO_2 emissions in the European Union: The role of renewable and non-renewable energy[J]. Renewable Energy, 94: 429-439.

[29] DU W J, LI M J, 2020. Influence of environmental regulation on promoting the low-carbon transformation of China's foreign trade: Based on the dual margin of export enterprise[J]. Journal of Cleaner Production, 244: 118687.

[30] DUBOIS U, 2012. From targeting to implementation: The role of Identification of fuel poor households[J]. Energy Policy, 49: 107-115.

[31] FOSTER V, TRE J P, WODON Q, 2000. Energy prices, energy efficiency, and fuel poverty [R]. Latin America and Caribbean Regional Studies Programme. Washington, DC: World Bank.

[32] FRAGKOS P, PAROUSSOS L, 2018. Employment creation in EU related to renewables expansion[J]. Applied Energy, 230: 935-945.

[33] GOLDEMBERG J, JOHANSSON T B, REDDY A K N et al., 1985. Basic needs and much more with one kilowatt per capita[J]. Ambio, 14(4): 190-200.

[34] HELTBERG R, 2004. Fuel switching: Evidence from eight developing countries[J]. Energy Economics, 26(5): 869-887.

[35] HILEMÀN B, 2006. Energy for a sustainable future[J]. Chemical and Engineering News, 84(7): 70-74.

[36] HILLS J, 2011. Fuel Poverty: The problem and its measurement[J]. Lse Research Online Documents on Economics(10): 34-45.

[37] HOLTZ-EAKIN D, NEWEY W, ROSEN H S, 1988. Estimating vector autoregressions with panel data [J]. Econometrica, 56(6): 1371.

[38] JOHANSSON T B, PATWARDHAN A, NAKICENOVIC N, et al., 2012. Global energy assessment: Toward a sustainable future[M]. Cambridge: Cambridge University Press.

[39] JORGENSON D W, WILCOXEN P J, 1990. Environmental regulation and US economic growth[J]. The RAND Journal of Economics, 21(2): 314-340.

[40] KAIVO-OJA J, LUUKKANEN J, MALASKA P, 2001. Sustainability evaluation frameworks and alternative analytical scenarios of national economies[J]. Population and Environment, 23(2): 193-215.

[41] KRUGMANN H, GOLDEMBERG J, 1983. The energy cost of satisfying basic human needs[J]. Technological Forecasting and Social Change, 24(1): 45-60.

[42] KUMAR S, 2015. Engendering liveable low-carbon smart cities in ASEAN as an inclusive green growth model and opportunities for regional cooperation[R]. ERIA Working Papers.

[43] LEE C M, CHANDLER C, LAZARUS M, et al., 2013. Assessing the climate impacts of cookstove projects: Issues in emissions accounting[J]. Challenges in Sustainability, 1(2): 53-71.

[44] LEE J, 2012. Examining a green growth model for policy implications[J]. Seoul Journal of Economics, 25(1): 57.

[45] LIDDELL C, MORRIS C, 2010. Fuel poverty and human health: A review of recent evidence[J]. Energy Policy, 38(6): 2987-2997.

[46] LUCAS JR R E, 1988. On the mechanics of economic development[J]. Journal of Monetary Economics, 22(1): 3-42.

[47] MASERA O R, SAATKAMP B D, KAMMEN D M, 2000. From linear fuel switching to multiple cooking strategies: A critique and alternative to the energy ladder model[J]. World Development, 28(12): 2083-2103.

[48] MARIA DA FATIMA S R, ZAHRAN S, BUCINI G, 2010. On the adoption of electricity as a domestic source by Mozambican households[J]. Energy Policy, 38(11): 7235-7249.

[49] MESTL H E S, AUNAN K, SEIP H M, 2007. Health benefits from reducing indoor air pollution from household solid fuel use in China-Three abatement scenarios[J]. Environment International, 33(6): 831-840.

[50] MIAH M D, AL RASHID H, SHIN M Y, 2009. Wood fuel use in the traditional cooking stoves in the rural floodplain areas of Bangladesh: A socio-environmental perspective.[J]. Biomass and Bioenergy, 33(1): 70-78.

[51] MIRZA B, SZIRMAI A, 2010. Towards a new measurement of energy poverty: A cross-community analysis of rural Pakistan[R]. UNU-MERIT Working Paper Series.

[52] MOHR T M D, 2018. Fuel poverty in the US: Evidence using the 2009 residential energy consumption survey[J]. Energy Economics, 74: 360-369.

[53] NUSSBAUMER P, BAZILIAN M, MODI V, 2012. Measuring energy

poverty: focusing on what matters[J]. Renewable and Sustainable Energy Reviews, 16(1): 231-243.

[54] OHIMAIN E I, 2012. The benefits and potential impacts of household cooking fuel substitution with bioethanol produced from cassava feedstock in Nigeria[J]. Energy for Sustainable Development, 16(3): 352-362.

[55] OKUSHIMA S, 2017. Gauging energy poverty: A multidimensional approach [J]. Energy, 137: 1159-1166.

[56] PACHAURI S, SPRENG D, 2011. Measuring and monitoring energy poverty [J]. Energy Policy, 39(12): 7497-7504.

[57] PARGAL S, WHEELER D, 1996. Informal regulation of industrial pollution in developing countries: Evidence from Indonesia[J]. Journal of Political Economy, 104(6): 1314-1327.

[58] PARK S, LEE Y, 2011. Regional model of EKC for air pollution: Evidence from the Republic of Korea[J]. Energy Policy, 39(10): 5840-5849.

[59] PEARCE D W, MARKANDYA A, BARBIER E, 1989. Blueprint for a green economy[M]. London: Earthscan.

[60] PENG W Y, HISHAM Z, PAN J H, 2010. Household level fuel switching in rural Hubei[J]. Energy for Sustainable Development, 14(3): 238-244.

[61] PEREIRA M G, FREITAS M A V, SILVA N F, 2011. The challenge of energy poverty: Brazilian case study[J]. Energy Policy, 39(1): 167-175.

[62] PORTER M, VAN DER LINDE C, 1995. Green and competitive: Ending the stalemate[J]. Harvard Business Review, 33: 120-134.

[63] RAHMAN M H, ROY B, ISLAM M S, 2021. Contribution of non-timber forest products to the livelihoods of the forest-dependent communities around the Khadimnagar National Park in northeastern Bangladesh[J]. Regional Sustainability, 2(3): 280-295.

[64] RAO M N, REDDY B S, 2007. Variations in energy use by Indian households: An Analysis of Micro Level Data[J]. Energy, 32(2): 143-153.

[65] REYES R, SCHUEFTAN A, RUIZ C, et al., 2019. Controlling air pollution in a context of high energy poverty levels in Southern Chile: Clean air but colder houses? [J]. Energy Policy, 124: 301-311.

[66] ROMER P M, 1986. Increasing returns and long-run growth[J]. Journal of Political Economy, 94(5): 1002-1037.

[67] SEHJPAL R, RAMJI A, SONI A, et al., 2014. Going beyond incomes: Dimensions of cooking energy transitions in rural India[J]. Energy, 68: 470-477.

[68] SIMS, C A, 1980. Macroeconomics and reality[J]. Econometrica, 48(1): 1-48.

[69] SHAO X D, LIAN Y J, YIN L Q, 2008. Forecasting value-at-risk using high frequency data: The realized range model[J]. Global Finance Journal, 20(2): 128-136.

[70] SIMCOCK N, WALKER G, DAY R, 2016. Fuel poverty in the UK: Beyond heating? [J]. People Place Policy Online, 10(1): 25-41.

[71] SLINGERLAND S, KESLER J J, 2015. Study on public private partnerships for contribution to inclusive green growth [R]. Netherlands: PBL Netherlands Environmental Assessment Agency, 2557.

[72] SMITH K R, 2000. National burden of disease in India from indoor air pollution [J]. Proceedings of the National Academy of Sciences, 97(24): 13286-13293.

[73] SMITH K R, MEHTA S, FUEZ M M, 2004. Comparative Quantification of Health Risk[R]. Geneva: WHO.

[74] SOLOW R M, 1957. Technical change and the aggregate production function [J]. The Review of Economics and Statistics, 39(3): 312-320.

[75] SONG M L, WANG S H, 2016. Can employment structure promote environment-biased technical progress? [J]. Technological Forecasting and Social Change, 112: 285-292.

[76] SOVACOOL B K, 2012. Deploying off-grid technology to eradicate energy poverty[J]. Science, 338: 47-48.

[77] SUN Y H, DING W W, YANG Z Y, et al., 2020. Measuring China's regional inclusive green growth[J]. Science of the Total Environment, 713: 136367.

[78] TAYLOR L, 1993. Fuel Poverty: From cold homes to affordable warmth[J]. Energy Policy, 21(10): 1071-1072.

[79] TELLE K, LARSSON J, 2007. Do environmental regulations hamper productivity growth? How accounting for improvements of plants' environmental performance can change the conclusion[J]. Ecological Economics, 61(2-3): 438-445.

[80] THORNLEY P, ROGERS J, HUANG Y, 2008. Quantification of employment from biomass power plants[J]. Renewable Energy, 33(8): 1922-1927.

[81] UZAWA H, 1965. Optimum technical change in an aggregate model of economic growth[J]. International Economic Review, 6(1): 18-31.

[82] WANG K, WANG Y X, LI K, et al., 2015. Energy poverty in China: An index based comprehensive evaluation[J]. Renewable and Sustainable Energy Reviews, 47: 308-323.

[83] WANG Q W, ZHOU D Q, CHEN H T, 2009. The analysis of technical

progress and energy efficiency based on ARDL method[J]. Application of Statistics and Management,28(5):913-920.

[84] WHO (World Health Organization),2006. Fuel for life-household energy and health[R]. Geneva:WHO.

[85] WORLD BANK,2012. Inclusive green growth:The pathway to sustainable development[R]. Washington:World Bank Publication.

[86] 森,2002.以自由看待发展[M].任赜,于真,译.2版.北京:中国人民大学出版社.

[87] 蔡海亚,赵永亮,徐盈之,2021.中国能源贫困的时空演变格局及其影响因素分析[J].软科学,35(4):28-33,42.

[88] 蔡乌赶,李青青,2019.环境规制对企业生态技术创新的双重影响研究[J].科研管理,40(10):87-95.

[89] 柴琪宸,郭亚军,宫诚举,等,2017.中国省域生态文明建设协调发展程度的综合评价[J].中国管理科学,25(7):184-190.

[90] 车磊,白永平,周亮,等,2018.中国绿色发展效率的空间特征及溢出分析[J].地理科学,38(11):1788-1798.

[91] 陈素梅,李钢,2020.贫困地区的包容性绿色增长何以可能?:基于江西省信丰脐橙产业的案例[J].企业经济,39(12):22-29.

[92] 陈勇,柏喆,2020.技术进步偏向、产业结构与中国劳动收入份额变动[J].上海经济研究,36(6):56-68.

[93] 陈勇智,梁文明,林迎星,2022.创新驱动我国省域绿色增长的空间效应[J].中国环境科学,42(2):971-981.

[94] 成金华,陈军,李悦,2013.中国生态文明发展水平测度与分析[J].数量经济技术经济研究,30(7):36-50.

[95] 程海燕,程宇,2012.基于Sims-VAR模型的产业结构与金融发展互动研究[J].求索,(7):26-28.

[96] 邓淇中,秦燕丝,何晓慧,2021.长江经济带包容性绿色发展时空异质特征及影响因素识别[J].中南林业科技大学学报(社会科学版),15(6):1-9.

[97] 丁士军,陈传波,2002.贫困农户的能源使用及其对缓解贫困的影响[J].中国农村经济,(12):27-32.

[98] 丁文广,于娟,卜红梅,2007.甘肃省能源资源禀赋与贫困关系的量化研究[J].经济地理,27(6):1025-1029.

[99] 董景荣,张文卿,2021.技术来源、技术进步偏向与中国制造业升级:基于双循环新发展格局的思考[J].中国科技论坛,(10):71-82.

[100] 杜永强,迟国泰,2015. 基于指标甄别的绿色产业评价指标体系构建[J]. 科研管理,36(9):119-127.

[101] 段龙龙,2020. 四川高质量发展评价体系构建与评估:基于包容性绿色增长框架视角[J]. 中国西部(3):12-22.

[102] 兑浩建,2020. 技术进步研究简要回顾[J]. 合作经济与科技(6):14-15.

[103] 范庆泉,张同斌,2018. 中国经济增长路径上的环境规制政策与污染治理机制研究[J]. 世界经济,41(8):171-192.

[104] 范小敏,徐盈之,2019. 引资竞争、居住用地价格与房价[J]. 财经研究,45(7):140-153.

[105] 高红贵,肖甜,2022. 异质性环境规制能否倒逼产业结构优化:基于工业企业绿色技术创新效率的中介与门槛效应[J]. 江汉论坛(3):13-21.

[106] 龚志民,杨梦晗,2020. 收入分配是技术进步的源动力[J]. 湘潭大学学报(哲学社会科学版),44(2):42-49.

[107] 顾剑华,王亚倩,2021. 产业结构变迁对区域高质量绿色发展的影响及其空间溢出效应:基于我国省域面板数据的实证研究[J]. 西南大学学报(自然科学版),43(8):116-128.

[108] 贯君,苏蕾,2021. 双重环境规制下政府经济竞争对绿色高质量发展的影响[J]. 中国环境科学,41(11):5416-5426.

[109] 郭进,2019. 环境规制对绿色技术创新的影响:"波特效应"的中国证据[J]. 财贸经济,40(3):147-160.

[110] 郭然,梁艳,2022. 环境规制、财政分权与经济高质量增长[J]. 大连理工大学学报(社会科学版),43(3):51-61.

[111] 何宜庆,李菁昭,汤文静,等,2020. 互联网金融、技术进步与产业结构升级[J]. 金融与经济(4):34-40.

[112] 贝克尔,1987. 家庭经济分析[M]. 彭松建,译. 北京:华夏出版社.

[113] 江心英,赵爽,2019. 双重环境规制视角下FDI是否抑制了碳排放:基于动态系统GMM估计和门槛模型的实证研究[J]. 国际贸易问题(3):115-130.

[114] 蒋伏心,王竹君,白俊红,2013. 环境规制对技术创新影响的双重效应:基于江苏制造业动态面板数据的实证研究[J]. 中国工业经济(7):44-55.

[115] 蒋樟生,周洁,赵馨子,等,2021. 双重环境规制、创新开放度与制造企业创新投入[J]. 中国环境管理,13(1):128-135.

[116] 解垩,2021. 中国农村家庭能源贫困的经济效应研究[J]. 华中农业大学学报(社会科学版),151(1):99-108.

[117] 鞠市委,2017. 偏向性技术进步测算、决定因素及其影响文献综述[J]. 经济研

究导刊(12)：3-5,18.

[118] 康晨,张宗利,徐志刚,2021. 代际支持、女性劳动供给与中国性别工资差异收敛：基于性别分工的视角[J]. 财经研究,47(4)：124-138.

[119] 蓝庆新,陈超凡,2013. 新型城镇化推动产业结构升级了吗?：基于中国省级面板数据的空间计量研究[J]. 财经研究,39(12)：57-71.

[120] 冷国强,2017. 技术进步的就业效应：以制造业的研发投入为例[J]. 现代经济信息(21)：11.

[121] 李健,武敏,2022. 双重环境规制、FDI与绿色全要素生产率：以长江经济带三大城市群为例[J]. 华东经济管理,36(1)：31-41.

[122] 李慷,刘春锋,魏一鸣,2011. 中国能源贫困问题现状分析[J]. 中国能源,33(8)：31-35.

[123] 李慷,王科,王亚璇,2014. 中国区域能源贫困综合评价[J]. 北京理工大学学报(社会科学版),16(2)：1-12.

[124] 李鹏,2014. 能源消费与我国的二氧化硫排放：兼论人口规模及技术进步对二氧化硫排放的影响[J]. 西北人口,35(4)：22-27,33.

[125] 李强,聂锐,2010. 环境规制与中国大中型企业工业生产率[J]. 中国地质大学学报(社会科学版),10(4)：55-59.

[126] 李荣杰,张磊,赵领娣,2016. 中国清洁能源使用、要素配置结构与碳生产率增长：基于引入能源和人力资本的生产函数[J]. 资源科学,38(4)：645-657.

[127] 李沙浪,雷明,2014. 基于TOPSIS的省级低碳经济发展评价及其空间面板计量分析[J]. 中国管理科学,22(S1)：741-748.

[128] 李珊珊,马艳芹,2019. 环境规制对全要素碳排放效率分解因素的影响：基于门槛效应的视角[J]. 山西财经大学学报,41(2)：50-62.

[129] 李世祥,李丽娟,2020. 中国农村能源贫困区域差异及其影响因素分析[J]. 农林经济管理学报,19(2)：210-217.

[130] 李苏,尹海涛,2020. 我国各省份绿色经济发展指数测度与时空特征分析：基于包容性绿色增长视角[J]. 生态经济,36(9)：44-53.

[131] 李涛,2015. 城市低碳经济的模糊数学评价研究[J]. 中国管理科学,23(S1)：744-748.

[132] 李新安,李慧,2022. 外资引入、技术进步偏向影响了制造业的碳排放吗?：来自我国27个制造行业面板数据模型的实证检验[J]. 中国软科学(1)：159-170.

[133] 李政大,刘坤,2018. 中国绿色包容性发展图谱及影响机制分析[J]. 西安交通大学学报(社会科学版),38(1)：48-59.

[134] 联合国环境与发展大会. 21世纪议程[M]. 国家环境保护局,译. 北京：中国

环境科学出版社,1993.

[135] 廖华,唐鑫,魏一鸣,2015. 能源贫困研究现状与展望[J]. 中国软科学(8):58-71.

[136] 刘明广,2019. 双重环境规制、政府科技资助与企业绿色创新[J]. 经济论坛(7):21-29.

[137] 刘瑞,郭涛,2020. 高质量发展指数的构建及应用:兼评东北经济高质量发展[J]. 东北大学学报(社会科学版),22(1):31-39.

[138] 刘伟,张辉,2008. 中国经济增长中的产业结构变迁和技术进步[J]. 经济研究,43(11):4-15.

[139] 刘霞,董晓松,姜旭平,2014. 数字内容产品消费扩散与模仿的空间模式:基于空间面板模型的计量研究[J]. 中国管理科学,22(1):139-148.

[140] 刘晓雯,刘程军,2021. 双重环境规制、技术创新与产业结构升级:空间效应视角[J]. 现代管理科学(6):49-61.

[141] 刘宇峰,原志华,郭玲霞,等,2022. 陕西省城市绿色增长水平时空演变特征及影响因素解析[J]. 自然资源学报,37(1):200-220.

[142] 刘照德,詹秋泉,田国梁,2019. 因子分析综合评价研究综述[J]. 统计与决策,35(19):68-73.

[143] 刘自敏,邓明艳,崔志伟,等,2020. 能源贫困对居民福利的影响及其机制:基于CGSS数据的分析[J]. 中国软科学(8):143-163.

[144] 卢玉玲,2010. 我国循环经济评价指标体系研究述评[J]. 环境保护与循环经济,30(4):15-17.

[145] 陆雪琴,章上峰,2013. 技术进步偏向定义及其测度[J]. 数量经济技术经济研究,30(8):20-34.

[146] 罗朝阳,李雪松,2019. 产业结构升级、技术进步与中国能源效率:基于非动态面板门槛模型的实证分析[J]. 经济问题探索(1):159-166.

[147] 罗艳,陈平,2018. 环境规制对中国工业绿色创新效率改善的门槛效应研究[J]. 东北大学学报(社会科学版),20(2):147-154.

[148] 马点圆,孙慧,秦颖,2021. 双重环境规制、政府监管与重污染企业全要素生产率[J]. 财会通讯(16):74-78.

[149] 马强文,任保平,2012. 包容性增长测度及影响因素分析:基于经济可持续的视角[J]. 中国人口·资源与环境,22(7):101-108.

[150] 孟望生,邵芳琴,2021. 产业协同集聚对绿色经济增长效率的影响:基于生产性服务业与制造业之间要素层面协同集聚的实证分析[J]. 南京财经大学学报(4):75-85.

[151] 明翠琴,钟书华,2013. 国外"绿色增长评价"研究述评[J]. 国外社会科学(5):75-84.

[152] 钱爽,唐文萍,2016. 技术进步与能源效率关系研究[J]. 科技创业月刊,29(8):11-13.

[153] 秦青,马奔,贺超,等,2017. 基于生计资本的农户能源消费结构差异性研究:以陕、川、滇3省农户为例[J]. 经济问题(8):78-82.

[154] 秦小迪,吴海涛,侯小远,2021. 农村基础设施对包容性绿色增长的影响:促进还是抑制?[J]. 农林经济管理学报,20(6):721-729.

[155] 屈文波,2018. 环境规制、空间溢出与区域生态效率:基于空间杜宾面板模型的实证分析[J]. 北京理工大学学报(社会科学版),20(6):27-33.

[156] 单豪杰,2008. 中国资本存量K的再估算:1952—2006年[J]. 数量经济技术经济研究(10):17-31.

[157] 尚荣,2020. 人口转型、技术进步对农业产出影响的计量分析:基于柯布-道格拉斯生产函数[J]. 山西农经(9):26,28.

[158] 邵娜娜,张红霞,2019. 以包容性绿色发展推动构建人类命运共同体[J]. 广西社会科学(12):48-53.

[159] 沈能,刘凤朝,2012. 高强度的环境规制其能促进技术创新吗?:基于"波特假说"的再检验[J]. 中国软科学(4):49-59.

[160] 生延超,钟志平,2010. 规模扩张还是技术进步:中国饭店业全要素生产率的测度与评价:基于非参数的曼奎斯特(Malmquist)生产率指数研究[J]. 旅游学刊,25(5):25-32.

[161] 师华定,齐永青,刘韵,2010. 农村能源消费的环境效应研究[J]. 中国人口·资源与环境,20(8):148-153.

[162] 史献芝,王新建,2018. 包容性绿色发展:构建人类命运共同体的着力点[J]. 理论探讨(5):52-58.

[163] 苏昕,周升师,2019. 双重环境规制、政府补助对企业创新产出的影响及调节[J]. 中国人口·资源与环境,29(3):31-39.

[164] 孙瑾,刘文革,周钰迪,2014. 中国对外开放、产业结构与绿色经济增长:基于省际面板数据的实证检验[J]. 管理世界(6):172-173.

[165] 孙学涛,2021. 技术进步对城市经济结构转型影响研究:动力、结构与效应[J]. 现代财经(天津财经大学学报),41(4):51-66.

[166] 田光锋,王梦哲,李建忠,2020. 生态共建逻辑与包容性绿色发展[J]. 前线(12):29-32.

[167] 陶长琪,丁煜,2019. 双重环境规制促进还是抑制技能溢价?[J]. 研究与发

展管理,31(5):114-124.

[168] 汪泽波,陆军,王鸿雁,2017. 如何实现绿色城镇化发展?:基于内生经济增长理论分析[J]. 北京理工大学学报(社会科学版),19(3):43-56.

[169] 王斌会,张欣,2021. 基于 SBM 方向距离函数下我国工业偏向型技术进步测度与分析[J]. 科技管理研究,41(13):107-116.

[170] 王德青,李雪梅,刘宵,等,2022. 中国包容性绿色增长的连续动态测度及其时空差异分解[J]. 系统工程,40(3):66-78.

[171] 王书斌,徐盈之,2015. 环境规制与雾霾脱钩效应:基于企业投资偏好的视角[J]. 中国工业经济(4):18-30.

[172] 王天营,宫芳,沈菊华,2012. 中国能源利用效率变动对环境影响研究[J]. 中国人口·资源与环境,22(S2):74-77.

[173] 王新建,姜强强,2018. 论包容性绿色发展的中国贡献:兼论包容性绿色发展理念的生成[J]. 江淮论坛(5):81-87.

[174] 王宇昕,余兴厚,黄玲,2019. 长江经济带市域包容性绿色增长的空间格局分布与演变特征[J]. 技术经济,38(6):80-89.

[175] 王中亚,2021. 中国三大城市群包容性绿色增长综合评价实证研究[J]. 科技创业月刊,34(5):38-42.

[176] 魏婕,任保平,2011. 中国经济增长包容性的测度:1978—2009[J]. 中国工业经济(12):5-14.

[177] 魏一鸣,范英,韩智勇,等,2006. 中国能源报告(2006):战略与政策研究[M]. 北京:科学出版社.

[178] 魏一鸣,廖华,王科,等,2014. 中国能源报告(2014):能源贫困研究[M]. 北京:科学出版社.

[179] 温忠麟,刘红云,侯杰泰,2012. 调节效应和中介效应分析[M]. 北京:教育科学出版社.

[180] 温忠麟,张雷,侯杰泰,等,2004. 中介效应检验程序及其应用[J]. 心理学报,36(5):614-620.

[181] 吴武林,周小亮,2019. 中国包容性绿色增长绩效评价体系的构建及应用[J]. 中国管理科学,27(9):183-194.

[182] 武春友,郭玲玲,于惊涛,2017. 基于 TOPSIS-灰色关联分析的区域绿色增长系统评价模型及实证[J]. 管理评论,29(1):228-239.

[183] 向仙虹,孙慧,2021. 中国包容性绿色增长的区域差异与收敛:基于 Zenga 指数分解[J]. 技术经济与管理研究(9):97-102.

[184] 徐淑丹,2017. 中国城市的资本存量估算和技术进步率:1992—2014 年[J].

管理世界(1):17-29,187.

[185] 徐盈之,邹芳,魏莎,2015. 中国包容性增长水平的综合评价与空间效应研究[J]. 江苏社会科学(3):24-31.

[186] 薛俊波,朱艳鑫,2016. 分行业技术进步的测度:基于投入产出表和校准法的分析[J]. 管理评论,28(3):33-44.

[187] 颜鹏飞,王兵,2004. 技术效率、技术进步与生产率增长:基于DEA的实证分析[J]. 经济研究,39(12):55-65.

[188] 阳立高,龚世豪,王铂,等,2018. 人力资本、技术进步与制造业升级[J]. 中国软科学(1):138-148.

[189] 杨丹,张辉国,胡锡健,2017. 城市化、能源消费与中国二氧化硫排放的时空变化分析[J]. 环境科学与技术,40(6):127-132.

[190] 杨浩,孙建,2019. 双向投资对技术进步、环境的影响:基于面板门限模型分析[J]. 科技管理研究,39(12):103-109.

[191] 杨柳,2017. 基于可行能力理论的我国能源贫困评估体系研究[D]. 昆明:云南财经大学.

[192] 杨仁发,李娜娜,2019. 环境规制与中国工业绿色发展:理论分析与经验证据[J]. 中国地质大学学报(社会科学版),19(5):79-91.

[193] 杨雪星,2014. 包容性绿色经济增长指数构建与实证研究:基于G20国家数据[J]. 福建论坛(人文社会科学版)(6):42-48.

[194] 杨扬,杨冉璐,2021. 技术进步偏向对技能工资差距的影响:基于中国家庭收入调查微观数据的理论与实证研究[J]. 产经评论,12(5):70-89.

[195] 杨枝茂,2019. 农村能源供给侧改革对能源结构优化的影响[J]. 农业经济(6):107-108.

[196] 姚建平,2013. 中国农村能源贫困现状与问题分析[J]. 华北电力大学学报(社会科学版)(3):7-15.

[197] 于斌斌,吴丹,2021. 生产性服务业技术进步偏向与制造业创新效率[J]. 商业研究(4):59-67.

[198] 于井远,2022. 税制结构优化与地区经济增长质量:基于包容性全要素生产率视角[J]. 经济评论(2):36-50.

[199] 于敏,王小林,2012. 中国经济的包容性增长:测量与评价[J]. 经济评论,175(3):30-38.

[200] 余东华,崔岩,2019. 双重环境规制、技术创新与制造业转型升级[J]. 财贸研究,30(7):15-24.

[201] 余东华,胡亚男,2016. 环境规制趋紧阻碍中国制造业创新能力提升吗?:基

于"波特假说"的再检验[J]. 产业经济研究(2)：11-20.

[202] 余伟，陈强，陈华，2017. 环境规制、技术创新与经营绩效：基于37个工业行业的实证分析[J]. 科研管理，38(2)：18-25.

[203] 余泳泽，尹立平，2022. 中国式环境规制政策演进及其经济效应：综述与展望[J]. 改革(3)：114-130.

[204] 余子鹏，金晶，2020. 研发创新对技术进步贡献测度及其影响因素分析[J]. 统计与信息论坛，35(4)：81-88.

[205] 俞海，任子平，张永亮，等，2015. 新常态下中国绿色增长：概念、行动与路径[J]. 环境与可持续发展，40(1)：7-10.

[206] 原伟鹏，孙慧，闫敏，2021. 双重环境规制能否助力经济高质量与碳减排双赢发展？：基于中国式分权制度治理视角[J]. 云南财经大学学报，37(3)：67-86.

[207] 张军，吴桂英，张吉鹏，2004. 中国省际物质资本存量估算：1952—2000[J]. 经济研究，39(10)：35-44.

[208] 张妮妮，徐卫军，2011. 农户生活用电消费分析：基于能源自选择行为[J]. 中国农村经济(7)：72-84.

[209] 张平，张鹏鹏，蔡国庆，2016. 不同类型环境规制对企业技术创新影响比较研究[J]. 中国人口·资源与环境，26(4)：8-13.

[210] 张倩，林映贞，2022. 双重环境规制、科技创新与产业结构变迁：基于中国城市面板数据的实证检验[J]. 软科学，36(1)：37-43.

[211] 张晓颖，2014. 经济、环境、社会发展与人：从可持续发展观到包容性绿色增长[J]. 江淮论坛(6)：93-98,61.

[212] 张兴祥，范明宗，2020. 技能偏向性技术进步与要素的收入分配：基于CES生产函数的建模与理论解释[J]. 福建论坛(人文社会科学版)(4)：144-152.

[213] 张英浩，陈江龙，程钰，2018. 环境规制对中国区域绿色经济效率的影响机理研究：基于超效率模型和空间面板计量模型实证分析[J]. 长江流域资源与环境，27(11)：2407-2418.

[214] 赵辉，李珂，2021. 包容性绿色增长研究综述[J]. 造纸装备及材料，50(5)：53-57.

[215] 赵林，吴殿廷，贾建琦，等，2020. 山东省包容性绿色效率的时空格局与影响因素[J]. 地理与地理信息科学，36(6)：127-133.

[216] 赵雪雁，陈欢欢，马艳艳，等，2018. 2000—2015年中国农村能源贫困的时空变化与影响因素[J]. 地理研究，37(6)：1115-1126.

[217] 郑飞鸿，李静，2022. 科技型环境规制对资源型城市产业绿色创新的影响：来自长江经济带的例证[J]. 城市问题(2)：35-45,75.

[218] 郑晓舟,郭晗,卢山冰,2021. 双重环境规制与产业结构调整：来自中国十大城市群的经验证据[J]. 云南财经大学学报,37(3)：1-15.

[219] 郑长德,2016a. 基于包容性绿色发展视角的民族地区新型城镇化研究[J]. 区域经济评论(1)：140-149.

[220] 郑长德,2016b. 中国少数民族地区包容性绿色发展研究[M]. 北京：中国经济出版社.

[221] 周端明,2009. 技术进步、技术效率与中国农业生产率增长：基于DEA的实证分析[J]. 数量经济技术经济研究,26(12)：70-82.

[222] 周晶淼,赵宇哲,肖贵蓉,等,2017. 污染控制下导向性技术创新对绿色增长的影响机理研究[J]. 科研管理,38(3)：38-51.

[223] 周小亮,2020. 包容性绿色发展：理论阐释与制度支撑体系[J]. 学术月刊,52(11)：41-54.

[224] 周小亮,吴武林,2018. 中国包容性绿色增长的测度及分析[J]. 数量经济技术经济研究,35(8)：3-20.

[225] 朱秋燕,2010. 江西省能源效率及环境影响的投入产出分析[D]. 南昌：江西财经大学.

后 记

望着这本凝聚了我几年心血的专著,思绪不禁回到了2019年。那一年,我被能源贫困这一国际研究热点所吸引,申报并成功立项了国家社科基金重点课题《能源减贫实现我国包容性绿色发展的机理、路径与对策研究》(19AJY011)。经过课题组成员的通力合作,该课题在2022年2月顺利以"优秀"结项。在这一过程中,课题组成员发表了一系列有影响力的CSSCI和SSCI论文。本书也是在该课题结项报告的基础上进一步整理而成的。

在本书即将付梓之际,除了欣慰,更多的依然是感恩……

在本书的写作过程中,我检索和参阅了大量的国内外专家学者的相关研究成果,这些前期成果对本书的写作具有重要的启迪作用,也为本书的写作提供了丰富的学术养料,在此深表感谢。

本书是参与课题研究的研究团队共同努力的结晶,凝聚了大家的智慧与辛劳。特别要感谢我的博士研究生蔡海亚,硕士研究生顾沛、徐菱和魏瑞!所谓教学相长,能够陪伴学生们走过对于他们而言至关重要的一段历程,并在这个过程中丰盈自己的人生,也是教师最美好的回报之一。

感谢长期以来对我呵护关爱的家人、朋友和同事,大家的支持和情谊我将永远铭记在心。

感谢东南大学高水平专著出版计划的资助,使得本书顺利入选第八批"东南学术文库"。

感谢东南大学出版社各位编辑对本书的出版投入的辛勤劳动,基于此,本书才能顺利问世。

感谢生活,让我不论遇到顺境还是逆境,都能眼里是阳光、笑里是坦荡。

希望以后的日子里,依旧有所爱,有所为,有所期待,一路走来,一路花开。

徐盈之
2024 年 3 月于东南大学九龙湖校区